수정판

호텔관광산업과
글로벌리더십

김성용 저

Hotel Tourism Industry and

Global Leadership

백산출판사

머리말

최근 급변하는 경영환경 하에서 개인, 기업, 국가 등의 리더십에 관한 부분에 대한 관심이 높아지고 있다. 호텔관광기업을 포함한 모든 기업들에 소속된 개인들은 조직에서 상위직급으로 올라갈수록 리더십을 발휘하는 부분이 중요해지고 있으며, 기업은 글로벌화가 가속화되고 있는 상황에서 글로벌기업으로 성장하기 위해서 산업을 선도할 리더십이 필요하다고 할 수 있다.

이렇게 리더십이 중요한 부분이라고 생각하는 이유는 리더의 리더십에 따라서 한 조직의 성과와 생존이 좌우된다고 믿기 때문이다. 리더십은 거대한 기업뿐만 아니라 두 사람 이상이 공동으로 참여하는 모든 조직에서 중요한 부분이기 때문에 많은 사람들은 리더십에 관심을 가지고 있으며, 글로벌기업에서 생존하기 위해서는 리더십과 글로벌리더십을 필수적으로 갖추어야 할 능력으로 생각하고 있다.

개인적인 차원에서는 빠르게 변화하는 글로벌화와 정보화된 환경에서 생존하기 위해서는 기업이 요구하는 역량을 보유하여 경쟁우위를 확보해야 하기 때문에 개인적인 차원의 리더십은 각각의 개인에게 중요한 부분이라고 할 수 있다. 특히, 호텔관광산업은 다른 산업에 비해 인적자원에 대한 의존도가 높기 때문에 리더십에 대한 비중과 중요성은 더욱 높다고 할 수 있다.

한편 리더십의 이론적인 발전과정을 살펴보면, 리더는 보통 사람들과 다른 자질이나 특성을 타고났다는 가정을 한 특성이론(trait theory)에서부터 시작하여 상황에 따라서 리더의 조건이 달라질 수 있으며, 따라서 상황에 부합되는 리더가 리더십을 잘 발휘할 수 있다는 Fiedler의 상황이론에 이르기까지 발전되어 왔으며, 최근에 들어서는 글로벌화와 정보화로 인하여 급변하는 경영환경 속에서 다양한 리더십의 유형이 보고되고 있다.

특히 호텔관광기업들을 포함한 서비스기업들은 서번트 리더십(servant leadership), 슈퍼 리더십(super leadership), 팀 리더십(team leadership) 등 현대적인 이론의 리더십뿐만 아니라 서비스기업에서 경쟁우위를 확보하기 위해서 꼭 필요한 부분인 서비스 리더십의 필요성이 중요한 부분이라고 할 수 있다.

위에서 언급된 바와 같이 호텔관광산업은 다른 산업에 비해, 특히 인적자원에 대한 의존도가 높은 산업이기 때문에, 리더의 리더십에 대한 비중도 높다. 따라서 리더십의 중요성이 더욱 부각되고 있다고 할 수 있다.

본서는 경영의 이해와 글로벌리더십, 리더십의 이해, 글로벌리더십의 이해, 글로벌리더십과 호텔관광산업, 디지털경제와 글로벌리더십 등으로 구성되어 있다.

저 자

차 례

1 경영의 이해와 글로벌리더십 ······ 9

01 경영(management) ······ 12
02 경영자(manager) ······ 18
03 기 업 ······ 26

2 글로벌경영과 리더십 ······ 31

01 국제경영의 개념 및 의의 ······ 33
02 다국적기업의 이해 ······ 34
03 다국적기업의 조직구조 ······ 35
04 해외자회사 유형과 글로벌리더십 ······ 39
05 해외지역 본사제도와 글로벌리더십 ······ 42
06 해외자회사의 자율성과 리더십 ······ 49
07 다국적기업의 인적자원관리와 리더십 ······ 54
08 해외파견 인적자원관리와 리더십 ······ 57

3 관광산업의 이해 ······ 61

01 관광사업의 개념 ······ 63

02 관광사업의 분류 ··· 64
03 관광사업의 효과 ··· 68
04 관광사업의 특성 ··· 72
05 관광사업의 발전요인 ··· 75
06 향후 관광시장의 전망 및 정책과제 ··· 77
07 국제관광의 이해 ··· 79
08 국제관광 관련기관 및 단체 ··· 90

4 호텔산업의 이해 ··· 101

01 호텔산업의 개요 ··· 103
02 호텔의 분류 ··· 104
03 호텔의 기능 ··· 107
04 호텔업의 특성 ··· 108
05 글로벌화가 호텔산업에 미치는 영향 ··· 110
06 현대호텔의 발전현황 ··· 112
07 호텔의 경영형태 ··· 114

5 리더십의 이해 ··· 117

01 리더십의 개념 ··· 119
02 Manager and Leader ··· 122
03 리더십 이론의 발전과정 ··· 126
04 Motivation and Control ··· 133
05 글로벌기업의 직무설계와 자율성 ··· 137
06 자율성과 성과 ··· 138
07 글로벌리더십의 이해 및 호텔관광산업의 글로벌리더십 ··· 140

6 문화와 글로벌리더십 ······ 143

01 문화의 이해 ······ 147
02 문화적 거리와 글로벌리더십 ······ 147
03 문화와 글로벌리더십 ······ 150
04 조직문화의 이해 ······ 151
05 조직문화와 글로벌리더십 ······ 163

7 서비스와 글로벌리더십 ······ 167

01 서비스의 개념 및 특성 ······ 169
02 서비스의 분류 ······ 175
03 서비스산업의 동향 ······ 179
04 서비스기업의 과제 ······ 181
05 서비스산업의 성장 요인 ······ 183
06 서비스와 고객만족 ······ 187
07 고객만족 지표의 이해 ······ 195

8 서비스 품질과 서비스 전략 ······ 197

01 서비스 품질의 이해 ······ 199
02 서비스기업의 경영전략 ······ 210
03 서비스마케팅 믹스 ······ 220
04 글로벌 서비스매너 ······ 228

9 글로벌화와 호텔관광산업 ······ 239

01 글로벌화의 이해 ······ 241

02 글로벌화의 촉진요인 ······ 242
03 글로벌화가 호텔관광산업에 미치는 영향 ······ 249

10 디지털경제, 기업가 정신과 글로벌리더십 ······ 251

01 디지털경제의 이해 ······ 253
02 디지털경제의 특성 ······ 253
03 글로벌체인호텔들의 기업가정신과 글로벌리더십 ······ 258
04 글로벌체인호텔기업들의 글로벌리더십과 자율성 ······ 261

■ 참고문헌 ---- 264

제 1 장 경영의 이해와 글로벌리더십

최근 정보통신기술의 발전과 글로벌화(globalization)의 영향으로 기업들의 경영환경이 빠르게 변화하고 있으며, 이렇게 빠르게 변화하는 글로벌환경 속에서 기업들은 경쟁우위를 확보하기 위해 끊임없이 노력하고 있다. Apple, Google, Samsung 등과 같이 세계적인 기업들도 자동차산업의 선두주자였던 Toyota 사례에서 보듯이, 세계 최고의 기업의 위치에서 잘못하면 갑자기 문제가 발생할 수 있기 때문에 이러한 상황을 피하기 위해 항상 긴장을 늦추지 않고 있다.

또한 글로벌화의 영향으로 기업들은 글로벌리더십(global leadership)에 대한 관심이 높아지고 있으며, 이러한 글로벌리더십의 발휘를 통해서 기업들은 오랜 시간 지속적으로 경쟁우위를 확보하기 위해 노력하고 있다. 정보통신기술의 발전과 글로벌화 등의 영향에 힘입어 향후 가장 전망이 밝은 산업 중 하나인 호텔관광산업의 세계적인 규모를 가진 Marriott, Hilton, Starwood 등과 같은 글로벌체인호텔기업들도 호텔관광산업 내에서 글로벌리더십을 발휘하여 빠르게 변화하고 있는 글로벌 경영환경에 적응하기 위해 노력하고 있다.

이러한 최근의 경영환경 하에서 본 장에서는 Management의 기본적인 이해와 더불어 우리에게 아직까지는 아주 친숙하지 않은 용어인 글로벌리더십(global leadership)에 대해서 생각해 보고 이러한 글로벌리더십이 Management에 어떻게 영향을 미치며 향후 전망에 대해서 이해해 보고자 한다.

위에서 언급된 부분을 이해하기 위해서는 먼저 기업과 경영(management), 경영자(manager) 등에 관한 이해가 선행되어야 하며 글로벌화, 글로벌화의 촉진요인, 리더십, 글로벌리더십 등과 같은 개념에 대한 이해가 선행되어야 한다.

먼저 기업, 경영, 경영자 등에 관한 기초적인 부분은 어떠한 사업을 경영하든지 간에 공통적으로 적용되기 때문에 본 장에서는 경영, 경영자, 기업 등에 관한 기초적인 부분을 살펴보고자 한다. 경영의 기능은 어떠한 사업을 운영하는 기업에 관계없이 생산관리(production management), 마케팅(marketing), 인적자원관리(human resources management), 경영정보관리(management information system), 재무관리(financial management), 회계(accounting), 경영전략(strategic management) 등에 관한 부분으로 나누어서 생각해 볼 수 있다. 또한 최근에는 글로벌화의 가속화로 인하여 많은 기업들이 국내뿐만 아니라 다른 국가에서도 사업을 운영하기 때문에 국제경영(international business)도 중요한 부분 중 하나라고 할 수 있다. 호텔기업이나 여행업과 같은 관광기업들도 대부분 국내경영뿐만 아니라 해외에서 글로벌경영을 운영하고 있다. 예를 들면, 세계적인 브랜드파워를 가진 Hyatt, Hilton, Marriott와 같은 체인호텔기업들도 모두 글로벌경영을 하고 있으며, 우리나라의 신라호텔, 롯데호텔, 임페리얼팰리스호텔 등 특1급 호텔들도 중국, 러시아, 일본 및 동남아로 진출하며 최고의 글로벌호텔기업으로 성장하기 위해 글로벌전략을 구사하고 있다. 또한 여행업의 경우 하나투어, 모두투어, 롯데관광과 같이 국내에서 시장점유율이 높고 규모가 큰 여행사들은 해외에 지점을 두고 글로벌기업으로서 관광사업을 운영하고 있다.

위에서 언급된 글로벌호텔관광기업과 관련되어, 중요한 부분은 글로벌리더십은 개인이 발휘할 수도 있지만, 최근에는 기업단위로 기업들이 발휘하는 글로벌리더십과 관련된 부분에 대한 중요성이 증대하고 있다.

01 경영(management)

어떠한 기업을 운영한다, 관리한다, 경영한다는 의미를 내포하고 있는 Management의 어원을 살펴보면, 여러 가지 내용들이 있는데 프랑스어 lemain(손), 이탈리아어 mannegiaire(정돈하다), man-age-ment 등 다양하다.

아무튼 경영(management)이란, 조직 내의 나누어진 일과 인적자원들, 그리고 그들이 사용하는 도구 및 원료 등 모든 자원들을 잘 배치하고 연결하여 조직의 공동목표를 최대한 달성하게 하는 복잡한 활동이라고 할 수 있다.

기업을 예로 들면, 기업을 운영하기 위해서는 기술, 자본, 설비, 정보 등 수많은 자원들이 투입되고 서로 상호작용을 통해서 어떠한 제품이나 서비스가 생산되어 고객들에게 공급된다. 이 때 경영이란, 이들 자원을 어떻게 연결시킬 것인가에 대한 계획을 세우고(planning), 계획한 대로 조직을 짜서(organizing), 그대로 실행되도록 진두지휘하고(directing) 서로 협조가 잘되도록 조정과 연결을 잘하며(coordinating), 마지막에는 계획대로 잘되었는지 조사, 감독(controlling)하는 것이다. 이를 간략하게 줄여서 계획(plan) – 실행(do) – 통제(control)의 과정을 거치게 되는데 이것이 바로 경영이라고 할 수 있으며, 이러한 일을 하는 사람을 바로 경영자(manager)라고 한다(임창희, 2002: p. 10).

영리조직(profit organization)은 이윤(profit)을 극대화하기 위하여, 또한 비영리조직(non profit organization)은 공공 고객에게 최대한의 편익을 제공하기 위하여 조직의 활동이 원활하게 운영되어야 하는데, 이렇게 비즈니스를 효율적으로 운영하는 것이 경영(management)에 있어서 중요한 점이라고 할 수 있다.

이렇게 조직을 효율적으로 운영하기 위해서 경영자들은 경영마인드(business mind)를 갖는 것이 필요한데, 경영마인드란 경영자가 조직의 목표를 달성하기 위해서 자원을 가장 효율적으로 활용하고 최대의 효과를 얻으려고 생각하며 노력하는 자세라고 할 수 있다.

특히, 글로벌화의 가속화, 정보통신기술의 발전, 무역장벽의 감소 등의 이유로 인하여 국제관광수요가 급증하면서 호텔관광산업의 비중이 매우 커지고 있는 상황에서 서비스업의 management와 호텔관광산업의 management는 매우 중요한 주제이며, 특히 호텔관광산업의 경우 인적자원이 그 기업의 서비스 품질에 가장 큰 영향을 미칠 뿐만 아니라 인적자원에 대한 의존도가 매우 크기 때문에 호텔관광기업들에게 있어서 인적자원관리는 기업의 전체적인 관점에서 매우 중요한 부분이라고 할 수 있다.

1) 경영의 기능(management functions)

20세기 초에 프랑스의 Fayol은, 모든 경영자들은 plan(계획), organize(조직구성), command(지휘), coordinate(조정), control(감독) 등 다섯 가지의 기능을 수행한다고 하였다. 그 이후에 일반적으로 여러 학자들이 planning, organizing, staffing, directing, controlling 등을 경영의 기능으로 받아들이게 되었다. 본서에서는 경영의 기능을 planning(계획), organizing(조직구성), leading(지휘), controlling(감독) 등으로 나누어 보았다.

(1) planning

경영에서 planning의 기능은 조직의 목표를 설정(defining goals)하고, 목표를 달성하기 위해서 전체적인 전략을 수립(establishing overall strategy)하고, 종합적으로 단계별 계획들을 조정하고 통합하는 활동 등을 발전시키는 것(developing a comprehensive hierarchy of plans to integrate and coordinate activities)을 포함한다.

(2) organizing

모든 경영자들은 조직구조(organization structure)의 디자인에 대한 책임을 가지고 있는데, 이러한 기능을 우리는 organizing(조직구성)이라고 한다. organizing의 기능에는 어떤 업무를 수행할 것인가(what tasks are to be done), 누가 수행할 것인가(who is to do them), 업무를 어떻게 분류할 것인가(how the tasks are to be grouped), 조직구성원들 중 누가 누구에게 보고할 것인가(who reports to whom), 누가 의사결정을 할 것인가(where decisions are to be made) 등을 결정하는 기능을 포함한다.

(3) leading

모든 조직들은 두 사람 이상의 인적자원들로 구성되어 있기 때문에 모든 경영자들은 이러한 조직구성원들에게 업무를 지시(direct)하면서 조직구성원들의 업무를 조정(coordinate)해야 한다. 이러한 기능이 leading(지휘)의 기능이라고 할 수 있다.

4가지 세부적인 leading의 기능들로는 경영자가 하급자들의 동기부여(motivation)를 시키고, 다른 사람들의 활동을 지시하고, 조직구성원들끼리 가장 효과적인 커뮤니케이션 경로를 선택하고, 조직구성원들끼리의 갈등을 해소(resolve conflicts)하는 기능 등이 leading의 기능에 포함된다고 할 수 있다. 최근에는 leading의 기능과 관련하여 관리자들의 리더십이 중요한 부분으로 떠오르고 있다.

(4) controlling

경영의 마지막 기능으로 controlling(감독)이 있는데, controlling은 위에서 언급된 대로 목표가 설정되고 계획이 수립된 후 조직구성을 위해 인적자원들을 채용해서 훈련시키고 동기를 부여시킨 후 다른 기능(functions)들이 제대로 작동됐는지 조직의 성과(performance)를 점검(monitoring)하는 기능을 의미한다.

2) 경영의 구성요소

재화와 서비스를 산출하기 위해서는 여러 가지 자원이 필요한데, 산업사회 초기에는 경영활동이 이루어지기 위해서 토지나 기계와 같은 물적자원, 인적자원, 자본 등이 필요한 요소들이었지만, 현대사회의 복잡한 경영환경 하에서는 인적자원, 물적자원, 자본과 더불어 여러 가지 정보(information)와 전략(strategy)이 필요하게 되었다.

(1) 인적자원

경영의 구성요소 중 인적자원은 다른 구성요소들과 비교해서 특이성을 가지고 있는 자원인데, 그 특이성으로는 능동성, 존엄성, 개발성, 소진성 등을 들 수 있다. 능동성이란, 인적자원은 다른 자원과는 달리 어떠한 자극이 가해지느냐에 따라 능동적으로 반응한다. 존엄성이란, 인적자원은 다른 자원과는 달리 근로자들 간의 인간관계도 신경 써야 하고 작업으로부터 소외당하지 않도록 보살피고 경제적 보상 이외에도 심리적 만족도 어느 정도 채워주어야 한다. 개발성은 인적자원은 기업에서 교육개발을 통해서 잠재적인 능력을 개발하면 그 가치가 무한히 오를 수 있으며, 소진성은 인적자원은 연령 등에 따른 한계가 있기 때문에 인적자원이 제공할 수 있는 노동력은 사용하든 안 하든 계속 소진될 수밖에 없다.

최근, 어떠한 조직을 경영하는데 있어서 인적자원(human resources)의 중요성은 과거에 비해서 점점 더 커져가고 있다. 특히, 대표적인 노동집약적 산업 중 하나인 호텔업, 여행업 등 관광관련 사업에 있어서는 인적자원에 대한 의존도가 높기 때문에 인적자원 요소가 더욱 중요하다고 할 수 있다. 호텔업은 일반대중을 고객으로 하고 숙박과 음식을 제공하기 위한 인적서비스와 물적 서비스로 구성된다. 호텔기업의 상품은 객실, 식사, 음료, 부대시설 등과 같은 상품이 있지만, 궁극적으로 호텔에 대한 고객의 인식은 호텔에서 제공하는 무형의 인적서비스에 의해 많은 영향을 받는다. 다른 산업분야에서는 생산기능과 경영활동의 많은 부분을 자동화하여 인적요소를 감소시키려는 경향이 있지만 인적서비스는 기계화나 자동화가 불가능하다. 따라서 호텔업에 있어서 인적자원은 제공하는 상품에 대해 절대적으로 책임을 지게 될 뿐만 아니라 고객의 반응에 의해서 자신의 업무를 성취함으로써 나타나는 결과에 만족하는 특수한 업무형태를 가지고 있다(고석면, 2001: p. 39).

여행업은 산업의 특성상 여행사마다 소비자들에게 제공하는 기초상품의 종류가 거의 비슷하기 때문에 각 여행사의 경쟁력을 좌우하는 가장 중요한 요소 중 하나가 인적자원의 역량이라고 할 수 있기 때문에 다른 산업에 비해서 상대적으로 인적자원에 대한 중요성이 더욱 강조된다고 할 수 있다.

(2) 물적자원

물적자원(physical resources)이란, 기업이 제품이나 서비스를 생산하는데 직접적으로 사용되는 유형의 자원을 의미한다. 하루가 다르게 경영환경이 급변하고 있는 최근에는 예전에 비해 부동산, 원재료, 생산설비 등과 같은 물적자원의 비중이 상대적으로 감소하고 있는 상황이라고 할 수 있으며, 특히 인터넷을 중심으로 한 디지털경제에는 더욱 이러한 현상이 심화될 것으로 예측된다.

(3) 자 본

자본이란, 기업을 창업하고 운용하는데 필요한 재무적인 자원(financial resources)을 의미하는 것으로 창업자가 자체적으로 조달할 수도 있으며, 주식이나 채권을 발행하여 투자자들에게 제공받을 수도 있고 금융기관 등을 통해서 마련할 수도 있다.

(4) 정 보

요즘 기업의 경쟁력은 정보력이 좌우한다고 해도 과언이 아닐 정도로 현대사회에 있어서 기업을 경영하는데 가장 중요한 요소 중 하나가 정보(information)라고 할 수 있다.

정보란 정보이용자에게 가치를 줄 수 있는 유형과 무형의 모든 내용이라고 할 수 있는데, 자료(data)는 정보의 원천이며 정보는 이러한 여러 자료를 처리하여 얻어지게 된다. 자료와 정보는 상호 교환적으로 자주 사용되는데, 자료는 정보를 제공하는 원자재(raw material)에 해당되며, 정보는 특정한 의사결정의 상황에서 가치를 갖는 점에 차이가 있다고 할 수 있다.

정보는 공식적 정보(formal information)와 비공식적 정보(informal information)로 분류할 수 있는데, 일반적으로 공식적인 정보가 비공식적인 정보보다 많지만 현실적으로 많은 경영자들은 비공식적인 정보들을 더 유용하게 사용하고 있는 것으로 여러 연구결과들이 나타내고 있다.

(5) 경영전략

경영전략(business strategy)이란, 희소한 경영자원을 배분하여 기업에게 경쟁우위를 창출하고 유지시켜 줄 수 있는 주요한 의사결정을 의미한다. 대부분의 기업들은 희소한 자금이나 인력 등을 배분해야 하는 의사결정이 필요한데, 일반적으로 다른 기업들과의 경쟁상황 하에서 어떻게 하면 자사에게 경쟁우위를 가져다 줄 수 있는가를 체계적으로 분석해 주는 구체적인 사고방법이라고 할 수 있다. 무한경쟁으로 치닫고 있는 현대의 경영환경 하에 경영전략에 대한 비중은 점점 더 커져가고 있다.

(6) 기업가정신(entrepreneurship)

위험을 감수하더라도 기업을 운영하려는 사람이 없다면 아마 새로운 기업이 만들어지는 것이 불가능할지도 모른다. 따라서 기업을 설립하고 더 많은 이익을 내보겠다는 기업가정신을 경영자들이 가지고 기업의 다른 조직구성원들에게도 이러한 기업가정신을 심어주는 것이 필요하다고 할 수 있다.

02 경영자(manager)

일반적으로 경영자(manager)라는 말은 넓은 의미로는 기업 내에서 종업원들을 감독하는 관리자로부터 가장 중요한 의사결정을 담당하는 최고경영자에 이르는 집단을 총칭하지만, 좁은 의미로는 최고경영자(CEO : Chief Executive Officer)를 의미한다고 할 수 있다.

1) 경영자는 누구인가?

경영자를 이해하기 위해서는 먼저 조직(organization)에 대한 이해가 필요하다. 조직이란, 두 사람 이상이 서로 연결되어 상호작용을 하면서 공동의 목표를 달성해 나가는 모임을 말한다. 조직 내에서는 분업(division of labor), 통합(coordination), 권한체계(hierarchy of authority), 공동목표(common goal) 등과 같은 요소들이 존재한다. 간단하게 정의하면, 경영자(manager)란 이러한 조직 안에서 다른 조직구성원들의 행동을 지시하는 사람이라고 할 수 있다(Managers are individuals in an organization who direct the activities of others).

2) 경영자의 유형

경영자의 유형은 소유경영자, 고용경영자, 전문경영자로 분류할 수 있으며, 경영자의 유형 및 리더십과 관련해서 생각해 보아야 할 부분이 경영자의 마인드라고 할 수 있는데 경영자의 마인드에 따라서 한 기업의 리더십 유형이 달라질 수 있다.

(1) 소유경영자

산업화 초기에는 기업의 규모가 그리 크지 않고 전문적인 경영능력도 별로 요구되지 않아 출자자인 소유주가 직접 경영권을 가지고 경영기능을 수행할 수 있었다. 이와 같은 경우 소유주가 경영자를 겸하는 것이 가능하므로 출자자와 경영자가 분리될 필요가 없는데, 이러한 경영자를 소유경영자(owner manager)라고 한다.

(2) 고용경영자

고용경영자(salaried manager)란, 소유경영자에게 고용되어 일부의 기능 혹은 대부분의 기능을 위탁받아 소유경영자에게 도움을 주는 형태의 경영자를 의미한다. 실질적으로는 소유경영자와 고용경영자의 차이가 별로 없다고 할 수 있다.

(3) 전문경영자

전문경영자란, 전문적인 경영능력과 지식을 겸비하고 의사결정 권한을 소유하여 실질적으로 조직을 운영해 나가는 경영자를 의미한다. 이렇게 전문경영자가 출현한 배경으로는 경영규모의 대규모화와 함께 급변하는 경영환경에 대한 대처, 복잡화된 관리체계, 다양화된 생산요소의 효율적 결합 등을 들 수 있다.

CASE

❖ 최고경영자가 되려면

주요 대기업에서 CEO(최고경영자)가 되려면 영업·마케팅 파트에서 잔뼈가 굵어야 제일 유리한 것으로 나타났다.

주간조선은 최근 증권거래소에 상장 또는 코스닥에 등록된 기업 가운데 연 매출액 1조 2,000억원 이상(2002년 기준)인 대기업의 CEO를 대상으로 설문조사를 실시했다. 그 결과 주요 대기업 CEO들은 영업·마케팅 출신이 가장 많은 것으로 나타났다. 이번 조사에서는 설문 대상자 60여명 가운데 해외 출장 등으로 답변을 하지 않은 사람을 제외하고 모두 43명이 응답했다. 또 국내 주요 대기업의 CEO들은 기업 내부에서 성장한 사람이 압도적으로 많았으며, 아직 유경험자(계열사 이동 제외)와 아직 경험이 없는 '일편단심파'의 비율이 엇비슷했다. 연봉은 연말 보너스를 포함해 3억원 미만이라고 답한 사람이 가장 많았다.

한국경제와 관련해서 "1년 내에 회복하기 어려운 상황"이라고 진단했으며, 국내 기업들이 시급히 개선해야 할 점으로는 '성과주의가 정착하지 못한 데 따른 비효율성'이라고 지적했다. 출근 이후 퇴근까지 하루 업무시간은 10시간 이상, 운동은 30분~1시간, 운동 종류는 헬스, 영어공부는 30분~1시간하는 경우가 각각 가장 많았다.

❖ 영업 마케팅 출신이 가장 많아

CEO가 되기 전 맡았던 주 업무로는 영업 마케팅이 가장 많아 43명 가운데 15명을 차지했다. 영업 마케팅 출신이라고 답한 이들은 LG상사 이수호 사장, 기아자동차 김뇌명 사장, LG전자 구자홍 회장, SK 황두열 부회장, 포스코 이구택 회장, 외환은행 이강원 행장, 하나은행 김승유 행장, 대우조선해양 장성립 회장, 삼성전자 강호문 사장, 두산중공업 김대중 사장, 대림산업 이용구 사장, 아시아나 박찬범 사장, SK가스 신헌철 사장, LG홈쇼핑 최영재 사장, 현대백화점 하원만 사장 등이다.

마케팅 전문가인 김재환 박사는 "영업 마케팅파트는 소비자들의 목소리를 가장 가깝게 듣는 위치"라면서 "소비자들이 무엇을 원하는지 정확히 포착하는 능력은 CEO가 되는 데 크게 도움이 될 것"이라고 분석했다.

전통적으로 CEO 코스로 꼽히는 기획파트와 재무파트 출신은 그 다음으로 많았다. 기획파트는 10명으로 두 번째를 차지했다. 삼성물산 배종렬 사장, SK텔레콤 표문수 사장, 기업은행 김종창 행장, LG화학 노기호 사장, 쌍용자동차 소진관 사장, 동부화재 이수광 사장, LG텔레콤 남용 사장, 두산 유병택 사장, KT&G 곽주영 사장, 한화석유화학 허원중 사장 등이 기획통.

재무 전문가는 7명으로 세 번째, 회사 돈을 주무르는 사람들도 최고경영자 반열에 자주 오르는 사람들이다. S-OIL 유호기 사장, KTF 남중수 사장, 신세계 구학서 사장, LG카드 이종석 사장, LG건설 김갑렬 사장, 현대산업개발 이방주 사장, 동국제강 전경두 사장 등이 해당한다.

영업·기획·재무를 합치면 모두 32명으로 응답자의 74%를 차지, 대기업 최고경영자는 이 세 분야에서 주로 나온다고 할 수 있다.

최근 기술중시의 경영 흐름 속에서 기술직 출신은 4명, 현대중공업 최길선 사장, 대우건설 남상국 사장, LG전선 한동규 사장, 코오롱 조정호 사장이 이에 속한다. 연구직 출신은 2명, 2명 모두 박사

CASE

출신이다. 산업관리공학 박사인 현대자동차의 김동진 사장은 연구 파트에서 잔뼈가 굵었으며, 전자공학 박사인 KT의 이용경 사장도 미국 대학 교수를 거쳐 연구원 생활을 했다. 인사 전문가는 2명으로 한진해운의 최원표 사장과 CJ홈쇼핑의 조영철 사장이다.

남들과 다른 경력을 밟은 이들도 있다. 삼성전자 한용외 사장은 감사와 경영진단을 주특기로 했고, CJ의 김주형 사장은 구매분야에서 컸다. 원자재 구매가 많은 회사의 특성 때문이라는 것이 회사측 설명이다. 금호산업의 신훈 사장은 보기 드물게 전산 전문가이다. 대학에서 수학을 전공한 신 사장은 여러 회사에서 전산 전문가로 활약했다.

'CEO가 된 뒤 직원시절 CEO에 크게 도움 될 업무는 무엇이라고 생각하느냐'는 질문에 대부분 최고경영자들은 '친정', 즉 자신의 출신 분야를 제시했다. 자신이 성장한 분야에 대한 자부심이라고 할 수 있다.

그러나 이 질문에서도 영업·마케팅 업무가 강세였다. 비영업 파트 출신들도 영업 쪽에 손을 들어줘 영업·마케팅 출신 사장(15명) 수보다 많은 18명이었다. 기술이 중요하다는 사람도 5명으로, 기술자 출신 사장 수보다 많다. 하나은행 김승유 행장은 "다양한 업무 경험이 중요하다"고 말하기도 했다.

✤부하 의견 수용, 민주형 많아

이들에게 색다른 질문을 하나 던져보았다. '부하 직원들을 통솔할 때 가장 효과를 본 것은 무엇이냐?' 가장 많은 23명이 '상사로서 기획력, 업무추진, 문제해결 등 능력을 발휘하는 것'이라고 답했다. 조직의 관리자는 일단 본인이 능력을 제대로 발휘해야 부하직원들이 움직인다는 의미로 해석된다. 두 번째로 '개인보다는 조직의 팀워크를 중시하는 태도(14명)'라는 답도 적지 않았다. 두 답을 합쳐 개인적으로 능력을 보이면서도 조직의 팀워크를 생각하는 관리자가 되면 경영자로서 자질은 입증되는 셈이다.

'정확한 신상필벌(3명)'과 '부하의 잘못을 감싸는 포용력(2명)'이라는 상반된 답변이 엇비슷하게 나온 것은 흥미롭다. 조직원들은 엄격한 성과 평가를 수긍하면서도 한편으로는 상관의 넓은 아량에 감읍하면서 충성심을 발휘한다고 할 수 있다.

또 이런 질문도 던져보았다. '부하가 자신의 지시 업무에 불가능하다는 반응을 보일 때 어떻게 해결하는가?' 가장 많은 답은 '부하의 의견을 경청한 뒤 다시 한 번 생각했다(28명)'는 것이다. 아랫사람의 의견을 수용하는 '민주적 상사형'이 가장 많은 셈이다. 두 번째는 '일단 업무에 착수한 뒤 결과를 보고하라고 지시했다(10명)'. 상사의 지시를 무시하지 않고 일단 일을 착수하라는 성실추구형인 셈이다. '이유를 불문하고 반드시 업무를 달성하라고 재차 지시했다(3명)'는 불도저식 관리형태도 있다. 이 밖에 '다른 부하에게 업무를 맡긴다(1명)'도 있다.

CEO 자신들은 과거 부하시절에 불가능하다고 판단된 업무를 지시받았을 때 어떻게 했을까. '일단 지시를 수용한 뒤 기회를 봐서 불가능한 이유를 설명했다(21명)'는 답변이 가장 많았다. 상사의 지시를 정면에서 거절하지 않는 '한국적 순종형'이 다수파인 것. '상사의 지시는 반드시 성과를 내도록 노력했다(14명)'가 두 번째. '하라면 해'라는 한국의 군대식 명령체제에 익숙한 것이 한국기업의 회사원들이다.

'업무가 불가능한 이유를 설명하고 착수하지 않았다(4명)'는 '당돌한 부하'도 있다. '일단 업무에 착

CASE

수하고, 후에 성과를 내지 못한 이유를 설명했다(2명)'는 답변은 '안전판 마련형'.

CEO의 가장 중요한 역할로 손꼽은 것은 '회사의 장기 발전 플랜 마련과 추진'이라는 데 입을 모았다. 모두 35명이 답해 5명 중 4명꼴이다. '구조조정 등 조직의 효율화'는 5명. '단기 목표 달성'은 2명이었다. KTF의 남중수 사장은 "CEO란, 기업이 시스템적으로 경영되도록 도와주는 서포트 역할"이라는 답을 내놓기도 했다.

CEO가 된 후에 가장 역점을 두고 있는 업무로는 '기존 사업의 경쟁력 강화(29명)'를 가장 많이 제시했으며, 신규 수익사업 추진(9명)이 뒤를 이었다. 이 밖에 인력감축과 구조조정 등 조직 재정비(2명), 부채감축 등 재무구조 개선(2명), 기술·연구개발 강화(2명) 등이었다.

【자료 : 주간조선】

3) 경영자의 역할

민츠버그(Mintzberg)는 경영자들이 어떻게 시간을 사용하며, 어떠한 업무를 하느냐를 실증적인 관찰자료에 근거하여 설명하였다.

Mintzberg는 경영자의 역할을 크게 대인적 역할, 정보적 역할, 의사결정적 역할의 3가지로 분류하였다.

(1) 대인적 역할

경영자의 역할 중 대인적 역할이란, 경영자가 기업을 지속적으로 원만하게 운영하기 위해 도움을 주는 역할을 말한다. 대인적 역할은 다시 3가지로 분류할 수 있는데 첫째, 기업의 외형적 대표자로서의 역할, 둘째, 종업원을 채용·훈련·동기를 유발시키는 리더로서의 역할, 셋째, 연락자로서의 역할 등이 있다. 연락자로서의 역할이란, 기업 내의 조직구성원들은 물론 기업 밖의 공급자나 고객 등과 같은 여러 이해집단들과 접촉함에 있어 연락자로서의 역할을 의미한다.

(2) 정보적 역할

경영자의 역할 중 정보적 역할이란, 경영자가 정보를 수집하고 전달하는 역할을 의미하는 것으로 정보적 역할은 세 가지로 분류할 수 있는데, 첫째는 모니터로서의 역할인데 이는 경영자가 정보를 꾸준하게 탐색함을 의미한다. 둘째는 전파자로서의 역할인데 이는 부하들이 필요한 중요한 정보를 전달해 주는 역할을 의미한다. 마지막으로 대변인으로서의 역할이 있는데 이는 경영자가 수집한 정보의 일부를 기업 내부나 외부인들에게 전달해 주는 역할을 말한다.

(3) 의사결정적 역할

경영자의 역할 중 의사결정적 역할이란, 수집된 정보를 바탕으로 여러 가지 경영과 관련된 문제들을 해결하는 역할을 의미한다. 의사결정적 역할은 기업가로서의 역할, 분쟁해결자로서의 역할, 자원배분자로서의 역할, 협상가로서의 역할 등으로 분류할 수 있다.

첫째, 기업가로서의 역할은 경영자가 기업의 성장과 발전을 위해 노력하는 것을 의미한다. 둘째, 분쟁해결자로서의 역할이란 노사문제와 같은 기업내부적인 상황이나 기업과 고객 간의 법률적인 갈등 같은 기업외부적인 분쟁상황이 발생했을 때, 적극적으로 해결방안을 모색하는 역할을 의미한다. 셋째, 자원배분자로서의 역할이란 기업의 성과를 극대화시키기 위해 기업의 경영자원을 어떻게 배분할 것인가를 결정하는 역할을 말한다. 마지막으로 협상가로서의 역할이란 기업이 공급업자와 계약을 체결할 때 등과 같이 거래에 있어서 협상을 하는 역할을 말한다.

4) 경영층

경영활동의 내용이 많아지고 복잡해지면 한 사람의 경영자로서는 기업을 효율적으로 운영해 나가는 것이 어려워지게 된다. 따라서 여러 사람의 경영자가 서로 다른 경영기능을 나누어서 맡을 수밖에 없게 되는데, 이러한 집단을 경영층이라고 한다. 일반적으로 경영층은 최고경영층, 중간경영층, 일선경영층 등으로 나누어 볼 수 있다(임창희, 2002: p. 17).

특히 각각의 경영층은 부하 직원들을 통솔하기 위해서 리더십이 꼭 필요한 부분이며, 리더십의 유형에 따라서 조직원들이 느끼는 만족도와 성과에 많은 영향을 미칠 수 있다고 할 수 있다.

(1) 최고경영층

조직의 전반적 경영을 책임지는 위치에서 조직의 외부환경과 상호작용하는 업무를 주로 맡으며, 회장을 비롯하여 사장이나 대표이사, 전무, 상무, 이사 등의 중역이 최고경영층에 해당한다. 최고경영층이 어떠한 형태의 리더십을 발휘하느냐 하는 문제는 기업이라는 거대한 조직 전체에 미치는 영향이 크기 때문에 중요한 문제라고 할 수 있다.

(2) 중간경영층

최고경영층에서 결정한 방침과 계획을 일선 경영층에게 전달하고 지휘하며 중간에서 상・하 경영층의 요구사항을 조율해 주는 역할을 한다. 팀장, 부장, 과장 등의 직급으로서 경영자율화에 따라 점차 중요성이 더해가고 있다.

(3) 일선경영층

자기가 맡은 실무 담당자의 과업을 감독하고 조언, 조정해준다. 감독자, 반장, 대리 등의 직급으로서 다른 경영자의 활동은 감독하지 않는다.

03 기 업

1) 기업의 유형

(1) 개인기업

개인기업(sole proprietorship)이란, 한 사람이 단독으로 출자하고 지배하여 경영상의 모든 위험과 손실을 부담하는 대신 이윤도 한 사람이 모두 챙기는 형태의 기업을 말한다.

(2) 공동기업

공동기업(partnership)이란, 두 사람 이상이 공동적으로 영리를 목적으로 만든 기업을 의미하는데 소수공동기업과 다수공동기업으로 분류할 수 있다.

먼저, 소수공동기업을 살펴보면, 기업의 유형은 여러 가지 관점에 따라 다양하게 나눌 수 있는데, 법적으로 분류해 보면 합명회사란 출자와 경영을 2인 이상이 공동으로 하고 회사 부채에 대해서 무한책임을 지는 형태이며 합자회사는 일부만 책임을 지는 유한책임자와 무한책임자가 공동으로 설립한 회사이다. 유한회사란, 모두가 유한책임 사원으로 출자만 하고 경영은 제3자가 하되 지분의 증권화나 타인에의 양도가 자유롭지 못한 것이 주식회사와의 차이점이라고 할 수 있다.

가) 합명회사

합명회사(unlimited partnership)는 2인 이상의 사원이 공동으로 출자하여 각 사원이 회사의 채무에 대하여 연대하여 무한책임을 지는 회사를 말한다. 따라서 각 사원은 출자와 동시에 원칙적으로 사원 전부가 경영을 담당하게 된다. 출자는 현금이나 현물 등의 재산뿐만 아니라 노무도 출자할 수 있으나, 각 사원의 지분은 다른 사원의 승인을 얻지 않고서는 그것의 전부 또는 일부를 자유로이 다른 사람에게 양도할 수 없다.

나) 합자회사

합자회사(limited partnership)란, 무한책임사원과 유한책임사원의 두 종류로 구성되는 이원적인 회사로서 무한책임사원은 출자함과 동시에 경영을 담당하며, 유한책임사원은 출자만 하고 경영의 관리에는 참여하지 않는다. 출자에 있어서 무한책임사원은 합명회사의 사원과 마찬가지로 금전, 기타의 재산뿐만 아니라 노무도 출자할 수 있으나, 유한책임사원은 금전과 현물에 한하여 출자할 수 있다.

다) 유한회사

유한회사(private company)는 사원 전원이 그들의 출자액을 한도로 하여 기업채무를 변제한다는 유한책임을 부담하는 사원으로 조직되는 회사이다. 유한회사의 전 사원이 유한책임을 진다는 점은 주식회사의 경우와 같고, 전술한 합명회사 또는 합자회사와는 사원구성에 있어서 상이하다. 유한회사는 비교적 소수의 사원과 소수의 자본으로 운영되므로 중소규모의 기업경영에 주로 이용된다.

다수공동기업의 유형으로는 주식회사(corporation)가 있다.

(3) 주식회사

기업 활동이 점점 확대되면서 더 많은 자본이 필요하게 되어 한 두 명이 가진 자본으로 충당하기는 어렵게 되었다. 이때 기업의 신용을 담보로 하고 기업이 책임을 지는 기업명의의 증서(증권 혹은 주식)를 발행하여 수많은 사람들에게 나누어주고 자본을 모아서 설립된 기업이 주식회사이다. 특히, 산업혁명 이후 대량생산체제로 진입하면서 초대형기업의 필요성 때문에 거의 대부분의 기업들이 주식회사 형태를 취하게 되었다. 주식회사는 다음과 같은 특징을 가진다(임창희 2002: pp. 71~72).

가) 유한책임제도

주식을 산 출자자(사실상의 소유자)들은 자신이 출자한 지분에 대해서만 유한책임을 지기 때문에 많은 사람들이 안심하고 자본을 투자할 수 있게 된다. 무한책임이라면 어느 누구도 선뜻 자본을 출자하려 하지 않을 것이기 때문이다.

나) 주식제도

출자의 단위가 되는 주식의 단위당 금액을 소액(5천원, 만원 등)으로 균등화하였기 때문에 적은 자금밖에 없는 소위 소액주주들도 참여할 수 있으며 또한 주식의 매매나 양도가 자유롭다. 그러므로 더 많은 사람들에게 출자를 유도할 수 있어서 주식회사로 자본이 집중되어 거대자본으로 회사를 운영할 수 있는 장점이 있다.

다) 소유와 경영의 분리

주주들은 출자분만큼 회사에 대해 권한을 갖지만 참여자본가의 수가 매우 크기 때문에 일부 주주들이 경영에 대한 결정권을 가지기 어렵다. 따라서 경영은 전문경영인에게 위탁한 셈이 되고, 출자자는 배당이나 받으면 되기 때문에 경영능력이 없는 자본가들도 안심하고 투자를 할 수 있다. 그들은 또한 자신들보다 경영능력이 훨씬 뛰어난 전문경영자에게 회사운영을 맡길 수 있다는 장점도 있다.

제 2 장 글로벌경영과 리더십

국내에서 사업을 운영하는 기업도 마찬가지지만, 특히 해외에서 기업을 운영해야 하는 글로벌기업의 경우에는 각각의 국가마다 정치, 경제, 사회, 문화적인 환경이 다르기 때문에 기업을 운영하기 위해서 꼭 필요한 요소 중 하나인 리더십을 발휘하는 문제에 있어서도 많은 어려움에 부딪힐 수 있다.

01 국제경영의 개념 및 의의

글로벌화(globalization)의 가속화로 호텔관광기업을 포함한 많은 기업들이 고민해야 하는 부분 중 하나가 기업의 글로벌경영과 관련된 부분이라고 할 수 있는데, 특히 호텔산업의 경우 Starwood, Marriott, Hyatt 등 규모가 큰 글로벌체인호텔기업들의 경우 많게는 100개국 이상에서 1,000개 이상의 호텔체인들을 운영하고 있기 때문에 글로벌경영은 더욱 중요하다고 할 수 있다. 이렇게 전 세계에 퍼져 있는 많은 호텔체인들을 관리하기 위해서 꼭 필요한 부분 중 하나가 본사의 리더십이기 때문에 글로벌경영과 리더십은 매우 밀접한 관계를 가지고 있다고 할 수 있다.

먼저 글로벌경영의 의미를 살펴보면, 글로벌경영 혹은 국제경영(international business)이란 두 개 이상의 국가와 관련하여 이루어지는 모든 기업 활동, 혹은 이를 경영하는 활동을 의미한다. 여러 학자들의 견해 중 대표적인 몇 가지 예를 들어보면, Robock과 Simmonds 및 Zwick는 그들의 공저인 『International Business and Multinational Enterprises』에서 국제경영을 다음과 같이 정의하고 있다.

"국제경영이란, 국경을 넘는 사업 활동을 경영교육 및 학문적 연구의 대상으로 하는 분야로서, 여기서 국경을 넘는 사업 활동의 대상에는 재화, 서비스, 자본, 인력, 기술이전 그리고 인력관리 등이 모두 포함된다(International

Business as a field of management training and scholarly research subject primarily with business activities that cross national boundaries, whether they be movements of goods, services, capital, or personnel; transfer of technology; or even the supervision of employees) (Johanson & Vahlne, 1977)."

한편 Robinson은 그의 저서 『International Business Management』에서 국제경영을 다음과 같이 정의하고 있다.

"국제경영이란 한 나라, 한 영토 또는 한 식민지 이상의 사람 또는 기관에 영향을 미치는 공사(public and private)의 경영활동을 대상으로 하는 연구 및 실무의 한 분야이다(International Business as a field of study and practice encompasses that public and private business activity affecting the persons or institutions of more than on national state, territory or colony)(Davidson, 1980)."

다시 말해서 만약 기업의 모든 경영활동이 순순하게 국내에서만 이루어지지 않는다면 이 기업은 국제경영에 참여하고 있다고 말할 수 있다. 오늘날의 거의 모든 기업들은 국제경영활동과 관련되어 있다고 해도 과언이 아니다. 우리들이 가장 잘 알고 있는 국제경영활동의 형태로는 수출입과 현지 생산활동이 있다. 또한 라이선싱(licensing)과 프랜차이징(franchising) 등의 계약방식과 관광 · 운송 · 보험 등의 각종 국제서비스활동도 국제경영의 주요형태이다.

02 다국적기업의 이해

다국적기업(multinational corporation)에 대한 정의는 여러 학자들마다 다양하지만, 일반적으로 두 개 국가 이상에서 현지법인을 운영하고 있는 기업이라고 정의할 수 있다.

다국적기업은 말 그대로 여러 개의 국적을 가진 기업을 뜻하는 것으로서 해외직접투자(foreign direct investment)를 통해 현지판매법인이나 현지생산법인을 소유하고 있는 기업을 의미한다. 다국적기업의 명칭과 관련된 부분과 학자들의 분류는 다음과 같다.

표 2·1 다국적기업의 기준과 명칭

관점	기 준	명 칭	학 자
구조	· 경영활동이 일어나는 국가의 수≥2	Multinational Firm	D. E. Lilienthal J. Fayerweather
	· 기업의 소유권자의 국적의 수≥2 · 최고경영층의 국적의 수≥2 · 6개국 이상에 제조업 투자 · 초국적 주체에 의하여 관리되는 기업	Multinational Firm Transnational Enterprise Multinational Enterprise Cosmo Corporation	J. Behrman D. Kircher R. Vemen G. Ball
성과	· 해외부문의 매출액 · 투자 · 생산 · 고용 등>25%	International Corporation	S. Rolfe
	· 해외부분의 매출액 · 이익자산 · 종업원수>일정비율	Multinational Corporation	J. Bruck & F. Lee
형태	· 경영의 관점이 국제적 · 세계적인 관점에서 자원배분 · 본국중심적 사고, 현지중심적 사고, 세계중심적 사고 · 세계시장을 하나의 시스템으로 보아 각국의 경영전략을 유기적으로 조정	World Corporation Supernational Corporation Ethnocentric Firm Polycentric Firm Geocentric Firm Global Corporation	G. Clee & A. Discipio R. Robinson H. Perlmutter M. Porter

03 다국적기업의 조직구조

Johanson과 Vahlne은 기업들의 해외진출과정이 처음에 수출로 시작하여 판매법인으로 확장되고, 그 다음단계에서 생산법인을 설립하여 순차적으로 해외시장에 진출한다고 주장하였다. 즉 점점 그 해외시장의 중요성이 증가함에 따라 그만큼 투자를 증대시킨다는 이론이다. 이러한 기업들의 순차적인 해외시장의 진출은 Johanson과 Vahlne의 주장대로 그 해외시장의 중요성이 점점 높아진다는 관점에서도 볼 수 있지만, 한편으로는 기업들이 해외시장에 대해서 순차적으로 진출하는 이유를 위험관리의 측면에서도 볼 수 있다. 다시 말하면 기업들이 해외시장의 진출 초반에는 해외시장진출 경험부족과 현지시장에 대한 정보부족으로 수출로 해외시장에 진출한 후 어느 정도 해외시장진출에 대한 정보가 축적되면 판매법인을 설립하고, 그 이후에 생산법인을 설립하게 된다.

한편, Davidson은 기업이 세계의 여러 국가에 진출할 때 동시다발적으로 진출하기보다 문화 · 언어 · 경제적 환경이 비슷한 국가로부터 상이한 국가의 순서로 순차적으로 진출한다고 주장하였다.

또한 장세진은 기업이 여러 사업부를 가지고 있는 다각화기업일 경우 현지기업에 비해 경쟁우위가 강한 사업부에 최초의 투자가 이루어지고, 경쟁우위가 약한 사업분야로 순차적으로 진입한다고 주장하였다(Chang, 1995; 장세진, 2004: 250 재인용).

위에서 언급한 대로 기업들이 해외시장에 순차적으로 진입하면서 다국적기업의 조직구조도 계속해서 변화하게 되는데, 그 내용은 다음과 같다.

1) 수출부서의 조직구조

내수위주의 기업이 수출량이 늘어나면서 수출만을 전담할 조직을 영업부산하에 두는 조직구조를 말한다. 처음에는 수출부서를 조직하여 활동하다 수출제품이 증가하고 수출지역이 다변화되면서 수출부서가 제품별 혹은 지역별로 분화된다.

2) 국제사업부의 조직구조

국제사업부의 조직구조는 해외시장에 대한 기업들의 비중이 증가하면서 기존의 제품별 국내사업부와 마찬가지로 해외영업부나 국제사업부와 같은 새로운 사업부를 설치하여 국제업무를 담당하게 하는 조직구조를 말한다. 국제사업부 조직구조는 내수에 초점을 맞추는 조직구조이기 때문에 주요의사결정권한이 내수위주의 제품별 사업부에 집중되어 있다. 따라서 국제사업부는 해외영업의 제한된 영역에서 의사결정권한만 행사할 수 있기 때문에 전반적인 기업 활동이 내수위주에 초점이 맞춰지는 조직구조이다.

3) 글로벌사업부의 조직구조

기업의 해외사업비중이 증가하면서 국제사업부 조직은 글로벌사업부 조직으로 확대 개편되는데, 기업의 상황과 해외시장의 외부환경에 따라 제품별 글로벌사업부제와 지역별 글로벌사업부제 및 글로벌 매트릭스조직 중에서 선택해서 운용한다. 세 조직구조의 특성은 다음과 같다.

(1) 제품별 글로벌사업부제

국제사업부가 별도로 존재하였던 국제사업부 조직의 경우 내수부문은 제품사업부로, 해외부문은 국제사업부로 각각 분리되어 운영되었지만, 제품별 글로벌사업부제 조직구조에서는 개별제품별 사업부가 내수부문과 해외부문을 모두 관리하게 된다. 현재 글로벌경쟁을 하고 있는 서구의 대규모기업들의 구조를 살펴보면, 대부분의 경우 글로벌제품별 사업부제 조직을 갖춘 기업들이 많은데, 그 이유는 제품별 사업부가 내수사업만이 아니라 해외영업과 전 세계에 대한 모든 생산과 판매활동을 함으로써 규모의 경제를 살리고, 제품을 동시다발적으로 많은 시장에 판매하는 등 효율적인 생산체제를 갖출 수 있다는 점에서 글로벌사업부 조직의 장점이 있다고 하겠다(장세진, 1994: 356~357).

그러나 제품별 글로벌사업부제 조직구조는 해외사업관련 제품사업부 간 조정의 어려움이 있고, 해외지역에 대한 전문성이 축적되어 활용되기가 어렵다. 또한 제품사업부 간 지역에 대한 정보가 공유되지 못하고, 해외에 있는 다제품 생산공장의 경우 원가배분과 수익측정 등에서 갈등요소가 존재하는 단점이 있다.

(2) 지역별 글로벌사업부제

지역별 글로벌사업부제는 전 세계 지역을 몇 개의 주요지역으로 나누고 각각의 지역사업부가 생산 · 판매 · 연구개발 등을 책임지는 조직구조이다. 지역별 글로벌사업부제는 현지시장 특성에 맞추어 제품의 생산과 마케팅을 현지화시킬 수 있는 장점이 있지만, 의사결정권한이 지역사업부에 있기 때문에 개별제품의 글로벌 표준화 가능성이 약해지고, 제품에 대한 전문지식 축적 및 활용이 어렵게 된다.

지역별 글로벌사업부제는 다음과 같은 경우에 적용할 수 있다.

① 현지국가의 특수한 여건에 대응하여 지역별 생산체제를 갖출 필요가 있는 기업의 경우
② 제품이 상당히 표준화되어 있어 기술적인 문제보다는 마케팅이 중요한 이유
③ 제품이 제품 수명주기상 성숙단계에 위치하는 경우
④ 현지시장의 여건에 대응하는 것이 가장 중요한 목표인 경우
⑤ 총매출에서 해외시장의 매출비중이 확대되는 경우

(3) 글로벌 매트릭스 조직

매트릭스 조직은 기업을 제품차원과 지역차원으로 나누어 조직에 소속된

모든 사람들을 제품과 지역 양쪽 조직에 속하게 만든 조직형태이다. 매트릭스 조직은 해당사업부가 제품측면과 지역측면을 함께 같은 비중으로 관리하기 때문에 제품과 지역차원에서 발생하는 경영 문제를 유연하게 관리할 수 있는 장점이 있다(전용욱 외, 2003: 50~51).

그러나 매트릭스 조직을 취했던 많은 기업들이 얼마 후 다시 지역별 혹은 제품별 사업부조직으로 돌아가게 되었는데, 그 가장 큰 이유는 매트릭스 조직이 구조상 무척 복잡하고 혼란스럽기 때문이다. 특히 두 명의 상급관리자의 지시를 받아야 하는 중간관리자들에게는 만약 제품별 상급관리자와 지역별 상급관리자의 의견이 다를 경우 어느 의견을 따라야 하는지의 문제가 발생하게 된다.

04 해외자회사 유형과 글로벌리더십

다국적기업의 해외자회사 유형을 분류하는 방법은 여러 가지 방법이 있을 수 있으나, 일반적으로 가장 많이 활용되고 있는 연구 중 하나는 Bartlett and Ghoshal의 연구라고 할 수 있다. 또한 리더십과 관련된 관점에서 보면 Bartlett and Ghoshal의 연구를 통해서 각 기업의 자회사는 해외자회사 유형에 따라서 다른 정도의 리더십이 발휘되고 있다는 것을 알 수 있으며, 이러한 요인으로 자회사의 핵심역량 보유정도와 현지시장의 중요성을 들 수 있다.

Barlett과 Ghoshal은 다국적기업조직이 획일적인 통제시스템을 가진 조직이 아니라 각 시장의 특성과 개별 자회사의 능력에 따라 차별화된 네트워크 조직이라고 주장하였다. 또한 자회사의 현지시장의 중요성과 자회사의 핵심역량에 따라 전략적 리더(strategic leader), 기여자(contributor), 실행자(implementer), 블랙홀(black hole)의 4가지로 분류하였다(Barlett & Ghoshat, 1989). 여기서 핵심역량(core competencies)이란, 경쟁기업에 비해서 우월한 능력을 의미한다.

다국적기업의 리더십과 관련되어 살펴보아야 할 중요한 부분 중 하나가 다국적기업의 본사가 세계 각 지역에 흩어져 있는 자회사에 대해서 얼마만큼 리더십을 발휘하느냐가 중요한 점이라고 할 수 있다. 물론 각각의 기업들이 처한 상황에 따라서 이러한 리더십의 정도는 달라질 수 있지만, FILA의 한국 자회사와 같이 본사를 인수한 경우도 있고, 일본 Sony의 미국 자회사는 본사를 미국으로 옮긴 사례도 있다.

1) 전략적 리더

전략적 리더(strategic leader)란, 자회사가 전략적으로 중요한 시장에 위치하고 있고, 높은 수준의 핵심역량(core competencies)을 보유하고 있는 경우를 말한다. 여기서 전략적으로 중요한 시장이란 다음과 같은 면에서 평가될 수 있다(장세진, 2004: 181~182).

① 시장규모가 크고 그 시장에서 이익을 얻을 수 있는 가능성이 높은 시장 : 주요시장에서 성공하면 그만큼 규모의 경제를 활용할 가능성이 높아지고, 신규시장의 진출을 위한 재원마련에도 크게 도움이 된다.

② 글로벌고객의 모국 : 글로벌고객을 상대하는 기업은 전 세계적으로 사업활동을 하는 고객에게 효과적인 서비스를 제공하기 위해서 고객의 모국과 그 고객이 활동하는 주요국가에 진출하고 있어야 한다.

③ 경쟁기업의 내수시장 : 경쟁기업을 가장 효과적으로 견제할 수 있는 방법은 그 경쟁기업의 가장 중요한 시장을 공략하는 방법이다.

④ 기술혁신이 많이 일어나는 시장 : 기술혁신의 본거지에 위치하는 것은 뛰어난 기술력을 확보함과 동시에, 경쟁기업의 움직임을 포착하는 데 크게 도움이 된다.

2) 기여자

기여자(contributor)란 시장규모가 작거나 전략적으로 중요하지 않은 시장에 위치하고 있지만 높은 수준의 핵심역량을 보유하고 있는 자회사의 유형을 말한다.

3) 실행자

실행자(implementer)란, 전략적으로 그다지 중요한 시장에 위치하고 있지 않으며, 단순한 현지 업무를 수행할 수 있는 정도의 핵심역량을 보유한 자회사의 형태를 의미한다.

4) 블랙홀

블랙홀(black hole)은 본사에서 계속해서 경영자원을 투입해도 핵심역량을 개발하지 못하는 자회사의 형태를 의미한다.

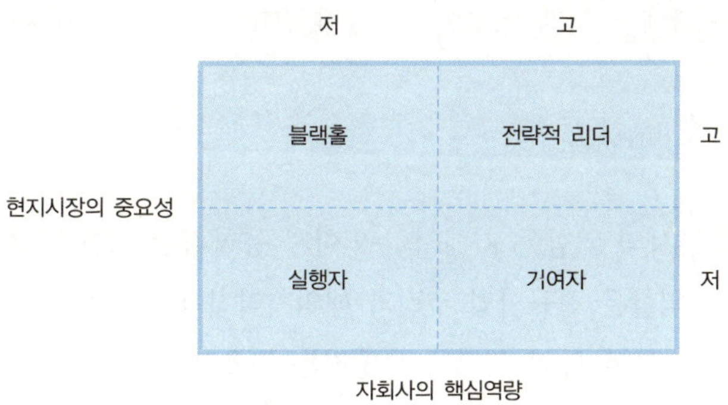

[그림 2-1] 해외자회사의 유형

다국적기업의 글로벌리더십을 지금까지 발전되어온 리더십이론에 적용시키기는 쉽지 않은 일이지만, 두 가지 관점에서 살펴보면 다국적기업 본사의 자회사에 대한 리더십 발휘 정도와 해외지역본사제도와 같이 특정한 지역 내에서 실질적으로 본사의 역할을 하는 자회사의 리더십과 관련된 부분은 앞으로 다국적기업의 글로벌리더십과 관련해서 중요한 주제가 될 수 있는 부분이라고 할 수 있다.

05 해외지역 본사제도와 글로벌리더십

1) 해외지역 본사제도의 이해

해외지역 본사(regional headquarters)제도란, 지역별 전략국가에 현지를 관할하는 제2의 본사를 설립하는 것을 말한다. 해외지역 본사는 금융・정보・컨설팅・자원조직을 전략적으로 보강하여 제반 경영요소의 통합・분배・조정 기능을 갖게 되며, 이러한 해외지역 본사제도가 정착되면 지역 내 사업장 간의 시너지효과가 극대화될 뿐만 아니라 현지에서 신속한 의사결정이 이루어지고, 현지문화에도 쉽게 적응할 수 있게 된다.

2) 해외지역 본사의 역할

해외지역 본사의 역할은 기업적인 역할과 통합적인 역할로 분류할 수 있다. 기업적인 역할은 신규사업 추진과 해외지역전략 실행력 강화 및 전략지역에 대한 상징부여 등의 역할을 수행하는 것을 의미한다.

첫째, 신규사업추진의 역할이란, 해당지역 내 신규사업을 개발하고, 개발과 관련된 마케팅정보・전략정보를 수집하며, 사업기회를 발굴하고, 제휴대상기업을 탐색하는 역할 등을 수행하는 것을 말한다.

둘째, 해외지역전략 실행력 강화의 역할이란, 다음과 같은 내용을 의미한다. 환경의 변화가 빠른 지역이나 시장정보와 경쟁정보가 체계적으로 수집되지 않은 지역의 경우 본사의 글로벌전략의 차원에서 사업추진이 어려운 경우가 많이 있다. 또한 국가별로 나누어진 지역의 경우도 특정국가의 관리자가 사업추진에 대한 아이디어를 본사 전략에 반영시키기 어려운데, 이러한 경우 해외지역 본사는 글로벌전략에 지역 및 국가전략을 반영할 때 특정국가의 아이디어를 적극적으로 반영하는 역할을 수행할 수 있다.

셋째, 전략지역에 대한 상징성 부여의 역할이란, 특정지역이 전략적으로 중요하다고 판단될 때 대내외적으로 중요성을 알리는 역할을 들 수 있다. 그러기 위해서는 먼저 대내적으로 본사의 사업담당 또는 자원담당의 임원들에게 지역의 미래 잠재력에 대한 확신을 심어주고 태도의 변화를 일으키게 하는 역할을 담당해야 하는데, 이러한 상황에서 지역본사 담당자는 고위임원이어야 한다.

통합적 역할은 조정역할과 자원공동 활용의 역할로 나눌 수 있다. 조정역할이란, 지역전략과 사업전략이 서로 일관성을 유지하고, 상호 상충되지 않게 하면 사업 간 혹은 국가 간 시너지효과가 충분히 발휘될 수 있게 하는 역할을 의미한다.

자원의 공동 활용은 지원센터기능과 관리센터기능으로 나눌 수 있다. 지원센터기능이란, 역내 자회사 간 업무가 중복되어 낭비가 발생되는 경우, 이를 관장하여 공통서비스를 제공하는 역할을 수행하는 것을 의미한다. 예를 들면, 입찰준비 · 재고관리 · 인적자산관리업무 · 제품개발 등의 업무가 있다. 관리센터의 기능은 외환관리 · 조세관리 · 재무관리 등을 효율적으로 수행하기 위하여 특정자원의 집중관리를 위한 전문가를 공동 활용하는 역할을 의미한다.

3) 성공적인 해외지역 본사제도의 운영과 글로벌리더십

(1) 권한 있는 임원의 지역본사 배치

해당 지역 내 법인들에게 실질적인 조언을 하고 권한을 행사할 수 있는 임원이 지역본사에 배치되면 지역본사의 위상이 높아질 것이다.

(2) 본사와의 협력의 중요성

해외지역 본사의 현지화 추구전략에도 불구하고 일반적인 경우에 대부분의 경영자원을 본사가 보유하고 있기 때문에 현실적으로 본사와 해외지역 본사와의 협력이 필요하다. 그러기 위해 본사에서는 지역본사에 힘을 실어주는 노력이 필요하고, 해외지역 본사의 입장에서는 본사의 의사결정권자와의 정기적인 만남을 통하여 권한을 부여받을 수 있다.

(3) 현지인력의 활용

지역 내 현지화(localization)를 추진하기 위한 해외지역 본사의 인사정책은 본사에서 파견된 관리자의 활용이 아니고 효과적인 현지 인적자원의 활용이다. 따라서 우수한 현지 인적자원의 선발과 교육 프로그램의 개발 및 선발 · 교육된 우수한 인적자원의 효과적인 관리가 중요하다.

(4) 경영자원 획득의 중요성

핵심적인 자원의 본사 보유로 해외지역 본사의 책임 및 권한은 제한적일 수밖에 없다. 해외지역 본사의 궁극적인 목적인 각 지역에 본국 모회사의 기능에 필적하는 능력을 구축하기 위해서는 경영자원의 독립된 기업으로서의 경영능력을 겸비했을 때만 가능하다.

(5) 본국중심주의적 사고방식의 타파

본국중심주의적 사고방식이란, 본국에서 파견된 해외파견인력이 현지국에 가서도 본국의 가치관과 행동방식을 그대로 적용하려는 성향을 의미한다. 이러한 본국중심주의적인 사고방식이 서로 이질적인 문화 환경 속에서 효과적인 해외사업을 운영하는 데 있어서 커다란 장애요인이 될 수 있다.

4) 해외자회사 자율성의 개념

해외자회사의 자율성은 다국적기업의 해외자회사에 대한 통제(control)에 관한 문제인데, 그중에서도 의사결정의 집권화(centralization)와 분권화(decentralization)와 관련된 문제이다. 즉 해외자회사(subsidiary)를 관리하는 데 있어서의 의사결정권한을 본사와 자회사가 어떻게 보유하고 배분하는가에 관한 문제이다. 다시 말하면 다국적기업 해외자회사의 자율성(autonomy)이란 해외자회사가 본사(headquarters)의 통제(control)와 상관없이 가질 수 있는 의사결정권한(decision-making authority)의 정도(degree)를 의미한다. 지금까지 다국적기업 해외자회사의 자율성 결정요인에 관한 많은 연구들이 진행되었지만 아직까지 일관된 연구 결과들이 도출되지 못하고 있다.

5) 본사 전략과 자회사 자율성

다국적기업의 해외자회사들은 조직구조상 기업의 일부이지만 지리적으로 다른 국가에 위치하고 있다.

다국적기업들은 해외자회사를 관리하는 데 있어서 이러한 특수한 상황을 고려해야 한다. 많은 산업에서 글로벌화가 촉진되면서 다국적기업 내부적으로 다른 여러 부서들이 하나로 통합되기 위해서 하나의 중요한 전략이 요구되는데, 이러한 상황은 다국적기업의 통합적인 활동을 촉진한다(Porter 1986; Prahalad and Doz, 1987). 동시에, 다국적기업은 현지국 소비자들의 독특한 취향과 특수한 상황을 고려해야 하며, 많은 산업에서는 글로벌화와 현지화가 동시에 요구되기 때문에 다국적기업들은 이러한 두 가지 요구를 모두 만족시키기 위해 노력한다(Bartlett and Ghoshal, 1987). 위에서 언급된 두 가지 전략적 요구인 통합(integration)과 차별화(differentiation)는 다국적기업들의 전략과 밀접한 관련이 있다. 글로벌화가 가속화되면서 나타나는 다국적기업들의 국제화 유형은 크게 세 가지로 나누어 볼 수 있다. 그 세 가지는 국가별전략(multidomestic strategy), 글로벌전략(global strategy), 초국적전략(transnational strategy)이다.

첫째, 국가별전략을 구사하는 다국적기업은 기업활동의 범세계적인 배치는 넓게 퍼져 있으면서 기업활동의 범세계적인 조정은 낮은 형태의 전략을 사용한다. 다시 말하면 현지화전략을 사용하는 다국적기업의 형태를 의미하는데, 이러한 다국적기업들은 각 국가별로 자회사를 설립하고 각 자회사의 관리는 각 국가별 자회사에 일임하는 형태의 전략을 구사하기 때문에 본사와 자회사의 협조관계는 긴밀하지 못한 경향을 나타낸다. 산업별로는 건설, 제약 등의 업종에서 주로 이루어진다.

둘째, 글로벌전략을 사용하는 다국적기업들의 경우 기업 활동의 범세계적인 배치는 지역적으로 집중화되어 있으면서, 기업 활동의 범세계적인 조정은 높은 강도인 국제전략을 의미한다. 여기서 기업 활동의 범세계적인 조정이 높은 강도라는 것은 본사에서 자회사에 대한 통제의 정도가 강하다는 의미이다. 즉 다국적기업의 본사가 전 세계 주요 지역에 소수의 자회사를 설치하고 본사가 강하게 조정하고 통제하는 형태의 전략을 의미한다. 이러한 전략은 가전제품과 같이 표준화된 제품의 시장에 적합한 전략이며 규모의 경제를 이용하여 비용을 절감할 수 있는 장점이 있다.

셋째, 초국적 전략을 구사하는 다국적기업들은 기업 활동의 범세계적인 배치가 지역적으로 넓게 퍼져 있으면서 기업 활동의 범세계적인 조정의 강도가 높은 형태의 국제 전략을 의미한다. 초국적 전략을 구사하는 다국적기업들은 세계 여러 지역에 해외직접투자를 통해서 해외자회사를 설립하고 이들 자회사에 대해서 강력한 통제를 하는 전략을 구사한다.

대부분의 국제경영 관련 연구에서는 기업의 유형을 낮은 통합(low integration)과 높은 현지화(responsiveness)로 구성된 국가별(multidomestic) 기업, 높은 통합과 낮은 현지화로 구성된 글로벌기업, 높은 통합과 높은 현지화로 구성된 초국적(transnational)기업으로 구분한다.

지금까지 통합적인 시각에서 다국적기업의 유형을 분류한 연구는 매우 미미한 편인데, 그래도 Bartlett and Ghoshal(1989)의 연구가 가장 폭넓은 연구라 할 수 있다. Bartlett and Ghoshal의 연구 중 초국적기업(transnational)에 대한 연구가 이 분야에서 가장 많은 영향을 미쳤다고 할 수 있다. 하지만 Bartlett and Ghoshal의 연구는 단지 9개의 다국적기업만을 대상으로 하였고 다양한 종류의 특성을 체계적으로 분석하지 못하였다(Harzing, 2000).

같은 유형의 다국적기업을 표현하는 데 있어서 학자들끼리 약간의 표현의 차이가 있다. 예를 들어, Bartlett and Ghoshal(1989)의 표현과 달리 Adler and Ghadar의 연구에서 글로벌(global)기업은 Bartlett and Ghoshal 연구의 초국적기업(transnational)을 의미하고 multinational과 international은 global과 현지화 기업을 의미한다.

Bartlett and Ghoshal(1990)은 다국적기업의 주요한 글로벌전략을 비용적인 측면과 현지화에 대한 압력의 정도에 따라 현지화전략(multidomestic), 글로벌전략(global), 초국적전략(transnational) 등으로 분류하였다. 국가별전략을 추구하는 다국적기업들은 일반적으로 각국에 자회사를 설립하고 자회사의 운영은 자회사에게 일임하기 때문에 본사와 자회사 간의 상호의존성이 낮은 전략유형이다. 글로벌전략은 경험효과와 location economies를 통해 비용절감을 추구하는 전략이라고 할 수 있는데 기업이 생산, 마케팅, 연구개발 등을 수행함에 있어서 세계 주요한 몇 지역에 자회사를 설치해 두고 본사에서 자회사들을 통제하는 형태의 전략이다. 초국적전략은 다국적기업이 경쟁이 치열한 글로벌 경영환경 하에서 생존하기 위해서 세계 여러 지역에 자회사를 설치해 두고 비용절감효과가 있는 글로벌전략의 추구와 동시에 현지화에 대한 압력에 대해서도 대처하는 전략을 말한다. local responsiveness란 소비자의 선호도에 대한 지역적인 차이에 대한 자회사가 반응하는 범위를 말하는데 그렇기 때문에 자회사의 전략과 역할에 있어서 매우 중요한 구성요소이다(Harzing, 2000).

경쟁적인 측면을 살펴보면, 글로벌기업과 초국적기업은 글로벌 level에서 경쟁해야 하지만 현지화 기업은 국내적으로 경쟁해야 한다. 조직구조를 살펴보면, 글로벌기업은 집권화되어 있고 자회사는 주로 본사의 전략을 보완해주는 역할을 수행한다. 이것이 제품과 전략에 있어 pipeline 역할을 수행한다는 의미이다(Harzing, 2000). 현지화 기업은 특성상 분권화되어 있고 조직의 구조가 상대적으로 느슨하다. 초국적기업은 현지화와 글로벌의 특성을 모두 포함하고 있다. Bartlett and Ghoshal(1989)은 글로벌기업의 전략적인 기본은 규모의 경제를 이용해 비용을 절감하는 것이고, 현지화 기업은 국가 간의 차이에 대해 최대한 반응하는 것이고, 초국적기업은 위에서 언급된 두 가지 요구에 대한 측면을 동시에 모두 수용하는 것이라고 하였다.

Perlmutter(1969)는 다국적기업이 추구하는 목표, 통제방식, 의사소통, 자원배분, 전략, 구조 및 문화 등에 따라서 다국적기업의 경영방식을 본국지향(ethnocentric), 현지지향(polycentric), 지역지향(geographical), 세계지향(geocentric) 등 네 가지로 분류하였다(1985). 본국지향 방식은 본사가 대부분의 의사결정권한을 가지고 자회사들을 통제하는 방식이고, 현지지향 방식은 현지 자회사의 경영을 현지 관리자에게 일임하는 방식이며, 지역지향 방식은 경영환경이 유사한 국가들을 하나의 지역으로 통합해서 경영하는 방식이며, 세계지향 방식은 글로벌화와 현지화를 동시에 추구하는 경영방식으로 본사와 자회사, 자회사와 자회사 간에 글로벌 네트워크를 구성하여 협조하는 방식을 말한다.

Perlmutter의 다국적기업 분류방식과 자회사의 자율성관계를 살펴보면, 본국지향방식은 본사가 대부분의 의사결정권한을 가지고 있기 때문에 자회사의 자율성이 가장 적다고 할 수 있고, 현지지향방식은 자회사의 경영을 현지 관리자에게 일임하는 방식이기 때문에 자회사의 자율성이 가장 많은 다국적기업의 유형이라고 할 수 있다.

06 해외자회사의 자율성과 리더십

다국적기업의 국제경영활동과 관련된 주요한 유형과 역할에 대한 연구들을 살펴보면 Holm and Pedersen(2000), Bartlett and Ghoshal(1990), Jarillo and Martinez(1990) 등의 연구가 있다.

1) Holm and Pedersen의 연구

Holm and Pedersen(2000)은 자회사의 역량보유 정도와 그 역량(competence)을 다국적기업 전체에서 사용할 수 있는 정도(level of MNC use of subsidiary competence)에 따라 자회사의 유형을 center of excellence, unit of excellence, unit with local threshold competence, non-excellent unit center 등의 네 가지로 분류하였다.

center of excellence로 발전한 다국적기업의 자회사들은 center와 excellence의 두 가지 중요한 특성을 가지고 있으며, 시장에서 다른 경쟁자들에 비해 경쟁우위를 가질 만한 확실한 역량을 가지고 있는 자회사는 excellent하다고 할 수 있다. 이러한 자회사들의 역량이란 생산, 제품개발, 마케팅 등 기업의 기능별 부문에 있어서의 역량을 의미한다. center of excellence는 center와 excellent의 특성이 모두 필요하다. Holm and Pedersen은 자회사의 역량보유의 정도와 그 역량을 다국적기업 전체에서 사용할 수 있는 정도에 따라 자회사를 위에서 언급된 네 가지 유형으로 분류하였다. 첫째, center of excellence는 자회사가 보유한 역량이 우수하고 이러한 자회사의 역량이 다국적기업의 다른 unit에서 사용되는 정도가 높은 유형의 자회사이다. 둘째, unit of excellence는 자회사가 확실한 역량을 개발했지만 이러한 역량이 다국적기업 전체적으로 사용되지 못하고 특정 자회사에서만 독자적으로 사용되는 자회사 유형을 말한다. 셋째,

unit with local threshold competence는 다른 경쟁자들에 비해서 확실한 역량도 보유하지 못하고 다국적기업 전체적으로 자회사의 역량이 적용되고 있지 못한 자회사의 형태이다. 마지막으로 non-excellent unit center는 다국적기업의 본사에서 center로 임명을 받았지만 아직 set up이 덜 돼서 확실한 역량을 개발하지 못한 상태의 자회사이거나 center of excellence의 위치에서 확실한 역량이 상실되어 non-excellent unit center로 변화한 유형을 들 수 있다.

2) Bartlett and Ghoshal의 연구

Bartlett and Ghoshal(1989)은 다국적기업의 자회사를 현지시장의 중요성과 자회사의 핵심역량 보유정도에 따라 전략적 리더, 기여자, 실행자, 블랙홀의 네 가지 유형으로 분류하였다. 첫째, 전략적 리더(strategic leader)는 전략적으로 중요한 시장에 위치하고 있는 자회사가 높은 수준의 핵심역량을 보유하고 있는 경우이며, 둘째, 기여자(contributor)는 전략적으로 그다지 중요한 시장에 위치하고 있지는 않지만 높은 수준의 핵심역량을 보유하고 있는 자회사의 유형을 말한다. 셋째, 실행자(implementer)는 전략적으로 그다지 중요하지 않은 시장에 위치하고 있으면서 현지 업무만을 수행하는 자회사 유형이며, 넷째, 블랙홀(black hole)은 본사에서 경영자원을 투입하지만 핵심역량을 보유하지 못한 자회사 유형을 의미한다.

3) Jarillo and Martinez의 연구

Jarillo and Martinez(1991)는 현지화 정도와 조직과의 통합정도에 따라 자회사를 autonomous 자회사, active 자회사, receptive 자회사 등의 세 가지 유형으로 분류하였다. 첫째, autonomous 자회사는 다른 유형의 자회사들과 비교해서 상대적으로 기업 대부분의 기능적인 부문을 독립적으로 운영한다. 둘째, receptive한 자회사는 몇몇 기능부문을 수행하며, 마지막으로 active한 유형의 자회사는 많은 기능별 부문을 수행하며, 본사 및 다른 자회사들과 상호의존적인 관계를 형성한다. 그래서 탄탄한 네트워크를 통한 active한 node를 구성하게 된다. 여기서 중요한 점은 초국적전략을 구사하는 모든 다국적기업들이 active한 전략을 구사하지는 않는다는 것이며, 사실상 통합적인 다국적기업의 대부분의 자회사들은 receptive한 전략을 구사한다고 할 수 있다.

4) Gupta and Govindrajan의 연구

Gupta and Govindrajan(1991)은 지식흐름의 패턴(knowledge flow pattern)을 기준으로 자회사의 유형을 integrated player, global innovator, implementer, local innovator 등의 네 가지로 분류하였다. 먼저, Gupta and Govindrajan이 정의한 지식흐름이란, 기술이나 능력과 같은 전문지식(expertise)이나 전략적 가치가 있는 외부시장(external market)의 자료(data)의 이전(transfer)을 의미한다. 전문지식유형의 이전은 구매기술(purchasing skills)과 같은 투입과정(input process), 제품디자인, 과정디자인, 포장디자인(product design, process design, packaging design)과 같은 throughput(처리량) 과정, 혹은 마케팅 노하우와 유통전문지식과 같은 결과 과정 등을 들 수 있다. 외부시장 자료의 이전이란 핵심고객, 경쟁자, 공급자에 관련된 글로벌한 정보를 말한다. 하지만 월 재무자료와 같은 기업 내부적인 행정 정보(internal administrative information) 등의 이전을 의미하는 것은 아니다. 위에서 언급된 지식흐름의 패턴에 따라 자회사의 유형을 분류한 것에 대해서 좀 더 자세하게 설명하면 두 가지 요인으로 요약할 수 있는데, 첫째, 자회사가 지식의 흐름을 본사 및 다른 자회사들에게 얼마나 유출(outflow)시키느냐 하는 점과, 둘째, 자회사가 본사 및 다른 자회사들로부터 지식을 얼마나 유입(inflow)하는가 하는 정도에 관한 것이다. 위에서 언급된 바와 같이 지식흐름의 패턴 면에서 분류된 네 가지 자회사의 유형 중 global innovator(high outflow, low inflow)의 역할은 다른 자회사들에게 근원(fountainhead)의 역할을 한다. 전통적으로 특히, 미국과 일본의 다국적기업들은 글로벌 혁신자의 역할을 국내에 위치한 본사에서 수행하였다. 그러나 Bartlett and Ghoshal(1989), Harrigan(1994), Ronstadt and Kramer(1992) 등의 연구에 의해서 변화를 겪게 되었는데, 그 내용은 다양한 국가의 다양성과 기술적 발전으로 변화를 가져오게 되었다는 이론적인 설명이다.

integrated player(high outflow, high inflow)의 역할도 global innovator의 역할과 유사한데, 왜냐하면 integrated player에서 창출된 지식을 다른 자회사들이 활용할 수 있는 책임을 내포하고 있기 때문이다. 하지만 글로벌 혁신자 유형의 자회사와는 다르게 integrated player는 자사의 지식적 필요를 스스로 충족시킬 만한 역량을 보유하지 못하였다.

integrated player의 대표적인 사례로는 IBM사의 일본 자회사를 들 수 있다. implementer(low outflow, high inflow)의 역할은 직접 지식을 창출하지는 않지만 본사나 다른 자회사들로부터 많은 지식을 받아들이는 유형의 자회사이다. local innovator(low outflow, low inflow)는 대부분의 기능적인 부문에서 거의 완전하게 지역적인 책임을 맡고 있는 유형의 자회사로 전통적으로 multidomestic 다국적기업들이 local innovator의 역할을 수행하였다. 또한 local innovator의 역할은 초국적기업이나 글로벌기업에서도 나타날 수 있는 자회사 유형이다. local innovator의 사례로 켄터키 프라이드치킨의 일본 자회사를 들 수 있는데, 대부분의 켄터키 프라이드치킨은 미국의 본사와 여러 가지 면에서 유사하지만 일본의 자회사는 메뉴, 규모, 건축적인 부분, 광고테마 등이 미국이나 다른 국가와는 매우 다르다.

한편, Gupta and Govindrajan의 연구에 대하여 Johnston(2005)은 Gupta and Govindrajan의 연구는 너무 자회사의 관점에서 연구가 진행되었고, 본사 및 자회사들끼리의 활발한(munificence) 거래는 직접적으로 서로 상호의존성과 관련이 있기 때문에 다국적기업의 전체적인 통합의 정도(degree of integration)에 영향을 준다고 하였다. 또한 본사 및 자회사들 사이에서 일어나는 지식의 유입과 유출을 통해서 자회사의 자율성 정도를 이해할 수 있음을 내포하고 있다고 하였다.

5) Benito and Narula의 연구

Benito and Narula(2003)는 외부환경이 자회사의 역할에 어떠한 영향을 미치는지 연구하고자 하였는데, 외부환경은 자회사의 범위(scope)와 경쟁우위(level of competence)에 중요한 영향을 미친다.

Benito and Narula(2003)는 연구를 통해서 다국적기업의 자회사가 새로운 역할을 통해서 기업 전체를 발전시키는 것에 대한 중요성에 초점을 맞추면서, 높은 수준의 경쟁우위를 창출하는 자회사일수록 더 많은 자율성을 누린다고 하였다. 또한 다국적기업 자회사의 유형을 경쟁우위 보유의 정도(level of competence)와 활동의 범위(scope of activities)에 따라 strategic center, highly specialized unit, miniature replica 등으로 분류하였다. 먼저, miniature replica는 많은 활동을 하지만 경쟁우위수준이 낮은 유형의 자회사로 기본적으로 본사의 통제를 벗어나지 못하는 자회사이다. 이러한 유형의 자회사들은 전략적인 위치에서 규모와 범위의 경제를 통해서 가치를 창출하는 전형적인 유형이라고 할 수 있다. 한편, 활동의 범위는 낮지만 높은 수준의 경쟁우위수준을 보유한 highly specialized unit은 지식(knowledge)과 경쟁력을 통해서 다국적기업 전체의 가치를 창출한다. 일반적으로 이러한 유형의 자회사들은 연구개발 활동(research and development activities)과 관련된 자회사들이 많다.

Benito and Narula의 연구에 나타난 자회사의 유형과 자율성의 관계를 살펴보면, 높은 수준의 경쟁우위를 보유한 자회사의 유형일수록 더 많은 자율성이 있다는 저자들의 이론을 바탕으로 보면 가장 많은 자율성을 가지는 자회사의 유형은 strategic center이며, 자율성이 가장 적은 유형의 자회사는 miniature replica라고 할 수 있다.

07 다국적기업의 인적자원관리와 리더십

인적자원관리(human resources management)는 조직 내의 인적자원을 가장 효과적으로 활용하기 위한 활동인데, 다국적기업의 인적자원관리는 국내기업들과 비교해서 더 복잡하기 때문에 고려해야 할 사항이 상대적으로 더 많다고 할 수 있다. 그 이유는 국가별로 노동시장(labor market), 문화(culture), 법률시스템(legal system), 경제시스템(economic system)이 다르기 때문에 선발, 승진, 성과측정, 보상 등에 관한 사항도 일치하지 않기 때문이다.

1) 본국 중심주의와 리더십

본국 중심주의(ethnocentrism) 인사정책은 기업이 본사(headquarters) 및 자회사(subsidiary)의 주요 책임자를 모두 본국 출신 관리자가 맡게 하는 형태의 인사정책을 말한다. 원래 이러한 형태의 인사정책은 일반적으로 한국, 일본 등 본국 중심적인 성향이 강한 국가의 다국적기업들이 사용한 정책이었다. 다국적기업들이 본국 중심주의 인사정책을 사용하는 이유는 첫째, 현지국에서 기업의 주요 책임자의 업무를 수행할 만한 자격을 갖춘 인적자원을 찾기 힘들다고 생각하기 때문이다. 특히 이러한 현상은 다국적기업들이 저개발국에 진출할 때 많이 나타나는 현상이다. 둘째, 다국적기업들은 본국중심주의 인사정책을 사용하는 것이 통일된 기업 문화를 유지하는 가장 좋은 방법으로 생각한다. 셋째, 다국적기업들은 그들의 핵심역량(core competencies)을 해외로 이전시켜 가치를 창조하려 할 때, 그들의 핵심역량을 가장 잘 이전시킬 수 있는 지식을 본국의 인적자원들이 보유하고 있다고 생각한다. 위와 같은 여러 가지 장점에도 불구하고 본국중심주의 인사정책은 다음과 같은 문제점을 지니고 있다. 첫째, 현지국 직원들의 채용, 승진, 보수 등에 대한 대우가 본국에서 파견되는 직원들에 비해 좋지 않음으로 인해 현지국 직원들의 사기가 저하되고 불만이 고조될 수 있다. 이러한 현상은 이직률의 증가와 생산성의 저하 등으로 이어질 수 있고, 유능한 현지국 직원들의 지원 기피현상으로 이어져 장기적으로 다국적기업의 입장에서 문제점을 내포할 수 있다. 둘째, 본국 중심주의 인사정책은 지나친 본국 중심적인 기업문화와 경영방식으로 인하여 현지국과의 문화적 차이를 이해하지 못하게 된다. 이러한 현상은 현지국에서의 마케팅과 경영방식에 문제가 생길 수 있다.

리더십의 관점에서 볼 때 본국 중심주의적인 인사정책은 본사에서 해외자회사에 대하여 리더십을 발휘해야 하기 때문에 본사는 해외자회사와의 원활한 커뮤니케이션을 통해서 현지국의 정치, 경제, 사회, 문화적인 측면을 잘 파악하고 있어야 한다.

2) 현지국 중심주의와 리더십

현지국 중심주의(polycentrism) 인사정책은 현지국에서 채용한 인적자원이 현지 자회사를 운영하도록 하는 인사정책이다. 현지국 중심주의적 인사정책을 추구하는 글로벌기업들은 본국에서 해외인력을 파견하는 것에 비해서 많은 비용을 절감할 수 있고, 현지국의 문화와 환경에 보다 잘 적응할 수 있다. 하지만 현지국 중심주의 인사정책은 몇 가지 문제점을 가지고 있다. 첫째, 현지에서 채용된 직원들은 자신의 자회사 이외에 다른 국가의 자회사에서 일어나는 기업 활동에 대한 정보에 어둡고 관심이 낮아 자신이 근무하는 국가 중심으로 사고하는 편협성이 생길 수 있다. 또한 다른 국가의 자회사에서는 근무하기가 어려운 문제점을 안고 있다. 언어장벽과 문화의 차이로 인해서 본사와 해외 자회사의 인적자원교류가 긴밀하지 않아 본사와 해외 자회사 간의 갈등이 일어날 소지가 있는 점도 현지국 중심주의적인 인적자원관리정책을 운영하는 데 있어서 문제점이라고 할 수 있다.

리더십 관점에서 볼 때 현지국 중심주의는 본사가 의사결정권한을 본사의 인적자원들에게 일정부분 위임한 상태이기 때문에 해외자회사의 인적자원들은 리더십을 잘 발휘해서 본사의 입장에 볼 때 경쟁력 있는 자회사의 유형으로 발전할 수 있으며, 본사와의 원활한 커뮤니케이션을 통해서 다양한 본사의 경영자원을 지원받을 수 있다고 할 수 있다.

3) 세계 중심주의와 리더십

세계 중심주의(geocentrism) 인사정책은 인적자원의 국적에 관계없이 직원들을 채용하고 활용하는 인사정책이다. 글로벌기업이 세계중심주의적인 인사정책을 실시하게 되면 기업이 보유한 인적자원을 효과적으로 활용할 수 있다. 또한 다른 문호나 환경에 노출되더라도 효과적인 업무를 수행할 수 있는 인력을 양성하는 데 도움이 된다. 하지만 이렇게 글로벌기업에 적합한 인력을 양성하는 데는 많은 비용이 소요된다는 점과 각 나라마다 다른 관리정책과 고용규제는 글로벌기업이 세계중심주의적인 인적자원관리 정책을 추구하는 데 있어 문제점이라고 할 수 있다.

표 2·2 다국적기업 인적자원관리정책 비교

인사정책	장 점	단 점
본 국 중심주의	· 현지국에 적합한 관리자가 없는 것을 극복할 수 있음 · 통일된 기업문화 가능 · 본국 핵심역량 이전 용이	· 현지 직원들의 불만 고조 · 본국위주의 사고방식이 지배함
현 지 국 중심주의	· 본국위주의 사고방식 강요문제 약화 · 비용 절감	· 직원이동의 한계성 · 본사와 자회사의 거리감
세 계 중심주의	· 효율적인 인력활용 가능 · 강력한 기업문화와 비공식적 관리 네트워크 구성 가능	· 국가별 출입국관리 정책의 차이로 인한 인력이동의 문제점 · 비용 상승

08 해외파견 인적자원관리와 리더십

위에서 언급된 다국적기업의 인적자원관리 정책 3가지 중에서 본국중심주의(ethnocentrism) 인사정책과 세계중심주의(geocentrism) 인사정책은 해외파견인력의 비중이 큰 인적자원관리 정책이다. 해외파견인력과 관련된 가장 큰 주제 중 한 가지가 해외파견인력의 실패와 관련된 주제이다. 해외파견인력의 실패(expatriate failure)란 해외파견인력이 파견기간을 다 채우지 못하고 조기에 본국으로 귀환하는 것을 의미한다.

Tung의 연구결과에 따르면, 미국·유럽·일본의 다국적기업을 대상으로 조사한 결과 미국 다국적기업의 약 76%가 해외파견인력의 실패율이 10% 이상 된다고 보고하고 있다. 또한 Tung의 연구에 따르면 미국의 다국적기업들 중 약 7% 정도는 해외파견인력의 실패율을 20% 이상으로 보고하고 있다.

표 2·3 해외파견인력 실패율 비교

구 분	조기귀환비율 % (recall rate percent)	기업 % (percent of companies)
미 국 다국적기업	20~40%	7%
	10~20	69
	<10	24
유 럽 다국적기업	11~15%	3%
	6~10	38
	<5	59
일 본 다국적기업	11~19%	14%
	6~10	10
	<5	76

자료 R. L. Tung, "Selection and training procedures of U.S., European, and Japanese multinationals", California Management Review, 25(1982), pp. 57-71.

또한 〈표 2-3〉에 나타나는 바와 같이 미국 다국적기업들은 유럽과 일본 다국적기업들과 비교해서 훨씬 높은 해외파견인력의 실패율을 나타낸다고 하였다. 해외파견인력을 활용하는 데는 선발, 훈련, 평가 및 귀환 후 재적응의 문제가 발생하게 된다.

1) 해외파견 인적자원의 선발

해외파견인력 실패율을 줄이려면 미리 적절한 인력선발과정을 통해서 해외파견업무에 알맞은 인력을 선발하는 것이 중요하다. 기업들은 해외파견인력을 선발함에 있어 단순히 업무능력만을 고려해서 선발하게 되면 실패할 가능성이 커진다. 그렇기 때문에 기업들은 배우자를 포함한 가족문제나 파견관리자의 다른 문화에 대한 적응 능력 등 다양한 측면에서 선발기준을 마련하는 것이 적절하다. Mendenhall과 Oddou는 해외파견인력이 갖추어야 할 자질로서 해외파견인력의 자신감(self-orientation), 타인에 대한 이해능력(others-orientation), 감지력(perceptual ability), 문화수용능력(cultural toughness) 등 4가지가 필요하다고 하였다.

2) 해외파견 인적자원의 훈련

해외파견인력 실패의 가장 일반적인 두 가지 요인은 해외파견인력의 배우자를 포함한 가족이 새로운 현지 환경에 실패하는 것과 해외파견 관리자가 현지의 새로운 환경에 잘 적응하지 못하는 것이다. 이러한 문제점은 훈련(training)을 통해서 상당부분 극복할 수 있다. 하지만 일반적으로 아직까지도 많은 기업들이 해외파견인력의 훈련부분에 있어서 체계적인 관리가 미흡한 상태이다. 해외파견인력과 그 배우자 및 가족들을 위한 훈련으로는 문화적응훈련(cultural training), 언어적응훈련(language training), 업무적응훈련(practical training) 등이 있다.

3) 해외파견 인적자원의 성과측정

다국적기업의 입장에서 가장 어려운 업무 중 하나는 해외파견인력의 업무성과를 측정하는 일이다. 해외파견인력의 성과를 객관적으로 측정하는 일은 매우 어려운데, 일반적으로 해외파견인력의 성과측정은 본국의 관리책임자와 현지국의 관리책임자가 동시에 평가하게 된다. 이와 같은 평가시스템은 본국의 평가자와 현지국의 평가자가 서로 다른 평가기준을 적용할 수 있는 문제점을 안고 있다. 현지국관리자는 해외파견관리자가 얼마나 효과적으로 현지국의 경영환경에 적응하여 문화적 차이를 극복하고 현지업무를 잘 관리하는가에 초점을 두는 반면, 본사에서는 현지관리자의 활동이 본사가 추구하는 전략과 얼마나 일치하는가에 초점을 두기 쉽다(장세진, 2004: 376-377).

일반적으로 본국평가자들은 지리적으로 해외자회사와 멀리 떨어져 있기 때문에 외형적으로 드러난 자료만으로 해외파견인력들을 평가하지만 경기변동사항과 환율변동 등 해외파견인력을 평가하는 데 있어서의 외부적인 여러 변수들도 고려되어야 한다. 많은 해외파견인력들은 본사의 해외파견인력에 대한 평가가 적절치 못하다고 생각한다. 따라서 이러한 적절치 못한 해외파견인력에 대한 성과평가(performance appraisal)는 해외근무를 기피하는 현상을 유발시킬 수 있다.

4) 해외파견 인적자원의 보상

위에서 언급된 해외파견인력의 성과측정과 더불어 다국적기업의 인적자원관리정책에 있어서 중요한 주제가 되는 것이 해외파견인력의 급여수준과 그 밖의 보상에 관한 문제이다. 특히 세계 중심주의(geocentrism)적인 인사정책을 사용하는 글로벌기업에서는 이와 같은 급여수준의 결정이 중요한 문제로 대두된다. 그 이유는 현지국 중심적인 글로벌기업에서는 현지 수준에 맞는 임금을 지불하는 것만으로 충분할 것이고, 본국 중심적인 글로벌기업에서는 본국에서 파견된 인력의 급여를 어떻게 설정할 것인가는 단순한 문제이다. 그러나 세계 중심주의적인 기업처럼 국적과 관계없이 인력을 세계 각 국가의 자회사에서 활용하는 경우에는 해외파견인력에 대해 어느 정도의 급여를 지불하는 것이 상당히 복잡한 문제가 될 수 있다.

이와 같은 문제에 있어 임금수준 결정방법 중 가장 일반적으로 사용되는 방법은 각 국가별로 물가수준과 생활환경에 따라 동일한 수준의 구매력(purchasing power)을 가질 수 있도록 하는 방법이다. 또한 해외파견인력에게 급여를 지불할 때 고려해야 할 점은 해외근무에 대한 수당, 생활비 보조 및 자녀들의 교육보조비 등의 수당, 의료보험, 연금, 세금 등의 문제이다.

5) 해외파견 인적자원의 귀환과 재적응

다국적기업은 해외파견인력을 선정하고 훈련시키는 것도 중요하지만, 해외파견인력들이 본국으로 돌아왔을 때 다시 본국의 업무에 잘 적응할 수 있도록 하는 것도 매우 중요하다. 한 조사에 의하면 본국으로 돌아가는 근무자의 60~70%가 본인들이 어떤 위치(position)에서 근무할지를 알지 못했고, 60%의 응답자는 조직 내에서 그들의 역할과 경력의 진행에 대해서 알지 못했으며, 77%가 실질적으로 해외에서 근무할 때보다 낮은 수준의 업무를 수행하였다(Hill, 2001: 46). 또한 본국으로 돌아온 15%의 해외근무자들이 1년 이내에 직장을 그만두었고, 40%는 3년 이내에 직장을 그만두었다(Grant, 2001: 469). 이러한 문제들을 해결하는 방법인 인적자원계획(human resources planning)인데, 해외파견인력의 선발과 훈련뿐만 아니라 이들이 해외업무를 마치고 본국으로 돌아왔을 때 그들의 지식과 경험을 조직 내에서 어떻게 효과적으로 활용할 것인가에 대한 프로그램 개발이 필요하다.

제 3 장 관광산업의 이해

01 관광사업의 개념

다른 산업도 마찬가지겠지만, 특히 관광산업은 글로벌화의 가속화로 인하여 개인적인 차원과 기업의 차원에서도 글로벌리더십이 많이 필요한 산업 중 하나라고 할 수 있다. 글로벌화의 가속화로 호텔, 항공사, 여행사에 근무하기 위해서는 개인적인 차원에서는 어학, 실무능력, 조직을 관리하기 위한 리더십 등의 요구가 높아가고 있으며 기업적인 차원에서도 경쟁이 치열한 국제관광산업에서 경쟁기업들과의 경쟁에서 우위를 창출하기 위해서는 기업만의 경쟁우위와 글로벌시장을 선도할 글로벌리더십의 필요성이 요구되고 있다고 할 수 있다.

관광산업은 높은 성장잠재력을 지닌 21세기에 가장 유망한 산업 중 하나이며 석유산업, 자동차산업과 함께 가장 규모가 큰 사업 중 하나이다. 관광산업은 21세기 단일산업으로는 최대의 산업으로 성장하여 2003년 세계 전체 GDP의 11%를 점유하고 있다. 또한 교통의 발달, 무역장벽의 감소 등 세계경제가 국가 간 국경의 개념이 약해지면서 글로벌화가 촉진되어 국제관광수요가 지속적인 성장세를 보이고 있다. 이에 힘입어 WTO(World Tourism Organization : 세계관광기구)는 관광산업의 세계 GDP 비중이 2008년에는 20%를 차지하였으며 그 비중은 점점 증가하고 있다. 또한 관광사업에 대해서 여러 학자들이 다양한 정의를 내렸지만 일반적으로 관광사업이란 관광시설을 갖추고, 관광객의 이동을 가능하게 하고, 관광정보를 제공하고, 관광지를 알리는 것 등 관광과 관련된 모든 활동이라고 할 수 있다.

또한 관광사업과 유사한 용어인 관광산업을 살펴보면, 관광사업과 관광산업이란 용어는 함께 사용되고 있는데, 두 용어는 같은 의미로 볼 수 있으며 우리나라 「관광진흥법」상에서는 관광사업이라는 용어가 사용되고 있다. 「관광진흥법」상의 정의를 살펴보면 「관광진흥법」 제2조에서 관광사업을 "관광객을 위하여 운송, 숙박, 음식, 운동, 오락, 휴양 또는 용역을 제공하거나 기타 관광에 부수되는 시설을 갖추어 이를 이용하는 업"이라고 정의하고 있다.

02 관광사업의 분류

1) 「관광진흥법」에 의한 분류

(1) 여행업

여행자 또는 운송시설, 숙박시설 기타 여행에 부수되는 시설의 경영자를 위하여 당해 시설 이용의 알선이나 계약체결의 대리, 여행에 관한 안내, 기타 여행의 편의를 제공하는 업으로 일반여행업, 국외여행업, 국내여행업으로 나누어진다.

(2) 관광숙박업

관광숙박업은 호텔업과 휴양콘도미니엄업으로 나누어진다. 호텔업은 관광객의 숙박에 적합한 시설을 갖추어 이를 관광객에게 제공하거나 숙박에 부수되는 음식·운동·오락·휴양·공연 또는 연수에 적합한 시설 등을 함께 갖추어 이를 이용하게 하는 업으로 관광호텔업, 수상관광호텔업, 한국전통호텔업, 가족호텔업 등으로 구성되어 있다. 휴양콘도미니엄업은 관광객의 숙박과 취사에 적합한 시설을 갖추어 이를 당해 시설의 회원·공유자가 기타 관광객에게 제공하거나 숙박에 부수되는 음식·운동·오락·휴양·공연 또는 연수에 적합한 시설 등을 함께 갖추어 이를 이용하게 하는 업을 말한다.

(3) 관광객이용시설업

관광객을 위하여 음식·운동·오락·휴양·문화·예술 또는 레저 등에 적합한 시설을 갖추어 이를 관광객에게 이용하게 하는 업으로 시설의 규모와 종류에 따라 전문휴양업, 종합휴양업, 자동차야영업, 관광유람선업, 관광공연장업, 외국인 전용기념품판매업으로 구성되어 있다.

(4) 국제회의업

대규모 관광수요를 유발하는 국제회의(세미나 · 토론회 · 전시회 등을 포함)를 개최할 수 있는 시설을 설치 · 운영하거나 국제회의의 계획 · 준비 · 진행 등의 업무를 위탁받아 대행하는 업으로 국제회의시설업과 국제회의기획업으로 나누어져 있다.

(5) 카지노업

전용영업장을 갖추고 주사위, 트럼프, 슬롯머신 등 특정한 기구 등을 이용하여 우연의 결과에 따라 특정인에게 재산상의 이익을 주고 다른 참가자에게 손실을 주는 행위 등을 하는 업을 말한다.

(6) 유원시설업

유기시설 또는 유기기구를 갖추어 이를 관광객에게 이용하게 하는 업(다른 영업을 경영하면서 관광객의 유치 또는 광고 등을 목적으로 유기시설 또는 유기기구를 설치하여 이를 이용하게 하는 경우를 포함한다)으로 종합 유원시설업, 일반 유원시설업, 기타 유원시설업으로 나누어져 있다.

(7) 관광편의시설업

위에서 언급된 관광사업 외에 관광진흥에 이바지할 수 있다고 인정되는 사업이나 시설 등을 운영하는 업으로 관광유흥음식점업, 외국인 전용 유흥음식점업, 관광식당업, 시내순환관광업, 관광사진업, 여객자동차터미널시설업, 관광토속주판매업 등이 있다.

2) 사업주체에 의한 분류

관광사업은 사업주체에 따라 사적 관광사업과 공적 관광사업으로 나눌 수 있다. 사적 관광사업은 이윤추구를 목적으로 하는 민간기업이 관광사업의 주체가 되는 것을 의미하는 것으로 사업주체를 관광기업과 관광관련기업으로 나누어 볼 수 있다. 관광기업은 여행업, 숙박업, 교통업 등 관광객과 직접적으로 관계를 형성하며 이윤을 추구하는 기업들을 의미하며 관광관련 기업은 관광객과 직접적인 관계를 갖지는 않지만 관광기업과 직접적인 관계를 형성하여 관광객과 간접적으로 관계를 형성하게 되는데, 예를 들면 호텔에 각종 서비스를 제공해 주는 세탁업, 식품업, 청소용역업 등이 관광관련기업에 해당된다. 한편, 공적 관광사업은 공공성 중심의 공적 관광기관이 관광사업의 주체가 되는 사업으로 그 주체를 관광행정기관과 관광공익단체로 나누어 볼 수 있다. 관광행정기관이란 중앙정부와 지방자치단체의 행정기관을 의미하는 것으로, 이들 행정기관들은 관광지를 개발하거나 관광지에 대한 홍보와 정보제공 등의 역할을 담당한다. 관광공익단체란 관광사업을 공적인 측면에서 지원해 주는 단체나 조직으로 관광공사, 관광협회중앙회, 관광연구원 등이 이에 해당된다고 할 수 있다.

3) 기타 분류

위에서 언급된 관광사업의 분류방법 외에 우리나라 「관광진흥법」에서 관광사업으로 규정되고 있지는 않지만 현실적으로 관광사업으로 분류되는 사업들로는 외식사업, 리조트업, 테마파크, 관광교통업 등이 있다.

(1) 외식사업

외식이란, 가정 밖에서 행하는 식사행위를 총칭해서 의미하는 것으로 우리나라에서 외식산업이란 용어는 요식업, 식당업, 음식업 등으로 불렸다가 규모가 커지고 경영적인 측면에서 점점 체계를 갖추어가면서 생성된 용어라고 할 수 있다. 우리나라의 외식산업은 한국표준산업분류에 의하면 대분류에는 '도소매 및 음식숙박업', 중분류에는 '음식 및 숙박업', 소분류에는 '음식점업'에 포함된다. 음식점업은 다시 식당업, 주점업, 다과점업으로 세부적으로 구분된다. 식당업은 한국음식점, 중국음식점, 일본음식점, 서양음식점, 음식출장조달업, 간이체인음식점, 달리 분류되지 않는 식당업으로 세세분류되고 있다. 주점업은 일반유흥주점업, 무도유흥주점, 한국식유흥주점업, 극장식주점업, 외국인전용유흥주점업, 달리 분류되지 않는 주점업으로 세세분류하고 있으며, 다과점업은 제과점업, 다방업, 달리 분류되지 않는 다과점업으로 세세분류하고 있다.

(2) 리조트업

리조트(resort)의 어원은 프랑스 고어인 resortier에서 유래된 말로, '어떤 장소에 자주 간다'와 '어떤 장소에 머무른다'라는 의미를 가지고 있다. 다시 말하면 리조트란 사람들을 위해 휴양 및 휴식제공을 목적으로 일상 생활권을 벗어나서 경관이 좋은 지역에 위치하여, 다양한 레크리에이션 및 여가활동을 위한 기능과 시설을 갖춘 단지(complex)를 의미한다고 할 수 있다. 리조트사업은 리조트의 기능과 시설에 관련되는 사업 등을 포함하는데 숙박, 식음료, 레크리에이션과 관련된 업종들이 여기에 포함된다고 할 수 있다. 또한 리조트사업은 경제적, 사회적, 자연적 영향에 따라 수요의 탄력성이 크며, 초기에 많은 투자비용이 들어가는 특성을 가지고 있다.

(3) 주제공원

주제공원(theme park)에 대한 정의는 다양하지만 일반적으로 중심 주제나 연속성을 가지고 있는 몇 개의 주제 하에 설계되며 매력물의 도입, 전시, 놀이 등으로 구성하여 중심 주제를 실현하도록 계획된 공원이다. 주제공원은 1955년 미국 캘리포니아주 애너하임에 디즈니랜드가 만화 주인공들을 중심으로 한 놀이공원을 개장하면서 특히 미국에서 대중화되었다. 주제공원은 탑승시설, 관람시설, 공연시설, 식음료시설, 특정상품 판매소와 게임시설, 고객편의시설, 휴식광장, 지원관리시설 등으로 구성되어 있으며, 주제공원을 분류하는 방법으로는 공간별 분류방법, 주제별 분류방법, 형태별 분류방법 등이 있다. 먼저, 공간별 분류방법으로는 자연 그대로는 감상하는 자연주제형, 자연을 주제로 하지만 관광객의 적극적인 참여활동을 중심으로 하는 자연활동형 등이 있으며, 이 밖에도 도시주제형과 도시관람형 등이 있다. 주제별 분류방법으로는 인간사회의 민속을 주제로 하는 형태, 역사를 주제로 하는 형태, 구조물을 주제로 하는 형태, 지구상의 생물을 주제로 하는 형태 등이 있다. 마지막으로 형태별 분류를 살펴보면 환경재현형, 문화형, 자연공원형, 이벤트형 등이 있다.

03 관광사업의 효과

1) 경제적 효과

관광산업의 경제적 효과 중 긍정적인 효과를 살펴보면, 국제수지개선, 조세수입증대, 소득증대 및 고용창출 등을 들 수 있다.

먼저, 국제수지개선을 살펴보면, 일정기간 동안 한 나라와 다른 나라 사이에서 이루어진 모든 경제적 거래를 국제수지라고 하는데, 한 나라의 관광수입은 무역 외 수지로 국제수지에 크게 기여한다. 또한 관광산업은 높은 외화가득률을 갖는데, 외화가득률이란 수출상품의 최종판매가격과 생산에 투입된 원자재 비용과의 차이를 말하는 것으로 관광상품은 다른 일반 상품에 비해 높은 외화가득률을 갖는다.

또한 관광산업은 조세수입을 증대시키는데, 일반적으로 조세수입은 국가나 공공단체가 공공재의 공급과 지출을 위한 재원 확보의 수단을 의미한다. 정부는 관광 산업체를 통해 조세수입을 확보할 뿐만 아니라 관광객이 구입한 상품이나 관세 등으로부터 나오는 세금은 국가재정에 도움을 주게 된다. 관광산업의 경제적 효과 중 가장 중요한 점 중 하나가 소득증대 및 고용창출이라고 할 수 있으며, 다른 산업과 비교하여 상대적으로 고용효과가 매우 큰 산업이라고 할 수 있다.

고용효과란, 관광고용 승수효과로서 관광객의 최소 한 단위 소비지출 증가가 지역 내 얼마만큼의 고용기회를 증대시켰는지를 말하며 구체적으로 직접, 간접, 유발 고용효과를 의미한다.

직접 고용효과는 관광객이 직접적으로 비용을 지출함에 따라 그들로부터 수입을 올리는 호텔, 여행사 등과 같은 관광사업체의 고용효과를 의미하며 간접 고용효과는 관광객이 직접적으로 비용을 지출하는 산업이 아닌 관광산업과 관련이 있는 산업의 고용효과를 의미한다.

한편, 유발고용효과란, 관광지의 주민들이 관광객이 소비한 비용으로 소득을 얻어 그 소득을 다시 소비하면서 나타나는 관광승수효과로부터 발생하는 추가적인 고용효과를 말한다.

관광객의 소비는 지역 내 혹은 국가 내의 여러 경제활동에 자극을 주어 국민총생산이 증대되고, 이러한 국민총생산의 증대는 결국에는 개인의 소득증대로 이어지게 된다.

한편, 관광사업의 경제적 효과 중 부정적 효과로는 관광개발이익의 누출,

물가상승, 고용의 불안정성 등을 들 수 있다. 먼저 관광개발이익의 누출은 관광개발 이후 급증하는 관광수요를 지역 내에서 자체적으로 충당하는 것이 어렵기 때문에 외부의 재화나 서비스가 유입되면서 발생하게 된다. 특히 후진국이나 개발도상국의 경우 관광개발로 인해 많은 외국자본과 기업들이 관광개발에 참여하게 되고, 이렇게 유입된 외국자본과 기업은 이윤을 창출한 후 그 이윤을 다시 자국으로 유출시킬 확률이 높기 때문에 관광개발이익의 누출현상이 일어나게 된다. 관광산업의 경제적 효과 중 물가상승과 관련된 내용은 관광산업이 워낙 성수기와 비수기가 뚜렷한 산업이기 때문에, 특히 성수기에 관광수요가 급격히 유입되면 그 지역에 물가가 상승하게 되며, 이러한 물가상승은 그 지역경제의 전반적인 인플레이션으로 이어질 뿐만 아니라 지가상승으로도 연결될 가능성이 높다고 할 수 있다.

위에서 언급한 대로 관광산업은 성수기와 비수기가 뚜렷한 산업이기 때문에 일반적으로 계절성을 띠게 되고, 이러한 현상은 고용의 불안정성으로 연결되게 된다.

2) 사회·문화적 효과

관광산업의 사회 · 문화적 효과에서 긍정적인 측면의 효과들로는 인구구조의 변화, 여성지위의 향상, 문화시설과 교육시설의 개선, 전통문화의 보존과 발전 등을 들 수 있다. 첫째, 인구구조의 변화는 관광산업이 발전하게 되면 전반적으로 지역산업의 발전을 가져오기 때문에 고용기회가 늘어나게 되는데, 이러한 고용기회의 증대는 관광지 내의 경제인구의 유출을 막고 외부인구의 유입을 증가시킨다. 이러한 인구구조의 변화로 인해서 지역 내 여성인구의 증가와 경제활동이 가능한 젊은 층의 인구증가를 가져오게 된다.

둘째, 여성지위의 향상은 위에서 언급한 대로 고용기회의 증대로 인해서 여성의 고용기회가 늘어나면서 여성들이 경제적 능력도 보유하면서 사회적

지위도 향상되고 가족구성원으로서의 역할과 영향력도 커지게 된다.

또한 관광산업의 발전은 지역 내뿐만 아니라 외부지역과도 연결되는 도로망, 통신시설, 휴식시설, 인구증가로 인한 교육시설 등과 같은 인프라의 구축도 수반된다. 이러한 인프라의 구축으로 관광지 내 필요한 물품의 신속한 조달, 외부지역과의 신속한 정보교류, 교육환경의 개선 등 지역 주민들의 문화와 생활환경의 질에 긍정적으로 영향을 미치게 된다. 문화적인 측면에서 관광지역 주민들은 관광객들로 인해서 자신들의 문화에 대해서 새롭게 인식하고 문화의 가치를 재발견할 수 있는 기회가 되기 때문에 긍정적인 영향을 미칠 수 있다.

한편, 관광산업으로 인한 사회·문화적 효과 중 부정적인 측면은 사회적 일탈의 증가, 가족 및 인구구조의 변화, 지역 고유문화의 파괴, 과소비 등이 있다.

관광은 많은 문화적 교류를 위한 기회를 제공하기도 하지만 매춘, 도박, 마약 등의 사회적 문제를 야기하기도 한다. 가족 및 인구구조 변화의 관점에서는 고용기회의 증대로 인해서 여성의 경제적, 사회적 지위향상을 가져오기도 하지만 이로 인해서 가장의 권위가 약해져서 가족구조에 부정적으로 작용할 소지도 있을 뿐만 아니라 가족구성원 간의 유대감 약화를 가져올 수 있다. 인구구조의 변화를 살펴보면, 너무 많은 여성과 젊은 층의 인구유입은 인구구조를 왜곡시킬 수도 있고, 지역민들이 관광개발로 인한 토지전용, 산업구조의 변화로 인한 실직 등의 이유로 지역을 떠나기 때문에 외부에서 유입되는 인구의 증가로 인한 주거환경의 혼란과 불안정의 원인제공도 있을 수 있다.

문화적인 측면에서 관광은 지역 고유문화의 파괴를 가져오기도 하는데, 외래문화의 잘못된 유입은 지역사회의 고유문화를 파괴하거나 변질시킬 수 있다. 또한 지역주민들이 외래관광객들과 접촉하는 빈도가 늘어나면서 그들의 소비패턴을 부러워하며 가치관의 변화를 일으켜 일상생활에서 과소비를 추구할 여지도 있다.

04 관광사업의 특성

관광사업은 다른 산업과 비교해서 몇 가지 특성을 가지고 있는데 복합성, 입지의존성, 서비스성, 공익성, 변동성 등의 특성이 있으며, 각각의 특성에 관한 설명은 다음과 같다.

1) 복합성

관광사업의 특성 중 복합성은 사업주체의 복합성과 사업내용의 복합성으로 나눌 수 있다. 사업주체의 복합성이란 관광사업은 그 주체가 공적기관 및 민간기업 등 다양하다는 것을 의미한다. 또한 다른 산업과 비교할 때 공적기관과 민간기업이 서로 역할을 분담하여 추진하는 부분이 더 많다는 것을 의미한다. 일반적으로 관광지의 유지 및 관리는 공공기관이 담당하고 관광지의 숙박 및 여행관련 사업은 민간기업이 담당한다.

사업내용의 복합성이란, 관광사업의 내용이 여러 부분으로 나누어진 것을 의미하는데, 여러 관련 업종이 모여 하나의 관광사업을 존재시키고 있다는 의미이다. 즉 숙박업, 여행업, 음식업, 교통업, 기념품업 등등 여러 사업이 모여서 하나의 관광사업을 성립시키고 있다고 할 수 있다.

2) 입지의존성

관광사업은 관광객원에 대한 입지의존도가 절대적이기 때문에 입지의존성이 높은 산업이라고 할 수 있다. 그렇기 때문에 모든 관광지는 유형과 무형의 관광객원을 소재로 각기 특색 있는 관광지를 형성하고 있지만 관광지의 유형, 기후조건, 관광객원의 우열, 개발추진상황, 접근의 용이성 등과 같은 입지적 요인과 관광시장의 규모와 체제여부 등과 같은 경영적 환경, 관광객들의 소비성향과 계층 등과 같은 수요의 질에 의해서 많은 영향을 받는다고 할 수 있다. 특히 관광사업은 경영적, 산업적 성격이 불연속 생산활동형, 생산과 소비의 동시완결형, 노동장비율의 상승이라는 특성을 가지고 있기 때문에 입지 의존성은 더욱 높아진다고 할 수 있다.

(1) 불연속 생산활동형

관광사업에 있어 관광객의 소비활동은 계절별, 월별, 주별, 시간별 등에 따라 변동의 차이가 클 뿐 아니라 경기변동, 기후, 관광객의 임의적인 행동에 따라 불연속적인 생산활동이 불가피하기 때문에 불연속 생산활동형이라고 할 수 있다.

(2) 생산과 소비의 동시완결형

관광사업은 관광상품의 저장이 불가능하기 때문에 생산과 소비가 동시에 이루어지는 생산과 소비의 동시완결형이라고 할 수 있다. 즉 경영상의 탄력성이 없는 사업이라고 할 수 있다.

(3) 노동장비율의 상승

관광사업은 소비자들의 다양한 욕구에 부응하기 위해서 관광사업체의 규모가 커지고 고급화되면서 노동장비율이 상승하는 추세를 보이고 있다고 할 수 있다.

3) 서비스성

관광사업은 관광객을 위하여 운송 · 숙박 · 식사 · 운동 · 오락 · 휴양 또는 용역을 제공하거나 기타 관광에 부수되는 시설을 갖추어 이를 이용하게 하는 업을 말하는데, 관광사업에서 편리하고 안락한 시설과 더불어 가장 중요한 부분 중 하나는 관광사업종사원들이 수준 높은 서비스를 제공하는 일이다.

4) 공익성

관광사업의 특성 중 공익성은 관광사업이 공적 · 사적 여러 관련 사업으로 이루어진 복합체라는 관점에서 볼 때 민간기업들도 이윤추구만을 목적으로 할 것이 아니라 수익성과 공익성을 공동으로 추구할 것을 요구하고 있다는 것을 의미한다.

관광사업의 공익성은 사회 · 문화적인 측면과 경제적인 측면으로 나누어 볼 수 있다. 먼저 사회 · 문화적인 측면을 살펴보면 국위선양, 국제친선 증진, 국제문화 교류, 세계평화에의 기여 등 국제관광부문과 국민보건 향상, 근로의욕 고취, 교양의 향상 등과 같은 국민관광부문적인 측면이 있을 수 있다. 경제적인 측면을 살펴보면 외화획득, 경제발전, 기술협력과 국제무역증진효과 등의 국민경제적인 측면과 소득효과, 고용효과, 산업기반시설 정비효과, 지역개발효과 등의 지역경제적인 측면을 들 수 있다.

5) 변동성

관광욕구는 생활에 있어 필수적이라기보다는 임의적인 성격을 가지고 있기 때문에 관광사업은 외부환경의 변화에 민감하게 반응한다고 할 수 있다.

관광사업의 변동성은 사회적 · 경제적 · 자연적 요인으로 나눌 수 있다.

사회적 요인은 사회정세의 변화, 국제정세의 변화, 정치불안, 폭동, 질병발생 등과 같이 신변의 안전에 불안을 주는 요인들이다. 경제적 요인은 경제불황, 소득상황, 환율의 등락, 운임의 변동, 외화사용 제한조치 등의 요인을 말한다. 자연적 요인은 기후변화, 지진, 태풍, 해일, 혹서, 혹한 등이 있다.

05 관광사업의 발전요인

1) 가처분소득의 증대

산업기술의 발달로 대량생산, 대량소비가 이루어지면서 세계 여러 나라의 경제가 성장하였다. 이러한 경제적 성장으로 인하여 세계 여러 나라의 국민소득이 향상되었으며 개인의 가처분소득(disposal income)도 증가하게 되었다. 이러한 개인 가처분소득의 증가는 전반적인 생활수준의 향상과 관광산업을 포함한 문화관련 비용의 증가로 이어지게 되었으며, 이러한 영향으로 관광산업은 더욱더 발전하고 있으며, 향후 현재보다 더 높은 성장률을 보일 것으로 예측되고 있다.

2) 여가시간의 증대

인터넷을 중심으로 한 정보통신기술과 다른 산업기술의 발달로 모든 산업에 있어 업무자동화의 비율이 증가하고 있다. 이러한 업무의 자동화는 근로자들의 근로시간 단축으로 이어지게 되었고, 또한 대부분의 선진국들이 실시하고 있는 주 5일제의 영향으로 여가시간은 더욱 증가하고 있다. 이렇게 늘어나는 여가시간은 자연스럽게 관광산업을 발전시키는 요인으로 작용하고 있다.

3) 교통수단의 발달

교통수단의 발달 또한 관광사업의 주요한 발전 요인 중 하나라고 할 수 있다. 특히 항공산업의 발달이 관광사업의 발전에 있어서 가장 결정적으로 많은 기여를 했다고 할 수 있는데, 제2차 세계대전 이후 항공산업은 기술적으로 고속성, 안정성, 쾌적성, 경제성의 향상과 대량 운송능력을 보유하게 되었다.

또한 항공사들은 기내 서비스 및 다양한 촉진전략에도 고객들을 세심하게 배려함으로써 고객들의 해외여행욕구를 증가시켜 관광사업 발전에 기여하고 있다.

4) 라이프스타일의 변화

라이프스타일이란, 개인의 가치관, 행동, 관심, 의견 등을 표현하는 생활패턴을 의미하는데, 최근 현대인들이 추구하는 가치관이 삶의 질(quality of life) 향상에 많은 비중을 두고 있다고 할 수 있다. 이렇게 삶의 질 향상을 추구하는 가치관을 지닌 개인의 증가는 다른 국가를 여행하여 지식과 견문을 넓혀서 자기발전을 꾀하려는 욕구의 증대로 이어진다. 이러한 개인들의 라이프스타일의 변화로 인해 관광산업은 더욱 발전하고 있고 향후 이러한 추세는 더욱 가속화될 것으로 예측된다.

5) 글로벌화의 가속화

글로벌화(globalization) 또는 우리말로 세계화에 대한 정의는 다양하지만, 일반적으로 기업이 개별국가시장에 대해 각각 다른 전략을 취하기보다는 전 세계 시장을 하나의 시장으로 보고 통합된 전략을 수립하는 것을 의미한다. 이러한 글로벌화의 영향으로 국가별로 나누어졌던 국경의 의미가 약해지고 제품, 기술, 서비스 등이 세계 각국으로 자유롭게 이동하게 된다. 또한 이러한 글로벌화로 인하여 인적자원과 자본의 이동도 자유로워지며, 이러한 현상을 자연스럽게 국제관광도 촉진하게 되며 이로 인해 국제관광을 중심으로 관광산업은 더욱더 발전하게 될 것이다.

06 향후 관광시장의 전망 및 정책과제

관광산업은 자동차산업, 석유산업과 함께 그 규모가 가장 큰 산업 중 하나로 2008년에는 전 세계 GDP의 20%를 차지하였으며, 그 비중은 점차 증가할 것으로 예측되고 있다. 또한 관광산업은 다른 산업과 비교할 때 높은 고용창출효과 및 소득증대의 효과를 가지고 있기 때문에 성장 잠재력이 높아서 우리나라와 같이 천연자원이 부족한 국가에서는 전략적으로 발전시키는 것이 필요한 산업이라고 할 수 있다. 하지만 현실적으로 우리나라는 특출난 관광상품의 부족, 관광기반시설의 취약, 지속적인 국제관광수지의 적자 등으로 인하여 국제관광시장에서 경쟁력이 매우 취약한 상태이다.

특히, 우리나라가 관광산업의 중요성을 인식하고 앞으로 관광산업의 발전방안을 연구해야만 하는 이유는 관광산업이 앞으로 단일산업으로는 가장 규모가 커지고 성장잠재력이 높은 산업일 뿐만 아니라 지역적으로 동북아시아의 관광시장 예측 성장률이 다른 지역에 비해 거의 2배 이상 높기 때문이다. 삼성경제연구소의 자료에 의하면, 2010년까지 국제관광산업의 성장률은 4%인데 반해, 동북아시아 지역 관광산업의 예측 성장률은 그 2배인 7.8%에 이르고 있다.

이렇게 동북아시아 지역의 관광산업이 세계 평균성장률에 비해 배 이상 높게 예측되는 이유는 중국의 급속한 성장이라고 할 수 있는데, WTO(World Tourism Organization : 세계관광기구)의 자료에 의하면, 중국에서 해외관광을 즐기는 관광객의 숫자는 중국경제의 급속한 성장과 중국정부의 개방정책의 영향으로 인해 2004년 2,900만 명에 달했으며, 2020년에는 1억 명이 초과할 것으로 예측되고 있다.

위에서 언급한 대로 우리나라가 국제관광시장에서 경쟁력이 취약한 이유는 3가지로 요약될 수 있는데, 그중에서도 국제관광수지의 적자가 2004년 38

억불을 기록하였다.

이렇게 위기에 놓인 한국관광시장을 촉진시키기 위한 방법으로는 영종도, 인천, 태안, 새만금, 군산, 해남, 영암 등 서남해안을 개발시키는 프로젝트를 중앙정부와 지방자치단체가 협력해서 개발시키는 것이 있다.

궁극적으로 중국, 일본, 홍콩, 마카오 등 동북아시아 국가들이 관광시장에 있어서 우리의 경쟁자들이라고 할 수 있는데, 이들 국가들은 관광산업의 중요성을 깨닫고 각각 자국의 관광산업 경쟁력을 증대시키기 위하여 많은 노력을 기울이고 있다.

먼저, 중국은 2008년 베이징 올림픽과 2010년 상하이 세계박람회를 위해 많은 호텔을 건축하였으며, 상하이, 하이난, 센젠 등에 관광인프라를 구축하였다.

홍콩은 정부차원에서 2001년 이후 23억불을 투자하여 관광인프라를 구축하고 있는데 디즈니랜드 건설, 수상스포츠와 리조트 건설 등으로 쇼핑으로 많이 알려진 홍콩의 관광패턴을 레저 쪽으로 인식시키기 위하여 노력하고 있다.

마카오는 도박에 의존하던 기존의 관광산업에서 벗어나기 위한 일환으로 "꿈의 도시(Dream City)" 프로젝트를 개발하기 위하여 2008년까지 1억불을 투자하여 해저호텔과 카지노 건립을 추진하였다. 그리고 현재 포르투갈의 식민지 당시의 문화와 기존의 동양적인 문화를 융합시킨 새로운 문화유산을 관광상품화하고 있기도 하다.

마지막으로 일본은 위에서 언급된 세 나라와는 달리 실속 있는 관광산업을 운영하려 애쓰고 있다. 일본은 1987년 새로운 리조트건설법이 통과된 후 1987년부터 1991년 사이에 정부에서 대규모 리조트개발 프로젝트 35개를 허가하여 줌으로써 수요와 공급의 불균형으로 많은 대규모 리조트들이 문을 닫았기 때문에 지금은 소규모의 실속 있는 지역 관광상품들을 개발하기 위해 주력하고 있다.

한국관광산업을 발전시키기 위해서는 위에서 언급한 서남해안 개발 프로젝트와 더불어 소프트웨어적인 관광객원의 개발이 필요하며, 가까운 미래에 우리나라를 방문하는 가장 많은 관광객은 중국 관광객들이 될 것으로 예측되고 있기 때문에 중국관광객들을 위해 저가의 관광상품보다는 고급 관광상품을 개발하는 것이 시급한 과제라고 할 수 있다.

마지막으로 정부에서는 관광산업이 국가발전을 위해서 중요한 산업이라는 인식을 가지고 관광기업에 대한 세제지원 및 규제완화 등 바람직한 관광기업 운영을 위한 지원이 필요하다고 할 수 있다(강신겸, 2005: pp. 13~20 참조).

특히 지난 2010년 11월 G20 서울정상회의를 통해서 우리나라의 국격이 국제사회에서 많이 높아진 만큼 관광사업 부분에서도 우리나라는 글로벌리더십을 발휘하도록 해야 한다.

07 국제관광의 이해

글로벌화의 가속화로 인해 국제관광 수요는 급속하게 증가하고 있는데, 이러한 국제관광 수요의 증가로 인하여 호텔관광산업은 앞으로도 빠르게 성장할 것으로 예상되고 있으며, 이러한 환경적인 요인이 호텔관광기업들에게 많은 기회를 제공할 것으로 예측된다.

1) 국제관광의 개념

먼저 국제관광에 대한 여러 가지 정의들이 있지만, 일반적으로 국제관광(international tourism)이란, 관광객이 자기 나라를 떠나 다시 돌아올 예정으로 다른 나라의 문물 · 제도 · 경관 등을 감상 · 유람할 목적으로 여행하는 것을 말한다.

국제관광에 대한 다른 학자들과 국제관광기구들의 정의를 살펴보면, WTO

(World Tourism Organization : 세계관광기구)는 국제관광을 "즐거움 · 위락 · 휴가 · 스포츠 · 사업 · 친지 · 업무 · 회의 · 건강 · 연구 · 종교 등을 목적으로 방문국에서 최소한 24시간 이상 1년 이하 체류하는 행위"로 정의하고 있다. 또한 OECD(Organization for Economic Cooperation and Development : 경제개발협력기구)는 국제관광을 "인종 · 성별 · 언어 · 종교 등에 관계없이 외국의 영토에서 24시간 이상 6개월 이내로 체류하는 것"으로 정의하고 있다. 국내학자들 중 김진섭은 국제관광을 "인간이 자국의 국경을 넘어 다시 자국으로 돌아올 목적으로 외국의 문물 · 제도 · 관습 · 산업 등을 관람 · 시찰하거나 풍경 등의 감상 · 유람을 목적으로 여행하는 것"이라고 정의하였다(김진섭, 1996: p. 163).

위의 여러 국제관광기구와 학자들의 정의와 같이 국제관광은 한마디로 말해서 국경을 넘어서 일어나는 관광행위로 국내관광과는 구별된다고 할 수 있다.

2) 국제관광의 범위

(1) 인적 범위

국제관광에 관련한 최초의 공식적 정의는 1937년 "국제연맹 통계전문가위원회"에서 내린 것으로, 국제관광객란 "적어도 24시간 이상 동안 자신의 일상거주지를 떠나 다른 나라를 방문하는 사람"으로 다음과 같은 목적으로 여행하는 사람을 국제관광객의 범주에 포함시키고 있다(최승이 · 이미혜, 2001: p. 28).

① 즐거움 · 가족 · 건강 등을 위해 여행하는 사람
② 회의 또는 과학 · 행정 · 외교 · 종교 · 운동 등의 대표자격으로 여행하는 사람
③ 사업상의 이유로 여행하는 사람
④ 24시간 미만 체재하는 사람이라도 해양선박으로 여행 중에 도착한 사람

한편 다음의 목적으로 여행하는 사람은 관광객의 범주에서 제외시키고 있다.

① 직업을 얻기 위해 또는 그 나라에서 어떤 사업 활동에 종사하기 위해 도착한 사람
② 그 나라에 거주지를 마련하기 위해 도착한 사람
③ 유학생 또는 단기연수생
④ 국경지역 주민 또는 인접지역에 거주하면서 국경을 넘어 통근하는 사람

한편 UN은 1977년 국제관광객을 "일상거주지 외의 나라에 보수를 받는 이외의 목적으로 방문하여 1박 이상 1년 미만 동안 육상의 숙박시설에서 체재하는 사람"으로 정의하였다. 또한 방문자를 국제관광객(또는 체재방문자)와 당일방문자로 구분하였는데, 국제관광객(또는 체재방문자)는 육상의 숙박시설에서 최소한 1박 이상 체재하는 사람을 의미하고, 당일 방문자는 선박여행 방문자와 육상의 숙박시설을 이용하지 않는 육상·항공교통을 이용하여 입국하는 기타 당일 방문자를 의미한다. 한편 WTO는 1984년 발표한 보고서에서 국제관광객을 정의하였는데, 대체로 위에서 언급한 UN의 정의를 따르고 있으며, 다만 여행자를 상위개념으로 설정하여 관광객과 당일방문자로 구분하였다. 또한 국제관광객의 범주를 출입국으로 분류한 후 다시 거주자와 비거주자로 구분하였다.

위에서 언급된 여러 가지 기준으로 살펴볼 때, 국제관광객란 취업이나 이주 이외의 목적으로 자기나라를 떠나 24시간 이상 1년 이내의 기간 동안 다른 나라의 관광지를 방문하거나 체재하는 사람이라고 정의할 수 있다.

(2) 공간적 범위

국제관광의 공간적 범위는 자국민이 외국을 방문하는 행위와 자국의 영토 내에서 이루어지는 외국인의 관광행위뿐만 아니라 이국인이 다른 나라를 방

문하는 행위도 포함된다. WTO는 국제관광을 지역별로 구분하기 위해 세계를 동아시아와 태평양국가, 유럽, 아메리카, 남아시아, 중동, 아프리카 등 6개 지역(region)으로 나누고, 이를 다시 동아프리카, 중앙아프리카, 북아프리카, 남아프리카, 서아프리카, 카리브해, 중앙아메리카, 북아메리카, 남아메리카, 동아시아, 중앙아시아, 동남아시아, 서남아시아, 남아시아, 서아시아, 동유럽, 북유럽, 남유럽, 서유럽, 오스트레일리아와 뉴질랜드, 폴리네시아 등 21개 소지역(sub-region)으로 세분하고 있다(한국관광공사, 1989: pp. 32~34; 최승이 · 이미혜, 2001: p. 36 재인용).

3) 국제관광의 발전요인

(1) 경제적 요인

세계경제동향이 국제관광에 미치는 영향은 대단히 크다고 할 수 있다. 세계경제동향이 침체되면 관광소비자들의 구매심리 위축과 유효수요 부족으로 국제관광시장도 침체되고, 세계경제동향이 활발하면 국제관광도 발전하게 된다.

(2) 사회 · 문화적 요인

국제관광 발전요인 중 사회 · 문화적 요인은 인구통계적 요인, 기술적 요인, 교통수단의 발달, 여가시간의 증대 등을 꼽을 수 있다. 인구통계적 요인이란, 인구규모의 증대와 평균수명의 증가 등을 의미한다. 인구규모의 증대와 평균수명의 증가는 관광총량의 증가로 이어진다. 기술적 요인이란, 기술의 발전이 국제관광에 미치는 영향을 의미하는데, 예를 들면 CRS(Computer Reservation System)와 인터넷의 일반화로 인해 소비자들은 신속하고 정확한 정보를 제공받을 수 있다. 기술의 발전은 여가시간의 증대와는 밀접한 관계가 있는데, 기술의 발전은 생산성 향상으로 이어진다. 이로 인해 노동자들은 노동시간이 감소되고, 노동자들의 노동시간 감소는 여가시간의 증대로 이어져 국제관광을 촉진시키는 역할을 하게 된다. 또한 항공산업을 중심으로 급속하게 발전한 교통수단도 국제관광의 가장 중요한 발전요인 중 하나가 되었다.

4) 국제관광의 장애요인

OECD(Organization for Economic Cooperation and Development : 경제협력개발기구)의 관광위원회는 국제관광의 발전을 위해 다음과 같은 장애요인들을 제거할 것을 권고하고 있다. OECD의 권고에 따르면 국제관광을 저해하는 요인을 크게 관광객 개인에게 영향을 주는 장애요인, 여행사에 대한 장애요인, 교통사업에 대한 장애요인, 숙박업체에 대한 장애요인, 기타 장애요인으로 분류하고 이를 다음과 같은 항목으로 세분화하였다.

(1) 관광객 개인에게 영향을 주는 장애요인

① 자국에서의 제약

ⓐ 국외관광객에 대한 통화소지 제약

ⓑ 관광서류 발급상의 조건과 절차의 복잡성과 까다로움(여권 · 비자 발급의 제한)

ⓒ 귀국하는 관광객에 대한 세관의 허용량 규제

ⓓ 국외관광에 대한 제한(목적, 연령, 횟수, 방문국가의 정치이념)

② 관광수용국에서의 제약

ⓐ 외래관광객에 대한 통화소지 제한

ⓑ 입국사증 · 서류심사 · 체류기간의 제한

ⓒ 자동차 · 유람선, 기타 교통기관으로 입국하는 경우에 공식적인 절차의 복잡성

ⓓ 국제운전면허증 · 자동차보험 등의 통용가능성에 대한 공식적인 제

한 절차

ⓔ 자국민이 아닌 자의 국내재산에 대한 제한

ⓕ 외래관광객에게 부과하는 세금

(2) 여행사에 대한 장애요인

③ 외국인 투자나 공동참여상의 제한

④ 외국인회사의 자국지사나 자회사 설립에 대한 제한

⑤ 여행전문업 운영에 있어서 외국인에게 차등이나 직접 운영하기 곤란하도록 만든 자격기준의 적용

⑥ 외국인 임원과 외국인의 고용에 대한 제약

⑦ 경영자격 획득의 곤란

⑧ 자금의 국내유입 및 국외유출에 따른 자금전환과 관련된 사항

⑨ 비설립 외국인회사나 자국 내에서 설립된 중간매개회사를 통하지 않고 고객에게 직접 광고나 판촉 또는 판매하는 행위에 대한 제한

⑩ 위와 같은 항목에 대하여 EU국가에서의 EU국가와 비EU국가 간의 차별

(3) 교통사업에 대한 장애요인

⑪ (2)의 여행사에 대한 장애요인의 ③~⑩과 같음

⑫ 자국소유가 아닌 항공사・자동차・철도・크루즈선박에 대한 제한

⑬ 자국방문자의 외국항공사나 선박 이용에 대한 제한

⑭ 항공기 이착륙수수료, 세금 또는 공항세에 있어서의 제한

⑮ 상대방 자격에 대한 상호 인식부족

⑯ 자국항공사나 페리 서비스종사원 자격에 대한 정부의 요구

⑰ 자국항공사나 철도회사에 적용하는 특별운송조건과의 차별대우

⑱ 예약시스템으로의 접근 규제

(4) 숙박업체에 대한 장애요인

⑲ (2)의 여행사에 대한 장애요인의 ③, ④와 동일
⑳ 필수품 수입상의 제약
㉑ 자국회사의 계약상의 요구조건
㉒ 외국 참여회사에 대한 세금제도의 차별대우
㉓ 외국인에 대한 소유제한과 외국인의 자본보유나 자본분배에 따르는 증권에 관계된 문제들의 제한
㉔ 예약시스템으로의 접근상의 규제

(5) 기타 장애요인

㉕ 건강진단과 소비자보호 등의 규정에 대한 차별대우
㉖ 중앙정부나 지방자치조직 또는 중개인을 이용할 의무
㉗ 기타 장애요인들

국제관광의 발전요인과 장애요인에 대한 연구들 중 최승이 · 이미혜(2001: p. 137)는 국제관광의 발전요인과 장애요인에 대한 연구에 있어서 앞으로의 연구방향은 발전요인과 장애요인을 상호 독립적인 요인으로 분석할 것이 아니라 상호관계와 양면성을 전제로 접근해야 한다고 주장하였다.

5) 국제관광효과

국제관광효과란, 국제관광활동으로 인하여 특정한 국가나 지역에서 일어나는 변화라고 말할 수 있는데, 크게 경제적 효과와 사회적 효과 및 문화적 효과의 3가지로 나누어 볼 수 있다.

(1) 경제적 효과

국제관광의 경제적 효과(economic effect)란, 국가 간 관광객의 이동에 따라 관광송출국과 관광수용국의 경제현상에 미치는 여러 가지 영향이라고 할 수 있다.

경제적 효과는 직접효과 · 간접효과 · 유발효과로 나누어 볼 수 있다. 먼저 직접효과는 관광객이 최초로 지출한 비용이 관광송출국과 관광수용국의 국민경제에서 직접적으로 관광산업부문에 창출하는 경제적 효과를 의미한다. 예를 들어, 국제관광객의 최초의 지출은 항공사 · 호텔 · 여행사 등 관광산업부문을 통해서 이루어지게 되는데, 이렇게 관광산업부문을 통해서 직접적으로 이루어지는 경제적 결과를 직접효과라고 한다. 간접효과는 국제관광객의 지출로 인해서 간접적으로 영향을 받는 산업부문에서 소득과 고용이 창출되는 것을 의미한다. 예를 들어, 국제관광객이 항공사에 지출한 비용 중 일부를 항공사는 연료비로 정유사에 지급하게 되는데, 항공사와 정유사 사이에는 직접적인 관계가 형성되지만, 국제관광객과 정유사의 관계는 간접적인 관계가 형성된다. 이와 같이 국제관광객의 지출로 인해 간접적으로 영향을 받는 산업부문에서 소득과 고용이 창출되는 것이 간접효과이다.

한편 유발효과란, 국제관광객의 지출증가로 인한 관광목적지의 수입증가로 가계부문의 소득이 증가함에 따라 소비지출의 규모가 증가하게 되고, 이러한 소비지출 증가가 한 국가 또는 지역의 다른 산업의 매출액증가와 고용기회의 창출 등 지역경제를 활성화시키는 것을 의미한다(최승이 · 이미혜: 2004, p. 146). 특히 국제관광은 관광수용국의 국제수지개선에 크게 기여하는 효과를 발생시킨다.

(2) 사회적 효과

국제관광의 사회적 효과는 관광객 간의 국가 간 이동으로 인한 관광수용국

사회구조의 변화를 의미한다. 어떤 지역이 국제관광의 목적지로 발전하게 되면 그 지역 산업구조의 변화를 수반한다. 이러한 산업구조의 변화는 인구구조의 변화를 가져오게 된다. 인구구조의 변화에는 인구이동에 따른 인구의 양적 증감을 나타내는 인구규모의 변화, 성별·연령·학력 등과 같이 인구의 특성을 나타내는 인구구성의 변화, 인구의 공간적 정주상태를 나타내는 인구분포의 변화 등이 있다.

또한 국제관광은 관광송출국과 관광목적국의 상호작용으로 인해 개인 및 지역사회에서 소비양식의 변화를 가져오게 한다. 외부로부터 새로운 소비양식이 도입되면 단기적으로 갈등을 일으키기도 하지만, 기존의 소비양식과 양립하거나 기존의 소비양식을 변화시킨다.

마지막으로 국제관광은 사회문제를 증가시킬 수 있다. 국제관광에 따른 사회문제란 관광목적지 주민과 관광객 사이의 상호작용으로 사회구조에 미치는 일탈행위를 의미하는데, 여기에는 범죄·도박·매춘 등이 있다.

(3) 문화적 효과

관광은 현지문화·관광객문화·수입문화의 3개 문화가 접촉해서 새로운 관광문화로 형성된다. 현지문화란, 관광객을 받아들이는 문화, 즉 관광수용국의 독특한 문화를 말한다. 관광객문화란, 관광객이 관광도중 행하는 생활방식을 의미하며, 수입문화란 관광객의 자국문화를 의미한다.

국제관광은 이질성이 있는 문화가 상호작용하는 과정이므로, 국제관광으로 인한 문화적 영향은 관광목적지의 문화에 많은 영향을 미친다. 문화의 변동은 문화전파·문화접변 등을 통해서 이루어지는데, 먼저 문화전파란 한 문화의 요소나 특성 등 문화가치가 다른 문화로 번져나가는 것을 의미한다. 문화접변이란, 이질적인 문화가 직접적인 접촉을 통하여 하나의 문화 또는 접촉이 이루어진 문화 모두가 변화하는 과정을 의미한다.

CASE

값은 중국에 밀리고 인프라는 일본에 뒤지고 관광도 '샌드위치'

✢307개 여행업체 조사 … "한국, 너무 비싼 탓"

지난 여름 가족과 제주도 피서를 의논하던 이모(45)씨는 계획을 바꿔 중국 패키지 투어를 갔다. 왕복항공료(1인당 18만원), 숙박료(콘도 1박당 15만원), 렌터카(하루 9만원) 등 기본 경비에 식대와 공원 관람료 등을 더해 보니 4인 가족이 3박 4일 머무르는데 200만원 가까이 든다는 계산이 나왔다. 이에 비해 같은 기간 베이징 일대의 관광지를 돌아보는 패키지 상품은 1인당 45만원대였다. 제주관광보다는 중국관광이 비슷하거나 싸다는 결론이 나온 것이다.

'굴뚝 없는 미래산업'인 관광산업도 제조업처럼 중국·일본 사이에 끼인 샌드위치 신세라는 조사 결과가 나왔다. 값은 중국에 밀리고, 관광 인프라와 품질은 일본에 뒤진다. 이런 의식이 관광산업의 최일선에 종사하는 여행업계에 팽배해 있다는 사실도 충격적이다. '관광입국'의 앞날은 험난하다.

이런 내용은 대한상공회의소가 10일 국내 307개 여행업체를 상대로 '우리나라 관광산업의 경쟁력 및 대응실태'를 조사한 결과다. 여행업계는 숙박·편의시설이나 서비스 등의 관광 인프라와 품질경쟁력 면에서 일본·동남아에 비해 뒤지고, 숙박비와 교통비 등 가격경쟁력은 중국에 밀린다고 평가했다.

나라별 관광산업 경쟁력 지수를 최고 1점에서 최저 4점으로 매긴 결과 인프라와 품질 경쟁력은 일본이 평균 1.4점으로 가장 높았고, 한국은 2.8점으로 3위였다. 가격경쟁력도 중국이 1.6점으로 가장 높았고, 한국은 3.2점으로 3위였다.

'관광객원 경쟁력'항목에서는 중국(1.8점)과 일본(2점)이 근소한 차이로 1, 2위를 했지만, 한국은 3.5점으로 동남아에도 크게 밀리면서 꼴찌를 기록했다. 한마디로 '볼 만한 게 없다'는 이야기다.

이런 인식은 한국 관광산업의 미래에 대한 부정적 전망으로 이어졌다. 여행업체의 95.1%는 '관광산업이 미래 유망산업'이라는 데 공감했지만, 정작 '한국관광의 미래가 유망하다'는 답은 9.9%에 불과했다.

여행업체들이 느끼는 외국인 관광객의 불만은 '빈약한 볼거리(40.8%)'와 '과다한 비용(26.8%)'으로 집약됐다. 실제로 중국 여행사들이 자국민을 상대로 내놓는 한국과 일본 패키지 여행상품은 원고·엔저 현상 등으로 가격 차이가 거의 없다고 여행업계는 전한다.

손세원 대한상의 산업조사팀장은 "중국·일본·동남아 등 각국 정부는 급성장하고 있는 아시아 관광시장 선점을 위해 다양한 지원정책을 펴고 있다"며 "우리도 신상품 개발, 세제지원, 규제완화 등의 정책방안을 서둘러야 한다"고 말했다.

【이현상 기자 leehs@joongang.co.kr】

닥터로프 뉴욕 부시장이 조언하는 관광서울 4대 전략

CASE

✢ 서울의 현실을 냉정히 분석하고, 무엇부터 할 것인지 파악해야 한다

26일 서울 하얏트호텔에서 열린 제6회 서울국제경제자문단(SIBAC) 총회에서 닥터로프(Daniel L. Doctoroff) 뉴욕 부시장은 서울이 매력 있는 관광도시가 되기 위한 네 가지 제언을 제시했다. SIBAC는 서울을 동북아 비즈니스 중심지로 발전시키기 위한 시장 자문기구로, 올해는 '국제관광·컨벤션 도시 서울'이라는 주제로 열렸다.

닥터로프 부시장은 마이크 블룸버그 뉴욕시장을 보좌하며 9·11테러 이후 급감했던 외국인 관광객을 증가세로 돌리는 데 결정적인 몫을 하고 있다. 다음은 닥터로프 뉴욕 부시장 인터뷰 요지이다.

도쿄와 베이징에서 비행기로 2시간대인 서울은 지리적으로 장단점을 모두 갖고 있다. 이를 잘 활용하면 동북아 관광중심지로 성장할 수 있지만, 그렇지 못하면 일본·중국 도시와 치열한 경쟁에서 뒤처지게 된다.

겉 이미지로 보는 서울의 단점으로 세 가지를 꼽을 수 있다. 우선 중국과 일본에 비해 물가가 너무 비싸며, 길에서 마주친 시민 중에 영어를 자유롭게 구사하는 인구가 적다. 무엇보다 외국인들은 여전히 서울의 치안과 안보가 불안하다고 느끼고 있다.

'MPMS'로 요약되는 네 가지 점에 주목하면서 문제를 해결해 나가도록 제안하고 싶다. 우선 물가(money)는 높지만 호텔 이용 등 관광비용이라도 낮춰야 한다. 뉴욕이 9·11 이후 한때 급감했던 관광객이 다시 늘어나는 데는 마케팅 활동만큼 달러 약세가 큰 몫을 했다.

둘째, 사람(people)들을 잘 활용해야 한다. 관광 종사자는 물론 거리에서 만난 시민들도 외국인 관광객에 대한 친절함이 몸에 익숙해 있어야 한다. 뉴욕 역시 이방인에게 '불친절하다'는 인식이 널리 있었지만, 시민들 협조로 '친절한 도시'로 바꾸려 노력하고 있다. 이를 위해 스포츠스타와 영화배우들이 공항에서 관광객들을 맞이하는 등 다양한 친절 이벤트를 벌이고 있다.

셋째, 도시 홍보도 전략(strategy)이 필요하다. 어떤 도시 이미지를 내세우며 관광객 유치에 나설지, 적당한 마케팅 비용과 관광객 유치 타깃을 명확히 해야 한다. 뉴욕은 '자유의 여신상'으로 오래도록 이미지가 각인돼왔다. 하지만 뉴욕을 방문하지 않고도 사진으로 이를 본 외국인들은 마치 뉴욕에 가 본 듯한 느낌을 갖고 있다. 이를 깨우치기 위해 뉴욕은 'NYC(뉴욕시)'라는 브랜드로 뉴욕 이미지를 새롭게 하고 있다. 시내 모든 택시에 NYC 브랜드를 새기고 기념품 가게의 옷과 선물도 NYC로 이미지를 통일했다. 외국에서 NYC가 새겨진 티셔츠를 입은 사람들은 '나도 뉴욕에 가봤어'라는 자부심을 갖게 한다.

마지막으로 관광객에게 어떤 메시지(message)로 어필할 것인지 명확히 해야 한다. 서울은 도심에 전통문화와 첨단 IT가 공존하고 있다. 이를 관광객들이 곳곳에서 보고 느낄 수 있도록 해야 한다. '전통과 미래의 융합'은 서울이 중국·일본 도시와 경쟁해 승리하기 위한 틈새시장(Niche Market)으로 적합하다.

Money	People	Message	Strategy
물가는 높지만 호텔비 내려라.	외국 관광객에 친절한 시민들	전통·미래융합 차별화 나서라.	관광객 어필할 브랜드 만들라.

08 국제관광 관련기관 및 단체

1) WTO(World Tourism Organization : 세계관광기구)

WTO는 관광을 통한 경제발전, 국가 간 이해증진, 국제평화와 인류번영 및 인권존중에 기여하고 관광분야에 있어서 개발도상국의 이익을 배려하여 관광객의 여행 장애요소를 제거하기 위해 각국의 정부차원에서의 협의체가 요구되어 이 요구에 부응하여 세계관광정책 수립 및 조정과 이에 따른 연구, 조사, 출판사업 및 관광인력양성과 기술개발을 목적으로 설립된 UN계열의 정부 간 국제관광기구이다.

(1) 연 혁

WTO의 모체는 1925년 설립된 IUOTO 국제관설관광기구연합회로서 1975년 스페인 마드리드에서 발족되었으며, 1979년 세계관광의 날을 제정하고, 1980년에는 필리핀의 마닐라에서 세계관광에 관한 마닐라 헌장을 채택함으로써 세계관광의 좌표를 정립할 뿐만 아니라 정부의 역할을 규명하고 하였으며, 1982년의 멕시코 아카풀코에서 아카풀코 선언문을 채택함으로써 마닐라 선언의 실행방안을 제시하였다. 회원수는 1993년 12월 현재 정회원이 109개 국가, 준회원은 4개, 영역위원회는 172개 기관으로 구성되어 있으며, 본부는 스페인 마드리드에 있다. 한국관광협회는 1992년 찬조회원으로 가입하였다.

(2) 설립목적 및 주요활동

WTO의 설립목적은 관광을 통한 경제발전, 국가 간 이해증진, 국제평화와 인권존중에 기여, 관광분야에 있어서 개발도상국의 이익을 특별히 배려, UN 및 국제관광기구와의 효과적인 협력유지 및 활동에 참가 등이 있다.

또한 주요활동 내용으로는 관광에 관한 연구, 조사, 출판사업, 관광진흥을 위한 각종 기술회의 세미나, 워크숍 개최, 관광인력 양성사업(세계 관광연수원 설치 운영), UNDP와의 협력사업 추진, 관련전문기구와 협조 하에 관광객의 여행 장애요소 제거 등이 있다.

2) ASTA(American Society of Travel Agents Association : 미주여행협회)

(1) 연 혁

1931년 설립되어 정회원은 여행알선업체, 준회원은 항공, 선박, 철도, 버스, 렌터카, 호텔, 유원지, 정부관광기구 및 관광개발업체, 국제부회원은 미국, 캐나다 이외 지역의 회원업체(120여 개국)들로 구성되어 있다.

ASTA는 세계 최대의 여행업자 단체로서 미국여행업자들로 시작되었던 것이 이같이 급성장한 것은 미국이 세계 최대 관광시장이라는 점이 크게 작용한 것이다. 본부는 미국 버지니아주 알렉산드리아에 있으며 워싱턴 D.C.와 샌디에이고 지역사무소가 총괄업무를 하고 있다.

(2) 설립목적 및 주요활동

모든 국민의 여행편의 제공, 여행업계의 발전 및 권익보호, 업자로부터 항공사, 선박회사, 정부관계기관의 상호이해와 협조촉진, 여행업계를 대표하여 각국 정부 및 관계기관에 관광시책 건의 등 여행업자가 집결하여 회원의 공통이익을 옹호하고 상도덕을 고취하여 ASTA 윤리규정을 존중케 하며 업자 상호간의 과다경쟁을 방지하여 일반의 여행의욕을 촉진 장려하여 관광사업을 발전시키는 데 그 목적이 있다.

- 항공사 요금 및 여행목적지에 관한 협의 조정
- 여행사의 기호조사 연구 및 여행자에 대한 서비스 개선

- 지방행정 단위 및 정부기관과 여행문제에 대한 긴밀한 협조
- 정기간행물 발간(ASTA Travel News)

3) UFTAA(Universal Federation of Travel Agents Association : 세계여행협회연맹)

(1) 연 혁

1966년에 설립된 각국 여행업자의 국제조직기관으로 120여 개국의 1,000여 개 업체가 회원으로 가입되어 있고, 본부는 벨기에 브뤼셀에 있으며, 한국에서도 관광협회 및 대한여행사 등이 가입하여 활동하고 있다.

(2) 설립목적 및 주요활동

관광진흥과 여행업자의 이익을 위해 각 정부관계기관이나 준정부관광기관과 교섭하는 역할을 하며, 현재 회원과 여행업자협회를 통해 국제관광산업의 중추적 역할을 하고, 또한 정통적 지위를 확보하기 위해서 단결하자는 데 그 목적이 있고 주요활동 내용은 다음과 같다.

- 세계 각국 여행자협회의 결속을 강화한다.
- 국가마다 한 개의 여행업자협회를 인정토록 하여 국가차원에서 관광산업을 집중 도모한다.
- 여행업자협회가 없는 국가에 대해서는 국가차원에서 협조가 조직되도록 지원한다.
- 여행업자협회가 국제적 수준에 도달하도록 공적인 국제회의와 연결되도록 하고 여행업자협회가 국가적으로 영향력 있는 수준이 되도록 오리엔테이션을 촉진한다.
- 여행자협회에 적용될 수 있는 규칙을 제정한다.

- UFTAA의 회원인 여행업자협회 사이에서 발생하는 전문적 사항이나 문제를 해결한다.
- 여행업자협회 입장에서 흥미와 관심이 될 관광정보자료를 제공한다.
- 관광업의 건전한 발전을 촉진하기 위해 정부관광기관이나 준정부기관의 항구적인 협약을 체결한다.

4) WATA(World Association of Travel Agency : 세계여행업협회)

(1) 연 혁

1948년 설립되어 현재 100여 개국의 260여 개 여행사가 회원으로 가입되어 있으며 본부는 스위스 제네바에 위치해 있고, 한국에서도 몇몇 여행사들이 가입되어 있다.

(2) 설립목적 및 주요활동

회원 여행업자의 보호 및 회원의 상업적 이익을 극대화하기 위해 상호단결의 강화 및 세계 관광객의 왕래촉진을 목적으로 한다.

WATA의 주요활동은 다음과 같다.

- 회원인 여행자의 권리, 자격의 침해가 없도록 보증하는 일
- 회원 상호간의 결속으로 개개업자에게 발생할 위험을 경감시키는 일
- 회원업자의 합동광고로 회원업자의 경비를 절감시키는 일
- 정기간행물의 발간, 특히 "Master-key"는 세계관광객료로서 귀중한 자료이다.

5) PATA(Pacific Asia Travel Association : 태평양 아시아 관광협회)

(1) 연 혁

1951년 Hawaii Visitors Bureau 제창으로 태평양지역 공동관광기구인 비영리단체로서 설립되어 정부관광기관, 항공, 선박, 철도 등의 운수업자, 여행업자, 호텔업자, 출판, 광고, PR업자, 조사업자, 자문회사, 투자금융업자 등으로 회원이 구성되어 있다. 현재 회원수는 본부회원이 69개국 2,137개 업체, 지부회원이 16,000개 업체에 이르고 있으며, 본부는 미국의 샌프란시스코에 있다. 1979년 한국에서도 총회가 개최되기도 했다.

(2) 설립목적 및 활동

태평양 아시아 전 지역에 걸쳐 관광산업의 발전을 촉진, 장려하고 관광객원 및 시설을 개발, 확충하며 또 교육훈련 사업의 지원과 자문을 위하여 공동노력을 기함에 있다.

태평양지역 관광협회는 회원들의 권익증진을 위한 활동과 함께 태평양지역 전체의 관광산업발전을 위한 각종 마케팅, 조사, 연구사업 등을 하고 있다. 그리고 연차총회는 PATA의 중대사업의 하나로 매년 4월경 주요 회원국에서 개최하며 관광관련 회의와 세미나를 주최하고 있다.

6) EATA(East Asia Travel Association : 동아시아 관광협회)

(1) 연 혁

1967년 일본국제관광진흥회의의 제의를 계기로 동남아 7개국의 관광기관이 모여 창설되었다. 관광공사가 EATA 창립회원으로 활동하고 있으며, 대만, 일본, 홍콩, 한국, 마카오, 태국, 필리핀 등 7개국 정부 정회원 6개의 항공사 정회원과 1개의 찬조회원 등으로 구성되어 있고 본부는 동경에 위치하고 있다.

(2) 설립목적 및 주요활동

회원국의 외래관광객 유치와 회원국 간의 왕래촉진을 도모하고, 회원국의 관광사업을 진흥시킬 것을 목적으로 한다. 주요활동은 다음과 같다.

- 회원국 내의 관광 관련업체의 상호협조활동과 공동조사, 선전사업을 실시
- 연차총회 및 위원회 지부활동
- 구미공동선전
- 선전영화 및 공동포스터 제작
- 회원국 간의 출입국 수속 간소화를 위한 활동 등이다.

7) ICAO(International Civil Aviation Organization : 국제민간항공기구)

(1) 연 혁

1944년 미국정부는 전후 항공운송의 제 문제를 토의하기 위하여 연합국 및 중립국 55개국을 시카고에 초청하여 개최한 시카고회의에는 52개국이 참가하였으며, 국제민간항공조약(시카고조약)을 채택하였다.

이 조약은 국제민간항공의 안전과 발전을 모색하고 국제항공 운송업무가 기회균등주의로 기초가 확립되었으며, 건전하고 경제적으로 운영하도록 일정한 원칙을 확정짓고 26개국이 이의 추진을 완료하고 1947년 4월 4일에 발효했다. 기구는 3년마다 개최되는 총회와 이사회 법률위원회, 항공위원회, 항공운송위원회, 불법행위 방지위원회로 구성된다.

우리나라는 1952년에, 북한은 1977년에 각각 가입하였으며, 본부는 캐나다 몬트리올에 위치하고 있다.

(2) 설립목적 및 주요활동

ICAO는 다음 사항의 준수로 국제항공의 원칙 및 기술을 발달시킴으로써

국제항공운송의 계획과 발전을 조장시키는 것을 목적으로 한다.

- 세계를 통하여 국제민간항공의 안전 및 발전을 확보할 것
- 평화적인 목적으로 항공기의 설계 및 운항의 기술을 개발할 것
- 국제민간항공을 위한 항공로, 공항 및 항공보안시설을 발전시킬 것
- 안전, 정확, 능률적이고 경제적인 항공에 응할 것
- 불합리한 경쟁으로 생기는 경제적 낭비 방지, 회원국의 권리가 충분히 존중되고 공정한 기회 제공, 체결국이 국제항공기업을 운영할 것
- 체결국의 차별대우를 피할 것
- 국제민간항공의 모든 면에서 전반적인 발달을 촉진할 것

8) IATA(International Air Transport Association : 국제항공운송협회)

(1) 연 혁

1944년 11월 미국의 시카고에서 미국과 영국, 프랑스 등 연합국 중심의 54개국이 모여 ICAO의 설립 기초가 되는 시카고협약을 채택하였으나 국제항공운임과 수송력을 규제하는 등 항공운송사업의 권익이 충분히 보장되지 않자 이듬해인 1945년 4월 41개 연합국 및 중립국의 항공사 대표들이 쿠바의 하바나에서 회의를 개최하고 같은 달 19일자로 정관을 채택함으로써 정식으로 IATA가 설립되었다.

IATA는 세계의 정기항공을 수송하는 수백 개 회사의 집합체인 동시에 각 항공회사, 정부 및 일반대중에의 봉사기관이라고 할 수 있다.

본부는 스위스 제네바에 있으며 우리나라에는 42개의 국내여행사가 가입해 있다.

(2) 설립목적 및 주요활동

각 항공사가 가진 개개의 노선과 업무를 제휴하여 세계적인 공공서비스 조직을 가지고 있으며 IATA의 설립 목적은 다음과 같다.

- 인류의 공동이익을 위해 안전하고 경제적인 항공운송사업을 육성함과 동시에 이와 관련하는 제반 문제를 연구한다.
- 국제항공운송업무에 직 · 간접으로 종사하고 있는 항공운송기업 간의 협조를 위해서 가능한 한 모든 수단을 제공한다.
- ICAO를 포함한 여타의 항공관련기구와 협조를 유지하며 이를 더욱 강화시켜 나간다.

한편, IATA의 활동내용을 살펴보면,

- 항공사가 당면하고 있는 제반 문제점에 대해 공동으로 해결책을 모색하고 각 항공사의 경험과 지식 그리고 정보를 상호 교환한다.
- 각국의 정부가 국제선 항공운임과 요율을 정할 때 정부 간 조정협상의 매체를 제공한다.
- 일반 대중을 위해 고수준의 효율적인 항공운송(안전성과 편의성)을 제공하고 경제성이 있는 최저운임을 보장하며, 통일된 체제를 통하여 손쉽게 해외여행이 이루어지도록 한다.

CASE

✣토마스 쿡 여행사

1841년 영국인 토마스 쿡(Thomas Cook)은 금주회의에 참여하는 570명의 철도승객을 위한 교통편을 수배하였다. 쿡은 루브르(Loughborough)에서 리체스터(Licester)까지 열차를 전세 내어 승객들을 모집하여 금주회의에 참가시켰다. 1실링의 요금으로 10마일 여행에서 승객들은 차·빵·음악을 제공받았다. 4년 후 쿡은 잉글랜드, 스코틀랜드, 유럽을 통과하는 단체여행객의 철도와 기선을 관리하기 시작하였다. 철도회사에서는 그가 판매하는 승차권에 대하여 수수료를 지불하였다. 1855년 토마스 쿡은 영국에서 파리의 산업박람회 전시장까지 최초로 국제적인 여행을 기획하였다. 그 다음해에 그는 유럽대륙으로의 그랜드 투어(grand tour)를 운영하였다. 거의 혼자서 토마스 쿡은 여행사와 여행안내라는 두 가지 중요한 개념을 창조하였다.

【자료 : 정석중 외, 1998, 요약정리】

✣호텔·항공업 아우르는 '종합그룹' 야심 : 여행업계 국내 1위 하나투어

부도업체가 속출하는 여행업계에서 하나투어는 차별화한 경영전략으로 '업계 1위'를 고수하고 있다. 여행사로선 유일하게 코스닥에 상장됐고, 매년 30%의 성장률을 기록 중이다. 다양한 상품 기획력, 방대한 여행정보, 현지 네트워크 강화 등이 그 배경이다.

하나투어는 2001년 1월 15일 여행업계 최초로 코스닥 시장에 등록했다. 하루에도 서너 곳의 여행사가 문을 열고, 대여섯 곳의 여행사가 문을 닫는 국내 여행업계에서 하나투어는 분명 독보적인 존재다. 여행사로는 유일하게 코스닥에 등록된 업체일 뿐 아니라 해마다 매출액이 30% 안팎씩 꾸준하게 성장하고 있기 때문이다. 하나투어의 지난해 매출액은 528억원으로 업계 최고의 실적이다. 최근에는 관광전문 포털 사이트를 출범시키면서 온라인 여행시장에서도 선두주자로 부상하고 있다.

하나투어는 설립 초기부터 종업원지주제를 도입했다. 직원 모두가 주주로 참여하면 경영의 투명성을 높일 수 있을뿐더러 직원들도 회사업무를 자기 일처럼 여기리라는 판단에서다. 다만 급여체계는 철저한 연봉제와 성과급제다. 능력에 따라 연봉을 정하고 보너스를 준다. 보너스도 주식으로 주는 경우가 대부분이다. 하나투어의 현재 주가는 1주당 1만 5,000원선. 거래소, 코스닥 할 것 없이 증시가 휘청거리고 있는 요즘에도 하나투어는 많은 애널리스트들이 투자 추천종목으로 꼽을 만큼 인정된 면모를 보여준다.

하나투어는 1993년 국일여행사의 자회사인 극진여행사로 출발했다. 그 후 여행 도매시장의 성장 가능성을 확신하고 1995년 국일여행사로부터 자본을 완전히 분리해 하나투어로 독립했다. 설립 당시부터 여행도매업(wholesale)을 표방했다. 하나투어가 자체적으로 개발한 패키지 여행상품은 업계에서 가장 구색이 다양하고 여행객들에게 인지도가 높은 것으로 정평이 나 있다.

여행도매업이란, 여행상품을 기획해서 소매여행사와 대리점, 카드회사, 홈쇼핑 채널 등에 판매하는 방식을 말한다. 도매여행사는 소매여행사에 비해 장점이 많다. 무엇보다 소매여행사나 대리점을 통해 고객을 모집하므로 인건비와 광고비 부담이 훨씬 적다.

경기에 상대적으로 덜 민감하다는 것도 빼놓을 수 없는 장점. 일반 여행업체의 경우 하루에도 몇

CASE

곳씩 도산할 만큼 경기의 흐름을 심하게 탄다. 불황이나 비수기에는 단체 여행객 모집이 어려워지게 마련이다. 따라서 소매여행사는 경기가 좋지 않을 때 위험부담을 줄이기 위해 자체 기획 상품보다는 도매여행사에서 상품을 공급받아 관광객을 모집하는 경우가 많다.

지난해 월드컵 축구대회가 열리던 시기에 해외로 떠난 국내 여행객은 평소보다 줄었지만, 하나투어 상품을 이용한 여행객은 오히려 10% 정도 늘었다. 미국의 9·11 테러나 인도네시아 발리 폭탄테러 사건이 터졌을 때 소매여행사들은 그야말로 '바람 앞의 등불' 신세였다. 그러나 여행도매업을 전문으로 하는 하나투어는 이런 시기에도 매출액이 늘었다고 한다.

하나투어는 지난 5년 내내 여행업계 중 최고의 매출액을 올렸다. 성장률도 매년 30%에 이른다. 해외시장은 물론 국내시장도 석권할 만큼 높은 시장점유율을 자랑하고 있지만, 한때는 전 직원이 허리띠를 졸라매고 눈물겨운 나날을 보낸 적도 있다. 외환위기 여파로 회사의 주식 가치가 폭락하자 분을 삭이지 못하고 스스로 회사를 떠난 직원도 있다.

하나투어는 시장점유율을 높여가는 한편으로 서비스 개선에도 힘썼다. 그 대표적인 사례가 여행업계 최초로 해외에 현지법인을 설립한 것. 여행업은 다른 어떤 산업보다도 해외 현지법인을 통한 네트워크 구축이 중요한 점을 감안해 1999년 태국법인을 설립했고, 이어 사이판, 괌 등을 비롯한 동남아시아, 미주, 호주 등 모두 12곳에 현지법인을 만들었다. 올해 안에 중국 베이징과 상하이에도 현지법인을 두고, 2010년까지는 세계 각국에 60여 개의 현지법인을 세울 계획이다.

이처럼 세계 곳곳에 현지법인 중심의 네트워크를 거미줄처럼 촘촘하게 마련하려는 것은 일본의 JTB나 미국의 아메리칸 익스프레스 같은 매머드급 경쟁자들과 맞설 수 있는 튼튼한 발판을 마련하기 위함이다. 또한 해외여행업은 양질의 서비스에 승부가 달린 만큼 현지법인을 통해 숙박이나 여행가이드 알선, 여행 스케줄 조정 등에서 보다 발빠른 현지 대응으로 고객의 만족감을 높이기 위함이다.

하나투어는 하나투어와 해외법인 간, 해외법인과 해외법인 간의 시너지 효과를 높이기 위해 '투어토탈닷컴(www.tourtotal.com)'을 설립했다. 인터넷 시대에 대비한 온라인 여행 포털 사이트다. 하나투어는 이 비즈니스 모델로 벤처인증을 받기도 했다.

투어토탈닷컴은 하나투어가 확보한 방대한 여행정보를 전국 소매 여행사들의 홈페이지에 연결시켜 공유 환경을 구축하고 있다. 온라인에서 예약이 가능하기 때문에 하나투어로서는 대리점과 영업 인력을 줄일 수 있고, 대신 여행상품을 기획하고 개발하는 데 더 많은 투자를 할 수 있게 된다. 앞으로 여행상품은 '다품종 소량생산'으로 다양한 선택이 가능하도록 발전해야 하기 때문에 온라인 판매를 통해 절감된 비용과 수익금을 상품기획과 개발에 더 투자할 생각이다.

하나투어는 2010년까지 세계 10대 여행사로 성장하고 시장점유율 50%로 끌어올린다는 목표를 세웠다. 향후 호텔과 항공 비즈니스 등에도 진출할 계획인데, 특히 항공산업을 통해 새로운 관광지를 개척, 하나투어를 종합 여행그룹으로 키운다는 야심을 갖고 있다. 매출 목표도 지금보다 10배나 늘려 잡았다.

과당경쟁으로 몸살을 앓고 있는 여행업계에서 하나투어가 어떻게 최강의 자리를 지켜갈지 주목된다.

【신동아, 2003-04-01】

제 4 장 호텔산업의 이해

01 호텔산업의 개요

호텔의 어원은 라틴어의 Hospitale이라는 말에서 찾아볼 수 있는데, 이 Hospitale이라는 단어에서 Hospital, Hostel, Inn 등으로 현대에 와서 Hotel이라는 말이 되었다고 할 수 있다. Hospital이라는 단어는 현재 병원이라는 의미로 사용되고 있지만, "Webster's Dictionary"에서는 "A place for shelter and rest for travelers"로 여행자의 숙박과 휴식의 장소이며, 원시적 숙박시설의 기원을 의미하고 있다. 현대적인 의미로는 "A building or institution providing Lodging, Meals, and Service for the Public"으로 호텔은 숙박과 식사 및 서비스를 일반 대중에게 제공하는 시설 혹은 그 건물 자체를 뜻한다고 볼 수 있다.

이러한 관점에서 본다면 호텔과 병원은 가장 밀접한 관련을 가지고 있으며, 병원과 호텔경영관리를 동일시하는 것도 이 때문이다. 한편 호텔업의 본고장인 영미법률에서 살펴볼 때, 일반법은 그 개념을 다음과 같이 설명하고 있다. "호텔이란 예절바르게 받은 접대에 대한 지불능력 및 준비가 되어 있는 모든 사람들에게는 시설의 여유가 있는 한 수용이 허락되며, 체재기간 및 보상의 율 등에 관한 약정 없이 체재 중에 타당한 대가를 지불하면 식사 · 침실 등이 제공되며, 그 집을 임시적으로 가정으로 이용하는 데 필연적으로 부수되는 서비스와 관리를 받을 수 있는 장소이다(A place where all who conduct themselves properly, and who, being able and ready to pay for their entertainment, are received, if there be accommodation for them, and who without any stipulated engagement as to the duration of their stay or as to the rate of compensation, are while their supplied at a resonable cost with their meals, lodging, and such services and attention as are necessarily incident to the use of the house as a temporary home)."

02 호텔의 분류

「관광진흥법」에서 제정한 관광숙박업의 분류와 호텔업과 관련된 정의는 다음과 같다.

1) 법규에 의한 분류

호텔업은 관광호텔업, 수상관광호텔업, 한국전통호텔업, 가족호텔업의 4가지로 분류되고 있으며, 관광호텔업은 다시 종합관광호텔업과 일반관광호텔업으로 나눌 수 있다. 「관광진흥법」상에서 호텔업은 다음과 같이 정의된다.

"관광객의 숙박에 적합한 시설을 갖추어 이를 관광객에게 제공하거나 숙박에 부수되는 음식 · 운동 · 오락 · 휴양 · 공연 또는 연수에 적합한 시설 등을 함께 갖추어 이를 이용하게 하는 업"

(1) 종합관광호텔업

관광객의 숙박에 적합한 시설을 갖추어 이를 관광객에게 이용하게 하고 숙박에 부수되는 음식 · 운동 · 오락 · 휴양 · 공연 또는 연수에 적합한 시설 등(이하 "부대시설"이라 한다)을 함께 갖추어 이를 관광객에게 이용하게 하는 업을 말한다. 종합관광호텔업의 등록기준은 욕실 또는 샤워시설을 갖춘 객실이 30실 이상이어야 하며, 외국인에게 서비스제공이 가능한 서비스체제를 갖추어야 한다. 또한 부동산의 소유권 또는 사용권이 있어야 한다.

(2) 일반관광호텔업

관광객의 숙박에 적합한 시설을 갖추어 이를 관광객에게 이용하게 하거나 숙박에 부수되는 음식, 운동, 휴양 또는 연수에 적합한 시설을 갖추어 이를 관광객에게 이용하게 하는 업을 말한다. 일반관광호텔업의 등록기준은 욕실 또는 샤워시설을 갖춘 객실이 30실 이상이어야 한다. 외국인에게 서비스제공이 가능한 서비스체제를 갖추고 있어야 하며, 관광숙박시설 등에 관한 특별법의 규정에 의한 지정 숙박업자의 지정기준을 갖추고 있어야 한다.

(3) 수상관광호텔업

수상에 구조물 또는 선박을 고정하거나 계류시켜 놓고 관광객의 숙박에 적합한 시설을 갖추거나 부대시설을 함께 갖추어 이를 관광객에게 이용하게 하는 업을 말한다.

(4) 한국전통호텔업

한국전통의 건축물에 관광객의 숙박에 적합한 시설을 갖추거나 부대시설을 함께 갖추어 이를 관광객에게 이용하게 하는 업을 말한다.

(5) 가족호텔업

가족단위의 관광객의 숙박에 적합하도록 숙박시설 및 취사도구를 갖추어 이를 관광객에게 이용하게 하거나 숙박에 부수되는 음식 · 운동 · 휴양 또는 연수에 적합한 시설을 함께 갖추어 이를 관광객에게 이용하게 하는 업을 말한다.

(6) 휴양콘도미니엄업

관광객의 숙박과 취사에 적합한 시설을 갖추어 이를 당해시설의 회원 · 공유자 · 기타 관광객에게 제공하거나 숙박에 부수되는 음식 · 운동 · 오락 · 휴양 · 공연 또는 연수에 적합한 시설 등을 함께 갖추어 이를 이용하게 하는 업을 말한다.

2) 규모에 의한 분류

호텔의 규모에 의한 분류는 일반적으로 소규모 호텔은 150실 이하, 중규모 호텔은 150실 이상 300실 미만, 대규모 호텔은 300실 이상으로 구분하지만, 대부분의 호텔이 300실 이상의 대규모 형태로 호텔을 운영하고 있다.

3) 입지에 의한 분류

(1) 도시호텔

도시호텔(city hotel)은 비즈니스와 쇼핑 등의 목적으로 운영되는 도시의 중심가에 위치한 호텔로 상용과 공용 혹은 도시를 방문하는 관광객들이 많이 이용하고 있다.

(2) 휴양지호텔

휴양지호텔(resort hotel)은 휴식, 보양, 여가를 목적으로 여행하는 관광객을 대상으로 하는 호텔로서 휴식과 심신을 단련할 수 있는 시설을 갖추고 관광객을 유치하고 있으며, 시설이나 규모가 대형화되고 있는 추세이다.

(3) 터미널호텔

터미널호텔(terminal hotel)은 주로 공항, 철도역, 항구 주변에 위치한 호텔로서 교통수단을 이용하는 여행객들을 대상으로 하는 호텔이다. 이와 같이 터미널 호텔은 교통수단이 항공・선박・철도・버스 등이 출발하고 도착하는 곳의 부근에 위치하므로 관광객은 물론 교통기관의 승무원들이 자주 이용하게 되는 호텔이다.

4) 숙박목적에 의한 분류

(1) 상용호텔

상용호텔(commercial hotel)은 주로 도심지 및 상업지역에 위치하여 사업상 혹은 사교 등의 목적을 가진 투숙객 및 방문객을 대상으로 하는 호텔이다.

(2) 거주형호텔

거주형호텔(residential hotel)은 보통 1개월 이상 장기체류객을 대상으로 하는 주택형 호텔을 말한다.

(3) 카지노호텔

카지노호텔(casino hotel)은 호텔 내에 부대시설로서 도박시설(gambling)을 갖추어 놓고 도박을 위한 고객을 유치하는 호텔을 말한다.

03 호텔의 기능

1) 숙박 및 식음료서비스 기능

거주지를 떠나 여행하는 사람들에게 고객의 능력과 취향에 따라 다양한 숙박 및 식음료서비스를 제공하는 기능을 말한다.

2) 비즈니스서비스 기능

상담 · 회의 · 전시 · 교역전 등의 장소를 제공하고 비즈니스를 위하여 호텔을 이용하는 고객들의 편의를 위한 비즈니스 정보교환과 비서업무 등의 서비스를 제공하는 기능을 의미한다.

3) 스포츠, 레저 기능

고객들에게 놀이·위락·기분전환 등의 정서함양을 위한 서비스를 제공하는 기능이며 그 중요성이 점점 증가하고 있다.

4) 문화서비스 기능

고객을 위한 부가적인 서비스로서 향상된 고객의 지적 수준과 다양해진 고객의 취미활동을 위하여 기본적인 기능 이외에 교육·예술·공예·학습 등의 문화적인 서비스를 제공하는 기능을 말한다.

04 호텔업의 특성

1) 인적자원에 대한 의존성

호텔산업은 다른 산업에 비해서 인적자원에 대한 의존도가 상대적으로 가장 큰 산업 중 하나라고 할 수 있다. 이러한 인적자원의 높은 품질의 서비스를 통해서 호텔의 상품이 생산되고 판매되면 고객만족을 최대화할 수 있다. 호텔업은 다른 산업에 비해서 상대적으로 호텔기업들이 핵심역량을 보유하기가 어렵다고 할 수 있는데, 이러한 상황에서 호텔기업들이 핵심역량을 보유하여 다른 기업에 비해서 경쟁우위를 확보하려면 서비스 품질을 높여야 한다. 서비스 품질을 평가하는 기준에는 여러 가지가 있지만 가장 일반적으로 사용되고 있는 PZB의 서비스 품질 평가기준인 유형성(tangibility), 신뢰성(reliability), 확신성(assurance), 반응성(responsiveness), 공감성(empathy)을 최대화하기 위해서는 결국 인적자원의 서비스 품질이 호텔기업의 경쟁력을 좌우한다고 할 수 있다. 따라서 자동화나 기계화로 대체될 수 없는 산업의 특성을 가진 호텔산업에서는 인적자원에 대한 의존도가 매우 높다고 할 수 있다.

2) 높은 초기 투자비용

호텔산업은 토지의 확보, 호텔건물의 건축, 내부시설 등을 완전히 갖추어서 사업을 시작해야 하고, 이러한 부분에 투자되는 비용이 상당히 높은 편이기 때문에 초기투자비용이 다른 산업에 비해서 매우 높다고 할 수 있다.

3) 연중무휴 영업

호텔기업은 산업의 특성상 하루 24시간, 1년 365일 휴업하지 않고 사업을 해야 하는 특성을 가지고 있다. 따라서 다른 부분도 중요하지만, 특히 인적자원관리가 다른 산업에 비해서 더욱 중요한 산업 중 하나라고 할 수 있다.

4) 글로벌화된 산업

다른 산업에 비해 호텔산업은 매우 글로벌화된 산업이라고 할 수 있다. 글로벌화(globalization)에 관한 정의는 다양하지만 일반적으로 세계경제시스템이 하나로 통합되는 현상을 보이는 것으로 정의할 수 있는데, 정보통신기술의 발전, 무역장벽의 감소 등으로 인하여 국가별 국경에 관한 경계가 점점 약해지고 있는 상황에서 국제관광인구는 빠르게 증가하고 있다. 이러한 상황으로 인하여 글로벌화된 파워브랜드를 가진 Hyatt, Hilton, Marriott 등 규모가 큰 호텔기업들이 세계호텔산업에서의 점유율을 높이고 있으며, 산업 전체적인 관점에서 보더라도 호텔산업은 다른 산업에 비해 상대적으로 글로벌화된 산업 중 하나라고 할 수 있다.

05 글로벌화가 호텔산업에 미치는 영향

글로벌 경쟁환경 하에서의 호텔의 특성을 잘 이해하고 있는 세계적인 대형 호텔 체인들은 신속한 자원의 공유와 위험을 분산하여 경쟁우위를 확보하기 위하여 현지 파트너들과의 전략적 제휴(strategic alliances)를 활발하게 시도하고 있다.

또한 글로벌화의 가속화와 국제관광산업의 촉진으로 인하여 유명한 브랜드를 보유한 세계적인 체인호텔들은 자사의 브랜드에 대한 글로벌화를 최대한 촉진시켜 같은 상품의 호텔네트워크를 통한 성과향상을 추구한다. Hilton, Hyatt, Marriott 등과 같이 글로벌 네트워크를 형성하고 위탁경영(management contract)이나 프랜차이즈 형태로 운영되고 있는 호텔과 신라호텔, 롯데호텔 등과 같이 국내에서 독자적인 브랜드를 형성하고 있는 호텔들과는 여러 가지 관점에서 차이가 있다. 세계적인 체인호텔들은 세계를 단일시장으로 인식하면서 세계 여러 지역에서 서비스의 표준화를 유지함으로써 고객의 지속적인 신뢰를 유지하고 이러한 신뢰를 바탕으로 특화된 브랜드와 호텔기업으로서의 고유한 이미지를 유지하려고 한다(Kusluvan and Karamustafa, 2001; 구태회, 2007: p. 13에서 참조하여 재인용). 즉 글로벌전략적인 차원에서 전 세계를 동일시장으로 보고 표준화된 같은 상품을 제공하는 글로벌전략(global strategy)을 구사한다. 한편, 지역 내에서 독자적인 브랜드를 보유한 독립호텔들은 글로벌전략을 구사하는 체인호텔들과 경쟁하기 위하여 현지화된 상품과 서비스를 특화시킨다. 즉 글로벌 전략적인 관점에서 현지화전략(multidomestic strategy)을 구사한다. 물론, 글로벌전략적인 관점에서 완전한 글로벌전략이나 현지화전략을 구사하는 다국적기업들은 존재하지 않고 모든 기업들이 글로벌전략적인 측면과 현지화전략적인 측면이 모두 포함되어 있지만 어느 부분에 초점을 맞추느냐에 따라 글로벌전략의 유형을 현지화전략(multidomestic strategy), 글로벌전략(global strategy), 초국적전략(transnational strategy) 등으로 분류할 수 있다.

자본집약적인 생산방식과 규모의 경제의 중요성 증대, 교통 · 정보통신 · 첨단기술 등 기술의 발전, 전 세계 소비자 취향의 동질화 경향, FTA(Free Trade Agreement)의 활성화 등으로 인한 세계무역장벽의 감소 등으로 인하여 글로벌화가 더욱 촉진되고 있는 현실에서 호텔산업은 향후 그 전망이 매우 밝은 산업이라고 할 수 있다. 이러한 글로벌화의 촉진은 국가 간의 경계를 약하게 하며 이로 인해 더욱 많은 사람들이 관광과 사업적인 목적으로 다른 국가의 방문이 빈번해지기 때문에 글로벌화와 더불어 호텔산업은 더욱 발전하게 된다. 따라서 글로벌화와 호텔산업은 매우 밀접한 관계를 가지고 있다고 할 수 있다.

세계적인 유명 브랜드를 보유한 호텔기업들은 크게 세 가지 전략으로 시장진입을 모색하였다(구태회, 2007: p. 41). 첫째, 동일브랜드 호텔 수를 늘림으로써 자국 내에서 경쟁력을 강화시킨다. 둘째, 국내 및 국외에서 틈새시장을 충족시킬 다른 수준의 호텔브랜드를 지속적으로 개발한다. 셋째, 해외에 있는 신규시장을 개척하기 위해 호텔 브랜드마다 동일한 서비스 수준과 상품력을 구축한다. 혁신적인 호텔기업일수록 시기에 따라 이상의 세 가지 전략을 한 가지씩 번갈아가면서 또는 일괄적으로 그 모두를 다 적용하여 글로벌시장으로의 진입을 시도하고 있다.

06 현대호텔의 발전현황

미국의 호텔경영사에서 중요한 점은 제2차 세계대전 후 Sheraton과 Hilton의 등장이다. Hiton 호텔의 창업자인 Hilton은 Statler와 같이 작업의 능률화를 강조하면서 호텔을 새로 건립하기보다는 기존의 호텔들을 매입하여 개조하며 초기투자비용을 최소화하면서 최대의 이익을 추구하였다. Sheraton 호텔의 창업자인 Henderson은 기존의 호텔을 매입하여 개보수하면서 호텔의 가치를 향상시켜 나갔다. Sheraton 호텔은 현재 Starwood Hotels & Resorts Worldwide사에 인수되어 하나의 브랜드로 운영되고 있다.

한편, Holiday Inn은 Wilson에 의해 창업되었다. Wilson은 Statler 이후 일반인들에게 싸고 편리한 숙박시설을 제공하면서 자동차 여행자들의 호텔이용에 일대 혁신을 가져다주면서 1976년에 25개국에 1,700여 개의 모텔과 호텔을 운영하였다. 그중 약 20%는 직영이며 나머지는 프랜차이즈 형태로 운영하였다. Holiday Inn은 현재 프랜차이즈 경영회사인 Six Continents Group의 핵심 브랜드로서 전 세계에 약 1,500개의 호텔을 운영하고 있다.

Hyatt 호텔은 1957년 Pritzker가 미국 로스앤젤레스 공항 부근의 소규모 호텔을 구입하여 개관하였는데, 지금은 전 세계에 걸쳐 200개 이상의 호텔이 분포되어 있다. Hyatt호텔의 등급 종류는 Park Hyatt, Grand Hyatt, Hyatt Regency, Hyatt Resort의 4가지 형태이다. Marriott는 1957년 360개의 객실을 가진 모텔을 미국 워싱턴 D.C.에 개관하였다. 모텔의 디자인과 위치는 모텔업의 즉각적인 성공을 가져왔는데 이후 호텔임대, 인수·합병 등을 통하여 오늘날 거대한 사업체로 성장하였다. 또한 숙박업뿐만 아니라 외식산업, 숙박산업, 레저산업, 여행업 등의 사업다각화로 미국 내 최대 관광업체로 성장하였다. 1995년에는 세계적인 브랜드 가치를 가진 Ritz Carlton을 인수하였고, 1997년에는 르네상스 호텔그룹을 인수하였다. 현재 Marriott Hotel Group은

Marriott Hotel, Suites by Marriott, Fairfield Inn, Residence Inn, Courtyard by Marriott의 세분화된 5개의 브랜드를 운영하고 있다.

미국 Arizona주 Phoenix에 본사를 둔 Bestwestern은 1946년 Guertin에 의해 창업되었으며, 전 세계 약 80여 개국에 4,000개 이상의 호텔을 보유한 세계 최대의 호텔브랜드이다. 고급스러운 호텔체인은 아니지만 합리적인 가격과 일정수준 이상의 서비스를 제공하며 고객들의 신뢰를 높이고 있으며 매년 성장하는 추세를 보이고 있다.

한편, 우리나라의 호텔발전사를 살펴보면 우리나라 최초의 호텔은 1888년에 인천 서린동에 설립된 대불호텔이다. 벽돌로 지어진 객실 11실의 3층 건물이었으며, 당시 가장 고급으로 지어진 건물로 우리나라를 찾는 외국인을 수용하기 위한 양식호텔이었다. 그 후 근대에 들어서 1936년에 상용호텔인 반도호텔이 등장하였다. 반도호텔은 8층 콘크리트 건물로써 객실 111실을 보유하고 있었다. 1963년 경제개발시대에 건립된 워커힐호텔은 국제친선과 외화획득을 주목적으로 한 주한 UN군의 휴양을 위한 리조트호텔로서 당시 동양 최대의 호텔로 개관하였다. 그 후 정부의 호텔 민영화정책으로 1973년 워커힐호텔은 선경그룹에서 인수하였으며 미국의 Sheraton Group과 프랜차이즈계약을 맺고 증축하여 1978년 7월 신규호텔로써 Sheraton Walker Hill이 탄생하게 되었다. 그 후 1980년대에는 국민관광과 국제관광의 조화를 이룬 발전, 서비스 수준의 향상, 국제회의 유치, '86아시안게임과 '88서울올림픽 등을 통하여 우리나라 호텔산업도 일대 도약을 하게 된다. 특히 이 시기에 국내 대기업들의 호텔사업 진출이 본격적으로 시작되었고, 국제적인 체인호텔들이 우리나라로 대거 진출하면서 호텔산업의 부흥기를 맞이하게 된다(최병호 · 유도재, 2004: pp. 30~37을 기초로 정리).

07 호텔의 경영형태

일반적으로 호텔의 경영형태는 단독경영호텔(independent management hotel), 체인호텔(chain hotel), 리퍼럴경영호텔(referral group hotel), 임차경영호텔(lease management hotel) 등으로 분류할 수 있다.

1) 단독경영호텔(Independent Management Hotel)

단독경영호텔은 위탁경영수수료와 브랜드 사용 수수료 등의 비용지출이 필요하지 않고 현재 호텔의 기업이미지 형성을 통한 마케팅이 가능한 장점이 있지만 글로벌한 차원에서의 인지도와 마케팅 등에서의 어려움이 있다.

2) 체인호텔(Chain Hotel)

세계적인 브랜드를 보유한 체인호텔들은 오랜 기간 축적된 경영노하우를 바탕으로 수수료를 받거나 일정지분에 대하여 참여하는 형식으로 호텔을 운영한다. 체인호텔은 공동마케팅과 예약망 이용 가능, 규모의 경제를 이용한 비용절감, 브랜드의 활용 등의 장점이 있지만 경영의 독립성 상실, 계약기간에 대한 부담, 로열티와 수수료 지급, 본사 브랜드 이미지에 따른 운영의 의존도 상승 등의 단점이 있다. 체인호텔은 위탁경영방식과 프랜차이즈 운영방식으로 나눌 수 있다.

(1) 위탁경영(Management Contract)

위탁경영방식은 소유주가 직접 호텔운영에 어려움이 있을 때 체인본부와 계약에 의해 모든 경영권을 넘겨주고 핵심적인 인적자원들이 경영호텔로부터 파견되어 위탁경영되는 방식이다. 위탁경영방식과 프랜차이즈의 차이점은 위탁경영은 호텔소유주의 경영권이 상실된다는 점이다. 위탁경영은 소유와 경영이 완전히 분리된 호텔의 운영형태로 호텔마다 차이는 있을 수 있지만, 일반적으로 체인본사가 호텔 고정자산에 대한 투자 및 호텔경영에 관한 재무적인 위험부담까지 책임지는 형태로 소유자는 이익금만 가져가게 된다.

(2) 프랜차이즈(Franchise)

프랜차이즈 경영은 위탁경영방식과 유사한 부분도 있지만 체인본부인 franchisor와 가맹점인 franchisee가 상호지원적인 관계라고 할 수 있다. franchisee는 franchisor의 상호 및 상표를 사용하고 일정 정도의 로열티(royalty)를 지급하는 경영방식이다. 프랜차이즈 형태의 호텔에서 경영은 소유주가 하는 형태라는 점이 위탁경영 형태와 다른 점이라고 할 수 있다. 프랜차이즈의 장점은 본사와 동일한 운영시스템과 브랜드의 사용, 표준화된 제품 제공, 온라인을 통한 중앙예약시스템의 활용, 종업원의 교육과 훈련에 대한 지원 등이 있다. 하지만 프랜차이즈 가입비, 로열티, 독자적인 상품개발 및 판매활동의 제한, 계약조건에 따른 법적 분쟁가능성 등의 단점이 있다.

3) 리퍼럴경영호텔(Referral Group Hotel)

체인호텔들은 전문화된 경영을 통한 신규시장 개척, 중앙예약시스템 등을 활용해서 사업을 확장하였는데, 이에 비해서 단독경영호텔은 현지화된 전략을 구사하지만 여러 가지 측면에서 한계점에 부딪혀 어려움을 겪게 된다. 이렇게 어려움을 겪는 단독경영호텔들은 프랜차이즈 호텔과 경쟁하기 위하여 상호협력을 목적으로 연합조직을 결성하였는데 이것이 리퍼럴경영호텔이다. 리퍼럴경영호텔들은 체인 및 프랜차이즈 호텔들과 경쟁할 수 있고 글로벌한 공동예약시스템 등을 운영하여 경쟁력을 가질 수 있다. 또한 호텔경영의 독립성을 유지하면서 공동마케팅 등을 통하여 이윤을 추구할 수 있는 장점이 있다.

4) 임차경영호텔(Lease Management Hotel)

임차경영호텔이란, 토지 및 건물의 투자에 대한 자금조달능력을 갖추지 못한 호텔기업이 제3자의 건물을 계약에 의해서 임대하여 호텔사업을 운영하는 방식이다. 일반적으로 임차경영호텔은 건물 내부에 대한 투자는 호텔기업이 부담하고 임차료는 사전에 결정된 일정한 액수를 소유주에게 지급한다. 임차경영의 장점은 호텔기업의 입장에서는 초기에 투자되는 많은 호텔건설비용을 들이지 않고 건물을 임대하여 호텔을 운영할 수 있는 장점이 있다. 건물 소유주의 입장에서는 경영성과와 상관없이 고정된 임대료 수입을 얻을 수 있는 장점이 있다.

제 5 장 리더십의 이해

01 리더십의 개념

최근 기업에서 리더십의 중요성에 대한 인식이 확산되면서 리더십(leadership)과 관련된 많은 연구들이 보고되고 있다. 특히 호텔관광산업은 인적자원에 대한 의존도가 다른 산업에 비해 큰 산업이기 때문에 리더십은 더욱 중요한 부분이라고 할 수 있다. 리더십과 관련된 선행연구는 아래와 같다.

표 5•1 리더십과 관련된 선행연구

연구자	리더십의 정의
Hemphill and Coons(1957)	집단활동을 고유한 하나의 목표로 집중시키려는 개인의 행동
Tannenbaum, Weshler and Massarik(1961)	주어진 상황에서 구체적 목표의 달성을 통해서 행사되는 대인적 영향력으로서 커뮤니케이션 과정을 통해 행사된다.
Stogdill(1974)	집단 내 상호교류 속에서 구성원의 기대에 맞게 집단의 구조를 만들고 유지하는 것
Janda(1960)	일종의 독특한 형태의 권력관계로서 집단의 한 구성원이 자신의 행동패턴을 또 다른 구성원이 규정할 권리를 갖는다고 느낄 때 발생한다.
Kochan, Schmidt and Decottis(1975)	영향력 행사과정으로서 O가 P에게 영향을 가하여 P의 행위를 변화시켰을 때 P가 O의 영향력행사를 합당한 것으로 생각하고 야기된 변화가 P자신의 목표와 일치한다고 여길 때 리더십은 발생한다.
Katz and Kahn(1978)	기계적으로 조직의 일상적 명령을 수행하는 것 이상의 결과를 가져올 수 있게 하는 영향력이다.
Schriesheim, Tolliver and Behling(1978)	사회적 영향력 행사과정으로 리더가 조직목표 달성을 위해서 하급자들의 자발적 참여를 추구할 때 발생한다.
Peters and Austin(1985)	리더십은 비전이요 우렁찬 응원가요 열정이다.

자료 Yukl, Leadership in Organizations, Englewood Cliffs, N.J. : Prenticehall, 1981, etc.; 백기복, 법문사, 1994 재인용한 임창희, 2001, p. 316에서 재인용함.

일반적으로 호텔관광기업을 포함한 기업에서 리더의 목표는 유사하다고 할 수 있는데 기업이기 때문에 조직의 효율성과 생산성을 향상시켜 높은 성과를 달성하는 것이라고 할 수 있다. 이러한 목표를 달성하기 위해서 리더들은 리더십을 발휘해야 하는데, 같은 목표지만 이러한 목표를 달성하기 위한 방법은 리더마다 많이 다르다고 할 수 있다.

또한 최근 정보통신기술의 발전, 글로벌화 등으로 인하여 여러 산업의 비즈니스 패러다임(paradigm)의 변화가 일어나면서 이와 관련된 조직구조나 리더십에 관한 전통적인 개념과 패턴에도 변화가 일어나고 있다. 전통적인 리더십의 구성요소들로는 목표, 영향력, 상호작용 등을 들 수 있는데, 이러한 변화하는 상황에서 리더는 목표를 달성하기 위해서 추종자들과의 상호작용(interaction) 속에서 영향력을 발휘하게 된다. 목표는 리더가 정하거나 상사로부터 지시 및 전달받거나 팀원들과 함께 만들 수 있다. 영향력을 권력(power)이라고 할 수 있는데 직위에서 오는 직위파워(position power)와 개인적인 파워(personal power)로 나눌 수 있다. 직위파워는 리더라는 위치로 인해 획득한 파워이며, 개인적인 파워는 직위와 무관하게 리더 개인이 가진 능력에서 나오는 파워라고 할 수 있다. 조직의 변화는 필연적으로 리더십의 변화를 가져오게 된다고 할 수 있다(박소연 외, 2005: p. 40).

표 5·2 리더십의 변화 패러다임

구분기준	기존형 패러다임	미래형 패러다임
리더의 역할	보스, 관리자	코치, 촉진자, 멘토
리더 자격	최고경영자 중심	조직구성원 다수
리더 가치관	지 역	세계시민
리더 윤리	비윤리적	윤리적
리더와 구성원 관계	수직적	수평적
구성원 관리	통 제	임파워먼트

구성원의 가치규범	타 율	자 율
리더에 대한 구성원의 태도	두려움, 방어적 태도	신 뢰
구성원 행위	동 조	몰 입
조직의 중심인력	남성중심, 여성소수	여성 등 소수그룹 부상

자료 박소연 외, 서비스리더십과 커뮤니케이션, 2005, p. 41.

또한 리더십을 평가할 때 자질과 상황도 모두 보아야 하지만 위대한 인물, 자질 또는 속성, 상황, 변혁성, 섬김, 다양성 등의 평가에 있어서 어떠한 부분에 초점을 두는가에 따라 같은 리더도 시대에 따라 달리 조명되었다. 리더십 유형의 시대별 초점변화와 관련된 내용은 아래와 같다.

시 대	주요연보	특징과 요소
가 치	1900년 위인들이 등장한 시점별	· 나폴레옹, 조지 워싱턴, 마틴 루터 등 위인중심으로 리더십을 강조하면서 등장함 · 독특한 재능과 위대한 개인에 의해서 사회의 변화가 합리적으로 일어난다는 견해
기 술	1900년 ~ 48년	· 개인의 특별한 속성(물리적, 개인적, 동기적, 태도적)과 기술(의사소통, 영향력을 주는 능력 등)에 의해서 리더들이 자신의 성과를 냈다고 강조함 · 과학적 관리론에 의해 영향받음
조직이론	1948년 ~ 80년	· 리더가 직면한 상황변수들을 강조함. 특히 성과와 추종자 변수를 중시함 · 속성론에서 행동을 하기 위한 기술(에너지레벨, 의사소통 기술, 동기부여기술) 등을 강조
조직관	1978년 ~ 현재	· 조직의 깊은 구조와 주된 과정, 전체 문화 등 변화를 창출하는 리더를 강조함. 리더의 메커니즘은 비전과 탁월한 기술적 통찰력, 카리스마적 속성들임 · 이 시기는 산업, 금융, 과학 등 미국의 지배력이 상실되는 시기로서 다양한 산업영역이 재편됨

시 대	주요연보	특징과 요소
리더십이론	1977년 ~ 현재	· 추종자, 이해관계자, 사회에 대한 윤리적 책임성을 강조하는 시기. 경영학자들이 추종자에 대한 서비스를, 정치학자들은 시민을, 행정학자들은 법적 순응과 시민에 대한 순응을 강조 · 1960년대에서 1970년대에 사회적으로 민감한 문제들에 의해 등장함
키워드	1990년 ~ 현재	· 속성, 행위를 강조한 거래학파와 비전과 기업가정신, 카리스마를 강조한 변혁학파를 통합하는 관점의 등장 · 글로벌경제의 경쟁패러다임과 리더십에 대한 좀 더 정교하고 총체적인 접근법이 필요하다는 인식의 등장

자료 Wart, V. Montgomery, "Public Sector Leadership Theory : An Assessment", PAR, Vol.63, No.2 (2003); 김광웅, 창조리더십, 생각의 나무, 2009, p. 158에서 재인용.

02 Manager and Leader

리더십의 개념을 생각하는 관점에 따라서 관리자(manager)를 리더(leader)라고 볼 수도 있지만, 조직행동적인 관점에서 볼 때 manager와 leader는 분명히 차이가 있다고 할 수 있다. 그 차이점은 manager는 관리를 하는 사람으로서 조직이 의무적으로 완수해야 할 업무들이 잘 이루어질 수 있도록 조직구성원들에게 작업을 배분하고 그들과 작업을 잘 연결시키는 기능을 수행하는 개념이라 할 수 있고, leader는 조직구성원들이 어떤 일을 하도록 주선만 해주며 비전제시를 해주는 개념이라고 할 수 있다. 즉 manager는 과거지향적인 개념이 강한 반면, leader는 미래의 비전을 제시하는 즉 미래지향적인 개념이 더 강한 역할이라고 할 수 있다.

표 5·3 Manager와 Leader의 차이점

Manager	Leader
공식적, 사무적	인간적
목표지향	적극적 목표수행
기계적 의사결정	모험적 선택
감독, 통제	직관적, 영감적 결정
계획적, 공식적 업무설계	변화와 혁신
계획에 따른 업무관리	비전제시

자료 Zaleznik, Excerpt from managers and leaders : Are they different?, Harvard Business Review, 1986, p. 54; Kotler, What leaders really do, Harvard Business Review, 1990, pp. 103-111, 임창희, 조직행동, 학현사, 2001, p. 318에서 재인용.

리더십과 관련된 연구들 중 또 한 가지 중요한 점은 리더가 갖추어야 할 덕목이라 할 수 있다. 위에서 언급된 바와 같이 리더는 관리자와 차이가 있는데, 리더십과 관련된 많은 연구자들이 리더가 갖추어야 할 여러 가지 덕목을 꼽고 있으며 여러 연구에서 언급되는 리더가 갖추어야 할 덕목은 다음과 같다.

첫째, 리더는 자신의 미션(mission)을 정확히 알아야 한다.

리더는 자신에게 주어진 시대적 소명을 정확히 이해하고 있어야 하며 스스로 자신의 자리에서 어떠한 일이 요구되는지를 파악하는 것이 매우 중요한 부분이라고 할 수 있다.

둘째, 리더는 확실한 비전(vision)을 제시할 수 있어야 한다.

리더는 조직의 구성원들에게 확실한 비전을 제시해야 하는데, 리더가 자신에게 주어진 임무에 대한 확실한 이해가 이루어지면 자연스럽게 그 조직이 어떤 목표를 가지고 무엇을 위해 달려가야 하는가에 대한 답을 찾게 된다. 이것이 비전인데 비전은 미래이자 기회를 뜻하며 좀 더 나은 미래를 구상하고 실천할 수 있도록 조직의 구성원들에게 다양한 기회를 적극적으로 제시하는 리더만이 구성원들의 자발적인 참여를 토대로 조직을 발전시켜 나갈 수 있다.

비전은 리더가 갖추어야 할 덕목 중에서도 아주 중요한 항목인데, 조직의 성공에서 비전의 중요성을 점점 더 강조하는 현상은 이전과는 다른 사고방식이라고 할 수 있다. 리더는 조직이 가진 모든 역량을 총동원해서 목표를 가장 효과적으로 달성해가는 사람인데, 한 방향을 향해서 나아가기 위해서 조직은 비전, 핵심가치, 목표를 공유해야 한다. 특히 비전과 목표를 만드는 일도 중요하지만 커뮤니케이션이 아주 중요하며 양방향 커뮤니케이션(two-ways communication)을 원활히 하는 것이 매우 중요한 문제라고 할 수 있다.

셋째, 리더는 인재를 적재적소에 배치할 수 있어야 한다.

리더가 갖추어야 할 또 하나의 중요한 덕목 중에는 조직이 가지고 있는 최고의 자원인 인적자원을 적재적소에 효과적으로 배분함으로써 최고의 성과를 올리는 역할이다. 이를 위해서 리더는 조직의 핵심인재를 정확히 파악하고 있어야 하고, 이들의 특성에 대한 정확한 진단을 통해서 그들을 움직일 수 있어야 한다. 또한 오랫동안 조직을 성공적으로 이끌려면 리더 자신의 단점을 분명히 알고 있어야 하며 자신의 비전을 함께 공유하여 조직 전체의 구성원들이 함께 그 비전을 열망하도록 만들어야 한다. 그리고 그 인재들을 자신의 능력이 최대한 발휘될 수 있는 곳에 배치하여 비전과 함께 자신의 사명을 다할 수 있는 여건도 마련해 주어야 한다.

넷째, 리더는 타인을 열광시키는 열정이 있어야 한다.

성공한 리더들의 열정과 에너지는 모든 이를 감탄하게 만드는 경우가 많다. 자신이 원하는 비전을 향해 나아가는 힘과 에너지, 카리스마에서 조직의 구성원들은 리더를 존경하게 된다. 또한 자기 스스로 뿜어내는 열정이 있을 때 많은 사람들의 마음을 살 수 있다(김종현, 2007).

다섯째, 리더는 조직 구성원들과 활발한 커뮤니케이션을 해야 한다.

어떠한 경우든 간에 리더는 조직원들과 커뮤니케이션을 하는 데 적극적으로 힘써야 하며 직원들끼리 그리고 직원이 리더와 커뮤니케이션 하도록 동기를 부여하고 지원해야 한다. 직원이야말로 현장의 사정에 정통해 있기 때문이다. 리더가 직원들의 말을 귀담아듣는다면 생각보다 많은 정보를 얻게 된다. 직원들의 의견을 귀담아듣고 그들에게 충분히 이해하고 있다는 모습을 보여준다면, 직원들은 자신이 리더의 비즈니스 파트너로서 가치 있는 존재로 평가받고 있다고 느낄 수 있다. 따라서 리더가 직원들의 말을 경청하고 그들과 커뮤니케이션 하는 것만으로도 조직에 미치는 효과는 크다. 이로 인해 직원들은 동기를 부여받고, 조직은 보다 창조적이고 전략적으로 움직일 것이기 때문이다(밥 애덤즈, 2005).

리더의 자질과 관련된 다른 연구자들의 연구를 살펴보면, Corby는 리더의 자질로 설득, 인내, 온화함, 배움의 자세, 일관성, 수용, 열린 마음, 친절함, 진심어린 충고, 성실성 등을 들었다.

Blaine Lee는 주로 성품과 관련된 특성을 들었으며 각 특성마다 간략하게 설명하면 아래와 같다.

- 설득력 : 내 의견을 상대방이 속마음으로 받아들이도록 하는 힘
- 인내심 : 결점만 보지 않고 잠재적 역량을 헤아려 시간을 두고 기다리며 관계를 유지한다.
- 상냥함 : 거칠게 대하지 않고 무뚝뚝하지 않으며 강제적이지 않다. 호감을 갖게 하는 기초
- 학습력 : 배움의 자세가 없다면 사람은 겸손하지 않고 자만에 빠지기 쉽다.
- 포용력 : 조건 없이 사랑을 베풀고자 하는 힘. 벽을 쌓지 않고 받아들이겠다는 자세
- 친절함 : 민감하고 주의 깊으며 사려가 깊다.
- 지식 : 진심어린 충고는 영향력을 행사하는 것과 동일하다. 내가 모르는 것을 누군가 알고 있다는 것은 큰 힘이다.
- 자제력 : 열린 마음으로 참고 또 참는다.
- 일관성 : 마음속에 있는 일련의 신념과 가치들로부터 나오는 사고와 행동의 동일성

- 성실함 : 착실히 일하고 말과 느낌과 사고와 행동을 맞추려고 노력하는 태도, 그러면 신뢰는 저절로 얻는다. 그것들을 하나로 일치시키는 삶을 말한다.

또한 토머스 엘리엇은 리더십의 자질로 정의, 신중, 절제, 용기, 예의 등을 들었으며 이러한 자질에 대한 설명은 다음과 같다.

- 정의 : 사람들 각자에게 권리를 주는, 그로 인해 밀착된 사회에서 서로를 묶는 근본원리
- 신중 : 무엇을 하고 무엇을 하지 말아야 할지를 결정할 수 있고 적용할 수 있는 지혜로서 문제에 대한 행동에 앞서 그 문제에 집중할 수 있는 능력뿐만 아니라 자기를 통제하고 경솔하지 않은 정신과 기질
- 절제 : 절제에 대한 자기 통제. 리더가 이성으로 통치하면 그의 능력은 미덕이 되고, 본능에 지배되어 이성의 제어 없이 감정과 열정으로 통치하면 그의 능력은 악덕으로 퇴보한다.
- 용기 : 담력과 용맹, 외적인 미덕, 특히 통치자와 리더에게 필요하다.
- 예의 : 위엄과 같다. 어떤 행동이 자신을 포함한 모든 사람들에게 적합한지를 아는 지혜와 다른 사람들에게 자신의 몫을 부여하는 자비심으로 이루어진다(김광웅, 2009).

03 리더십 이론의 발전과정

리더십과 관련된 이론들 중 리더를 강조한 이론으로는 특성이론(trait theory)과 행동이론(behavioral theory)이 있으며, 그 밖에 상황을 강조한 이론

과 현대적인 관점에서의 리더십 이론이 있다.

1) 특성이론

특성이론(trait theory)은 효율적인 리더십의 원천을 리더가 가지고 있는 신체적인 특성이나 성격적인 특성에서 찾으려고 했던 이론으로, 리더는 선천적으로 태어나는 것이지 후천적인 환경이나 훈련에 의해서 만들어지는 것이 아니라는 점에 비중이 많이 실린다는 이론이다. 특성이론은 위인이론(great man theory)과 인성특성이론(personality traits theory)으로 구분할 수 있는데, 위인이론은 일반 사람들과는 다른 초인적인 능력을 가진 사람을 의미하며, 인성특성이론은 모든 리더들에게 공통적으로 존재하는 인성적인 특성들을 찾아낸 결과라고 할 수 있다.

특성이론과 관련해서 리더십이론에서 중요한 점이 카리스마(charisma)인데, 카리스마는 개인이 보유하고 있는 영적, 심적, 초자연적 특성이 있을 때 조직구성원들이 이를 신봉함으로써 생기는 리더십을 의미한다.

리더십 특성이론의 연구대상은 연령, 용모와 같은 신체적인 특성, 독립성, 자신감과 같은 성격적인 특성, 신분, 교육수준 등과 같은 사회적인 배경, 협조성, 사교성 등과 같은 인간관계능력 등이 있다.

2) 행동이론

위에서 언급된 특성이론과 반대되는 이론인 행동이론에 의하면, 리더는 만들어지는 것이지 태어나는 것이 아니라고 할 수 있다. 행동이론에 의하면 모범적인 리더의 행동을 알게 된다면 지속적인 훈련과 노력을 통해서 리더의 자질을 보완하면 훌륭한 리더가 될 수 있다는 의미이다. 또한 리더의 특성은 리더 자신의 내부에 잠재해 있는 것이기 때문에 항상 외부에 드러나는 것은 아니며 조직구성원들에 비쳐지는 리더는 리더의 행동이지 리더의 특성이 아니라고 생각하는 점이라고 할 수 있다.

훌륭한 리더의 행동이 어떤 것이며 그것이 조직원들의 업적 달성과 어떤 관계가 있는지와 관련된 연구는 1927년 Lewin, Lipitt, White 등의 연구자들에 의해 10세 정도의 아이들을 대상으로 민주적, 독재적, 자유방임적 리더유형이 실험을 통해 진행되었는데, 아이들의 협조나 만족도는 민주적인 경우에 더 컸으며, 성과는 독재적인 유형의 경우에 더 높은 연구결과를 도출하였다. 이러한 실험을 통해서 성과중심의 리더십과 인간관계중심의 리더십이라는 두 가지 리더십 유형이 제기되었으며 1950년대에는 Stogdill, Fleishman 등의 연구자들이 리더의 행동을 배려(consideration) 유형과 구조주도(initiating structure) 유형의 두 가지로 나누었다.

배려형 리더는 부하에 대해서 신경을 많이 써주고 편하게 해주며 그들로부터 신뢰를 얻는 유형의 리더를 의미하며, 구조주도형 리더는 부하가 해야 할 업무의 계획과 실천방침에 대한 구조를 주도적으로 잘 설계하고 배분함으로써 업적을 많이 내게 하는 리더 유형을 말한다(Fleishman, 1951, Leadership Climate and Supervisory Behavior, 1951, 임창희, 2001: p. 325 재인용).

인간과 과업 두 가지 차원을 모두 강조한 연구로는 Blake and Mouton(1968)의 연구가 있는데, 연구자들은 리더십 차원을 인간에 대한 관심과 과업에 대한 관심의 두 부분으로 나누어서 독재형, 인간관계형, 방임형, 중간형, 이상형의 5가지로 분류하였다. 먼저, 독재형은 리더 혼자서 모두 계획하고 통제하고 명령일변도이며 부하를 생산도구로 여기며 업적달성에만 관심이 있고 부하에게는 따라만 오라는 형태의 리더십 유형이다. 둘째, 인간관계형은 부하들의 화합과 상사에 대한 신뢰, 부하 칭찬 등으로 좋은 분위기에만 신경을 쓰는 리더십 유형이다. 셋째, 방임형은 불간섭, 자유방임에 초점을 맞추는 리더십 유형이며, 중간형은 인간과 과업 양쪽에 관심을 갖지만 일정량의 성과만 있으며 그것에 만족하면서 더 재촉하지 않는 리더십 유형이다. 마지막으로, 이상형은 가장 이상적인 리더로서 업무계획 추진에 부하들의 참여와 단결을 호소하고 열심히 노력하는 분위기를 만들어 갈등 없이 적극적으로 목표달성을 추구하도록 지도하는 이상적인 리더십 유형이라고 할 수 있다(Blake and Mouton, Corporate Excellence through Grid Organization Development, 1968, 임창희, 2001: p. 326 재인용).

3) 상황이론

리더십에서 상황을 강조하는 이론은 리더와 상황이 잘 맞아떨어져야 조직의 성과가 높아질 수 있다는 관점에서의 리더십을 의미한다고 할 수 있다. 다시 말해, 이상적인 리더의 유형이 독립적으로 존재하는 것이 아니라 상황에 적합한 것이라면 어떠한 리더십 유형도 좋은 성과를 올릴 수 있다는 점을 강조한 이론이라고 할 수 있다. 상황이론의 발전과정을 살펴보면 Fieldler, Hersey and Blanchard, House and Evans의 연구들을 들 수 있다(이상오, 2009에서 재인용).

(1) Fiedler의 상황이론

Fiedler의 상황이론(contingency theory)은 상황에 따라서 리더의 조건이 달라질 수 있으며, 또한 상황에 부합되는 리더가 바람직한 리더십을 최적으로 발휘할 수 있다는 것을 제시한 연구라고 할 수 있다. Fiedler의 상황이론은 상황과 리더 간의 매치에 초점을 맞춘 이론으로 어떠한 조직이 높은 성과를 낼 수 있느냐는 리더의 리더십스타일과 조직이 처해 있는 상황이 얼마나 매치되느냐에 달려 있다는 내용으로 상황에 따라서 적절한 리더십이 있다는 것이다.

Fiedler의 상황이론은 리더십과 관련하여 매우 중요한 연구라고 할 수 있는데, Fiedler의 상황이론을 구성하고 있는 세 가지 요인은 리더(leader), 추종자(followers), 상황요인(situation factor)이다. 이 연구는 리더들에게 간단한 설문조사를 하는 것으로 시작하여 리더들에게 자신이 가장 함께 일하고 싶지 않은 사람(LPC : Least Preferred Co-Worker)을 8점 척도로 20문항을 제시하였다. 이러한 과정을 통해서 특정한 리더의 스타일을 파악하고 이러한 리더가 가장 부합되는 조직상황을 발견해내거나 조직구성원들의 취향에 맞는 유형의 리더를 선정하여 조직의 효율성과 생산성을 높이는 목적으로 연구를 진행하였다.

Fiedler의 연구는 측정도구의 신뢰성과 타당성 문제 등이 한계점으로 지적되기는 하지만 Fiedler의 상황이론으로 인해 리더는 자기조직에서 늘 새롭게 변화되는 상황변수들에 대해서 유심히 관찰하고 자신만의 효과적인 리더십을 발휘할 수 있는 조직의 상황이 언제, 어떻게 창출될 수 있을 것인가에 대해서도 객관적이고 과학적인 연구를 시작할 수 있는 계기가 되었다고 할 수 있다.

(2) Hersey and Blanchard의 상황리더십이론

Hersey and Blanchard의 이론은 Fieldler의 이론을 한 단계 더 깊이 연구한 이론이라고 할 수 있는데, 두 가지 단계를 통해서 바람직한 상황리더모형(situational leader model)을 제시하였다. Hersey and Blanchard는 먼저 Fieldler의 경우와 마찬가지로 리더십 유형을 찾아낸 후 업무지향형과 관계지향형의 관계정도를 높음과 낮음으로 분류하여 리더십 유형을 지시형 리더십(telling leadership), 판매형 리더십(selling leadership), 위임형 리더십(delegating leadership), 참여형 리더십(participating leadership)의 네 가지 유형으로 분류하였다.

먼저, 지시형 리더십은 높은 업무지향형과 낮은 관계지향형의 리더십 유형으로 리더가 업무시간, 방법, 내용 등을 일일이 지시하고 규정하는 리더십 유형이다. 판매형 리더십은 높은 업무지향형과 높은 관계지향형을 가진 리더십 유형으로 모든 일을 지시하지만 동시에 조직원들로 하여금 정서적으로 지원하는 역할을 수행하는 리더십 유형이다. 위임형 리더십은 낮은 과업지향형과 낮은 관계지향형을 가진 리더십 유형으로 지시도 하지 않지만 정서적으로도 지원하지 않는 완전방임형 리더십 유형으로 리더가 조직원들에게 모든 것을 위임하는 자유분방한 리더십 유형으로 자율성을 존중하거나 극히 관심이 없는 리더십 유형이라고 할 수 있다. 참여형 리더십 유형은 낮은 업무지향형과 높은 관계지향형을 가진 리더십 유형으로 리더는 의사결정의 과정에서 조직구성원들을 참여시키는 유형의 리더십이다. 이러한 유형의 리더십을 통해서 리더는 조직구성원들이 과업을 원활하게 수행할 수 있도록 여건과 환경을 조성해 주는 역할에 초점을 맞추는 유형의 리더십이라고 할 수 있다.

(3) House and Evans의 경로-목표이론

1970년대 이후 상황이론은 House and Evans의 경로 - 목표이론(path-goal theory)에 의해서 발전되었는데, 이 이론은 리더의 행동은 조직구성원들이 추구하는 만족, 행복, 목표를 달성해 줄 수 있을 때 수용된다고 할 수 있다. 경로 - 목표이론은 리더가 발휘하는 리더십이 조직구성원들의 욕구에 부합된다면 쉽게 수용될 수 있다는 논리이지만, 여기서 목표달성이란 리더의 입장만을 의미하는 것은 아니다.

경로 - 목표이론에서는 리더의 유형을 지시적 리더(directive leader), 지원적 리더(supportive leader), 참여적 리더(participative leader), 성취지향적 리더(achievement oriented leader)의 네 가지로 구분하고 있는데, Fiedler의 상황이론에서와는 달리 리더의 유형은 결코 고정적이지 않고 항상 유연하게 바뀔 수 있다는 전제를 가지고 있다고 할 수 있으며 각각의 유형은 아래와 같다.

가) 지시적 리더(directive leader)

지시적 리더는 추진하는 일의 목표가 무엇인지, 목표 달성의 일정과 범위는 어떻게 되어야 하는지, 특정한 업무를 어떠한 방식으로 실천해야 하는지에 대해서 분명히 지시하고 통제하는 리더의 유형이다.

나) 지원적 리더(supportive leader)

지원적 리더는 조직구성원 개개인에게 관심을 쏟으며 가능한 한 이들의 욕구충족을 위해 지원해 주고 지지해 주는 리더의 유형이다.

다) 참여적 리더(participative leader)

참여적 리더는 의사수렴 및 의사결정과정에서도 조직구성원들의 의견을 적극적으로 반영하는 유형의 리더이다.

라) 성취지향적 리더(achievement oriented leader)

성취지향적 리더는 도전적인 목표를 설정하고 조직구성원들이 능력을 최대한 발휘할 수 있도록 격려하고 독려하며 비전을 가지고 조직을 운영하는 리더의 유형이다. 리더십이론의 발전과정과 관련된 요약은 〈표 5-4〉와 같다.

표 5·4 리더십이론의 발전과정 요약

이 론	특 징	구체적 기준
특성이론	리더와 비리더를 구분하는 기본적인 특성 구분	리더의 공통 특성 · 추진력 · 책임의식 · 정직, 성실 · 자신감 · 직무지식
행동스타일이론	유능한 리더와 무능한 리더를 구별하는 행동	· 독재형, 민주형, 자유방임형 · 구조위주행동, 인간배려행동 · 종업원 중심적, 생산과업 중심적 · 무관심형, 과업중심형, 관계중심형, 중용형, 팀지향형
상황이론	리더십 스타일이 특정한 상황에 부합될 때 유효	상황요소 · 수행과제 · 감독스타일 · 집단규범 · 조직문화 · 부하의 특성

변형이론	새로운 상황과 행동에 따라 다양한 변형적 리더십 출현	· 카리스마적 리더십 · 임파워먼트 리더십 · 전략적 리더십 · 슈퍼 리더십 · 서번트 리더십 · 서비스 리더십 · 셀프 리더십 · 헤드십 · 파트너십

자료 박소연 외, 한울출판사, 2005, p. 39.

4) 현대적 이론

특성이론, 행동이론, 상황이론 등의 리더십 발전과정은 현대에 들어와서 새로운 상황과 행동에 따라 다양한 리더십 형태가 나타나게 되었다. 그중에서 몇 가지를 살펴보면, 서번트 리더십(servant leadership), 슈퍼 리더십(super leadership), 팀 리더십(team leadership) 등을 들 수 있다.

먼저 서번트 리더십은 1970년대 Greenleaf가 주장하였는데, 훌륭한 리더는 하인처럼 행동하는 그 자체라고 하였으며 하인은 자기중심이 아니라 타인의 요구에 응하고 타인에게 우선권을 주기 때문에, 서번트 리더는 부하, 고객 등에게 봉사하는 것을 우선으로 삼는 사람이며 장기적인 관점에서 부하들의 생활과 과업수행방식의 변화에 초점을 맞추고 접근하는 리더이며, 생산이나 업적보다는 인간을 최대한 배려하는 리더십을 강조하는 리더십이다.

04 Motivation and Control

Motivation이란 '움직이게 하다'라는 라틴어 movere에서 유래된 용어로서 조직행동에서 모티베이션의 정의는 목표를 향한 자발적인 행동을 끌어내고 충동질하고 계속하게 하는 심리적인 과정을 총칭한 용어라고 할 수 있다.

모티베이션 이론과 관련하여 가장 먼저 연구되었던 주제는 사람들을 모티베이트시키는 원동력이 무엇인지를 밝혀내는 것이었는데, 이러한 작업들은 심리학자들에 의하여 욕구(needs)라고 정의되어 연구되기 시작하였다.

인간은 누구나 어떤 욕구, 그 욕구를 채우려는 행위 의도, 실제의 행동 등 세 개의 복합체로 구성되어 있는데, 이 세 가지 요소는 균형을 이루려고 하지만 현실에서는 수시로 깨어진다고 할 수 있다. 충족되지 않은 욕구가 있으면 균형은 곧 깨지고 긴장이 조성되며 긴장이 발생하면 개인은 다시 균형을 찾으려고 노력하게 되며 그 욕구의 충족을 위해 무엇인가를 하려고 하는데, 이러한 과정을 모티베이션(motivation)이라고 한다.

모티베이션과 관련된 이론은 그 연구초점이 어디에 맞추어져 있느냐에 따라서 모티베이션 내용이론(motivation content theory)과 모티베이션 과정이론(motivation process theory)으로 나눌 수 있다. 모티베이션 내용이론은 무엇이 행동을 일으키는가에 초점이 맞추어진 연구이며, 모티베이션 과정이론은 행동이 어떻게 유도되고 어떤 단계를 밟아 진행되는가의 과정을 연구한 이론이다.

Ouchi(1977)는 통제를 한 조직 실체가 다른 실체의 행동과 결과에 다양한 수준으로 미치는 힘이라고 정의하였다. Robinson(1973)은 통제란, 전략결정을 기업 목표와 합치되도록 정해진 권한에 의해 이루어지게 하고 전술적 결정은 선택된 전략과 일치하게 하고 실제적 운용은 조화를 이루도록 하기 위해 고안된 도구라고 하였다.

특히, 위에서 언급된 정의와 같이 통제는 기업에게 매우 중요한 문제인데, 특히 지리적으로 분산되어 있고 사회, 문화, 정치, 법률적으로 다른 환경에서 기업 활동을 수행하는 다국적기업들에게는 더욱 중요한 문제라고 할 수 있다.

세계적인 브랜드를 가지고 호텔산업을 운영하는 체인호텔들도 전 세계적으로 분포되어 있는 자사의 호텔체인들을 관리해야만 하는데, 이러한 관점에서 호텔기업들에게도 통제의 문제는 매우 중요하다고 할 수 있다.

기본적으로 다음에 언급될 인적통제시스템, 관료적 통제시스템, 사회화에 의한 통제, 행동통제, 성과통제 등의 통제의 유형은 기업에서 인적자원관리를 위한 이론이라고 할 수 있다. 하지만 호텔기업 중 브랜드 파워를 기반으로 전 세계에 걸쳐 시장점유율을 차지한 많은 기업들은 글로벌기업들인데, 이러한 글로벌기업들의 통제와 관련한 연구들을 살펴보면 다음과 같다.

1) 인적 통제시스템

Child(1973)는 다국적기업의 본사가 해외자회사를 통제하는 유형을 크게 인적 통제시스템과 관료적 통제시스템으로 나누었는데, 인적 통제시스템은 자회사의 활동을 감독하고 행동을 통제하기 위하여 자회사의 주요 직책에 본사의 신뢰할 만한 관리자를 파견하는 것을 말한다. 호텔기업의 경우 General Manager와 같은 Top Management 수준에서의 관리자들을 본사에 파견하여 이러한 통제시스템을 구축할 수 있다.

2) 관료적 통제시스템

관료적 통제시스템이란, 다국적기업의 본사가 자회사 관리자의 역할과 권위를 제한할 목적으로 광범위한 규칙(rule)이나 규정(regulation) 및 절차를 수립하여 통제하는 시스템을 의미한다.

3) 사회화에 의한 통제

Edstrom and Galbraith(1977)는 Child가 언급한 인적 통제시스템과 관료적 통제시스템 이외에 새로이 사회화에 의한 통제(control by socialization)란 개념을 주장하였는데, 그 내용을 살펴보면 사회화에 의한 통제의 특징은 자회사의 상급 및 중간관리자에 본사에서 파견한 관리자의 비율이 높으며, 본사 및 자회사 사이에서 정보교환이 빈번히 이루어지고 공식적인 보고서 작성을 통한 통제보다는 비공식적인 통제를 통한 인적통제가 중요시된다는 것이다.

4) 행동통제

Egelhoff(1984)는 Ouchi의 이론을 다국적기업에 적용하였는데, Ouchi는 통제를 행동통제(behavioral control)와 성과통제(output control)로 분류하였다. 행동통제는 감독자 자신이 스스로 하급자의 행동을 감시(monitoring)하고 평가하는 것으로서 여기서의 측정 대상은 개인의 행동이 된다.

5) 성과통제

성과통제는 판매 및 수익에 관한 자료가 업무통제를 위해 사용되는 정도를 감시하는 것으로서, 여기서의 측정 대상은 그 행동의 결과로서 산출되는 재화와 용역이 된다. Egelhoff는 행위통제 및 성과통제에 대한 이들 개념을 다국적기업에로 확장시켜 성과보고시스템(performance reporting system)과 본사관리자의 해외자회사 파견과 같은 자회사 통제방법을 주장하였다.

성과보고시스템을 통해 해외자회사들은 본사에 다양한 자료를 제출하게 되는데, 다국적기업에 있어 가장 가시적인 통제시스템이라고 할 수 있으며, Ouchi의 연구에서 성과통제에 해당되는 개념이다.

본사관리자의 해외자회사 파견이란, 다국적기업 본사관리자들을 자회사의 주요직책에 파견하는 것으로, 파견된 본사 관리자들은 자회사 내부의 활동 및 행동을 평가하고 감시하므로 Ouchi의 연구에서 이것은 행동통제와 같은 개념이라고 할 수 있다.

6) 직접통제

Youssef(1975)는 자회사의 의사결정과정에 본사가 직접적으로 영향을 미치는 정도에 따라 통제를 직접통제(direct control)와 간접통제(indirect control)로 분류했다. 직접통제는 본사 파견자에 의한 해외자회사 경영이라는 점에서 그 특징이 있는데, 이는 자회사 최고경영자의 국적 및 자회사 최고경영자의 선발 및 훈련시에 본사의 영향력에 의해 측정된다.

7) 간접통제

간접통제는 표준적인 관리시스템에 의한 통제라는 점에서 그 특징을 발견할 수 있는데, 이는 여러 해외부문 사이의 조직구조, 회계절차, 작업흐름, 제품설계상의 표준화 정도를 조정함으로써 통제할 수 있다.

05 글로벌기업의 직무설계와 자율성

위에서 언급된 다국적기업의 통제에 관한 여러 선행연구들과 같이 다국적기업들의 통제과정을 높이는 통합의 압력으로는 현지 환경 및 경쟁자, 연구개발을 포함한 막대한 투자와 비용절감의 압력 등을 들 수 있다. 따라서 다국적기업들은 현지시장에서 기업을 운영하기 위해서 대규모 투자가 불가피하고 경쟁자들에 비해서 보다 앞선 경쟁우위를 확보하기 위하여 규모의 경제와 글로벌 효율성을 추구하게 된다. 그러나 이러한 본사중심의 통제는 자회사의 현지에서의 다양한 시장변화에 대응하려는 욕구를 충족시키지 못한다.

따라서 자회사의 자율성 문제가 생겨나게 되는데, Cray(1984)는 자회사의 환경이 본사와 이질성이 커 환경에 대한 융통성이 필요한 경우와 통제비용이

클 경우에 자회사의 자율성이 높아진다고 하였다. 더불어 다국적기업은 글로벌화와 현지화의 압력을 동시에 받으면서 자회사에게 어느 정도의 의사결정 권한을 부여할 것인지의 문제인 자회사 자율성 문제는 매우 중요한 주제가 되고 있다. 특히, 호텔관광기업들을 포함하여 기업들의 글로벌화가 가속화되면서 다국적기업 자회사의 자율성은 더욱 중요한 문제로 대두되고 있다.

06 자율성과 성과

기업이 입장에서는 기업의 성과가 가장 중요한 부분이기 때문에 자회사의 자율성 정도가 자회사 성과에 미치는 영향은 매우 중요한 주제라고 할 수 있다. 기존의 다국적기업 성과와 관련된 연구들은 다국적기업 전체의 성과와 관련된 연구들이 대부분이었으나, 최근에는 다국적기업 자회사의 역할 및 비중이 증가하면서 자회사만의 성과와 관련된 연구들이 시작되고 있는 시점이라고 할 수 있다.

조직이론에서는 종업원들의 자율성과 임파워먼트(empowerment)가 기업 성과에 미치는 영향과 관련된 연구들이 일부 진행되었지만 세계적인 유명 체인 호텔기업들과 같은 다국적기업의 자율성과 그 성과와의 관계에 관한 연구는 거의 이루어지지 않은 상황이다.

조직이론적인 관점에서 종업원들의 자율성은 기업의 불확실성과 복잡성에 대응하여 보다 신속하고 유연하며 혁신적으로 대응할 수 있다는 것을 의미한다. 또한 자율성은 종업원의 내재적 동기부여에 의해 그들이 가지고 있는 다양한 잠재능력을 최대한 활용할 수 있는 기회를 제공해 줌으로써 조직의 핵심역량을 배양시킬 수 있는 주요요소로 간주되고 있기도 하다.

위의 이론을 다국적기업의 본사와 자회사의 관계에 적용시키게 되면 본사가 자회사에 높은 정도의 자율성을 부여하게 되면 자회사들이 현지 시장 환경에 적합한 운영을 할 수 있도록 기회를 제공해 줌으로써 자회사의 핵심역량(core competencies)을 배양시킬 수 있다. 이렇게 핵심역량을 보유한 자회사들은 자회사의 역할에 있어서 많은 학자들이 분류한 대로 현지시장에서 자회사 스스로 핵심역량을 보유하여 높은 성과를 올리면서 이러한 핵심역량을 다국적기업 전체에 영향을 미치는 자회사 유형인 “centers of excellence”로 자리매김할 수 있다.

최근에는 자회사 역할과 중요성에 초점이 맞춰지면서 본사와 자회사의 관계 및 자회사와 자회사의 관계에 관한 연구들이 활발하게 진행되고 있다. 이러한 주제와 관련된 부분이 자회사의 역할인데, 여러 학자들은 현지시장의 중요성, 자회사의 역량, 자회사의 역량이 다국적기업 전체에 미치는 영향 등에 따라 자회사의 역할을 분류하였고, 이렇게 다른 역할을 수행하는 자회사들은 각각의 역할에 따라 다른 정도의 자율성을 보유하게 된다.

조직이론적인 관점에서 아무리 능력 있는 작업자를 갖춘 기업이라 할지라도 적절한 의사결정 시기를 놓치면 경쟁에서 이기기 힘들며 현장에서 고객, 공급자 등과 직접 접촉하는 조직구성원은 가장 적합한 정보와 대응책을 파악할 수 있다. 또한 현장 담당자에게 주요 권한을 위임함으로써 대응의 민첩성을 높일 수 있다(박성환, 2000). 이러한 조직이론적인 관점을 자회사 자율성에 적용시키면 자회사는 현지시장에서 기업을 운영하는 데 있어 신속한 의사결정을 통해서 빠른 속도로 가장 적합한 정보와 대응책을 강구할 수 있다. 또한 마케팅적인 측면에서 현지 소비자의 다양한 취향을 지리적으로 멀리 위치한 본사보다 더 잘 파악하는 것이 가능하기 때문에 자회사의 높은 자율성은 자회사의 성과를 높이게 될 것이다.

그리고 기존의 연구들에서 성과가 높은 다국적기업의 해외 자회사들은 다른 자회사들보다 일반적으로 더 높은 정도의 자율성을 누리고 있는 것으로 보고되고 있다. 현지 자회사의 성과가 높으면 본사의 통제가 약한 반면, 경영성과가 좋지 않으면 본사는 자회사의 경영활동에 적극적으로 개입하려 하기 때문이다. 높은 조정강도는 현지 경영자의 창의력과 현지경영의 질적 수준 및 지역적 융통성에 역기능으로 작용되고 본사에 대한 권한집중과 과도한 조정은 자회사의 효율성에 부정적 영향을 미치므로 가능한 최대한의 자율성이 현지 경영에 주어져야 한다는 연구들이 최근 보고되고 있다.

이와 같이 자율성은 종업원의 직무에 대한 창의성과 조직의 혁신 및 조직의 전념을 통한 성과 향상을 위해 매우 중요하다고 할 수 있다. 이러한 점은 많은 체인호텔을 운영하는 글로벌 파워브랜드를 가진 호텔기업들의 인적자원관리 분야에도 적용될 것으로 생각된다.

07 글로벌리더십의 이해 및 호텔관광산업의 글로벌리더십

글로벌리더십(global leadership)이란, 글로벌 차원에서 사업상의 기회와 위협요소를 간파하여 이를 사업전략이나 조직운영에 통찰력 있게 연계시키는 역량을 의미한다. 다시 말해, 폭넓은 관점으로 기업에게 기회나 위협이 될 수 있는 예측 불가능한 추세화 기회를 예의주시하면서 시장을 탐색하는 능력이라고 할 수 있다(최병권, 2005: p. 167).

최근 경영환경을 살펴보면, 빠르게 변화하는 정보통신기술의 발전, 글로벌화의 가속화, 기업들 간의 경쟁 심화 등으로 인하여 글로벌경영환경이 급변하고 있기 때문에 아무리 글로벌시장에서 경쟁력이 있는 기업들도 도요타 사례와 같이 어려움을 겪을 수 있기 때문에 위에서 언급된 대로 시장의 변화를 예의 주시하면서 높은 차원의 글로벌리더십을 준비하는 것이 필요하다고 할 수 있다.

글로벌체인호텔기업의 경우에도 Starwood, Marriott, Hyatt 등의 글로벌리더의 역할을 하는 기업들이 워낙 치열한 경쟁환경 속에서 항상 시장의 변화를 파악하면서 TQM(Total Quality Management)의 내용과 같이 지속적인 개선을 위한 노력을 하는 것이 필요하다고 할 수 있으며, 기존의 경쟁자뿐만 아니라 잠재적인 경쟁자들을 파악하여 계속해서 시장을 선도할 역량을 키우는 것이 필요하며 다른 잠재적인 신규사업자들도 시장의 변화를 인식하면서 기회를 잡는 것이 필요한 부분이라고 하겠다.

최근 정보통신기술의 발전, 무역장벽의 감소 등으로 인하여 글로벌화가 가속화되면서 글로벌리더십에 대한 중요성이 더욱 부각되고 있다. 이러한 글로벌경영환경 하에서 글로벌기업들은 글로벌리더십을 발휘하여 시장에서 계속해서 경쟁우위를 확보해야만 하는 과제를 안게 되었다. 특히, 서비스기업들에게 글로벌리더십은 더욱 중요한 요소로 작용될 수 있으며, 이러한 글로벌리더십과 관련된 중요한 부분 중 하나는 기업의 조직문화라고 할 수 있다.

제 6 장 문화와 글로벌리더십

본 장에서는 한 국가의 문화와 글로벌리더십의 문제뿐만 아니라 기업을 포함한 한 조직의 문화가 리더십, 글로벌리더십과 어떠한 관계가 있는지에 관해서 살펴보고자 한다. 또한 글로벌화로 인해서 글로벌시장에서 기업들의 조직문화가 글로벌리더십에 어떠한 영향을 미치는지도 살펴보고자 한다.

CASE

LG전자 인도법인
정신교육 받은 판매직원 2,000명이 전역 누비며 시장 장악

✛한국식, 인도를 사로잡다

LG전자 인도법인에 근무하는 P.K. 다스(Das·42) 씨는 2005년 5월 한국에서 있었던 일을 잊지 못한다. 당시 그는 14명의 동료 인도인 직원들과 함께 경남 창원 LG전자의 사내 혁신 교육센터인 '혁신학교'에서 4박 5일간 교육을 받았다. 하루 4시간만 자고 12km 새벽 구보하기 등 난생 처음 겪는 스파르타식 교육이었다. '플라스틱 빨대로 생감자에 구멍 뚫기'며, '날계란 세우기'처럼 불가능이라고 생각했던 과제를 부여받아 해결하는 경험도 했다. 불가능을 가능케 만드는 한국식 정신교육의 세례를 받은 것이었다.

인도에서 통한 LG전자의 한국식 경영

분 야	내 용	효 과
교 육	LG혁신학교	해병대 훈련 같은 강도 높은 교육으로 악바리 근성을 키워 영업조직 활기
마케팅	요리강습 판촉	소비자에게 전자레인지 활용법 알리면서 판촉, 비데오콘 등 경쟁사들 LG 따라하기 한창
	트럭 판촉전	
노사문화	피자미팅(CEO가 일주일에 이틀씩 함께 점심 먹으면서 대화)	무분규, 무노조
	성적 좋은 직원 자녀에게 PC·장학금 지급	

CASE

직원들 '악바리 근성' 키워 트럭에 싣고 다니며 판촉

✣시골 구석구석 돌아다녀, 노사문제에도 접목시켜

정신교육의 힘 = 다스 씨는 지금 인도 남동부 IT도시 하이데라바드에 주재하며 LG전자의 남부지역 판매 담당 매니저를 맡고 있다. 그의 담당지역에서 LG전자는 가전시장 점유율이 30%를 넘어 단연 1위다. 그의 일하는 스타일은 '악바리 코리안'이다. 술 싫어하고 야근 꺼려하는 인도의 기업 문화에서 그는 폭탄주며 밤샘 근무도 마다하지 않는다. 새벽 1시에 미팅을 마치고도 새벽 5시면 지방 출장을 떠난다. 인도 남부 수천 km를 누비며 한 달에 20일을 출장으로 보낸다. 그는 "경쟁사에 지고는 못 산다."고 말했다. 원래 그랬던 것은 아니다.

한국식 정신교육을 통해 근성 있고 파이팅 넘치는 산업전사로 새로 탄생했다. 다스 씨는 "생에 가장 힘든 교육이었지만 나를 가장 많이 바뀌게 했다"며 "이런 교육은 한국기업밖에 없을 것"이라고 말했다. 다스 씨처럼 LG전자의 '혁신학교'를 나온 직원들이 LG전자 인도법인엔 2,000여명이 있다. 이들의 활약 덕에 11억 인도 시장에서 냉장고·에어컨·세탁기·전자레인지 등은 LG전자가 1등을 질주하고 있다. 삼성전자며, 소니·히타치·월풀·비데오콘 같은 경쟁업체들을 모조리 제쳤다.

한국식 체험 마케팅 = 직원교육만 그런 게 아니다. '요리강습 판촉전' 중산층이 폭발적으로 늘어나는 인도에서 전자레인지 수요는 충분했다. 그런데 좀처럼 팔리지 않았다. 전자레인지 활용법을 잘 몰랐기 때문이다.

【뉴델리 = 이인열 기자 yiyul@chosun.com】

01 문화의 이해

문화는 한마디로 정의하는 것이 쉽지 않지만 일반적으로 사람들이 공유하는 가치관(value)이나 규범(norm) 등을 의미하는데, 여기서 가치관이란, 어느 집단의 사람들이 가지고 있는 옳다고 생각하는 추상적인 생각을 의미한다. 규범이란, 특정한 상황에서 적절한 행동이라고 여겨지는 사회적 규칙이나 지침을 의미한다.

문화를 구성하는 구성요소들은 매우 다양하지만 징표(signs), 신념(belief)이나 상징(symbol), 상상(imagination) 등으로 나누어 볼 수 있는데, 징표는 겉으로 드러나 있기 때문에 쉽게 볼 수 있으며 조직의 구성원들은 이러한 요소들을 발표하고 강조함으로써 환경 속에서 자신의 존재를 확인하거나 드러내게 된다. 신념이나 상징이란, 조직구성원들의 사고와 정신적인 측면으로 조직구성원들이 의식적으로 인지하고 있는 사실들이라고 할 수 있으며, 상상은 무의식 속에 있으면서 눈에는 보이지 않는 부분이라고 할 수 있다.

02 문화적 거리와 글로벌리더십

1) 문화적 거리의 이해와 글로벌리더십

호텔관광기업을 포함한 글로벌기업들이 글로벌경영활동을 운영할 때 생각해야 할 부분 중 하나가 본국중심주의적인 사고방식과 행동이라고 할 수 있다. 본국중심주의적인 사고방식이란, 글로벌기업이 해외에 진출해서도 본국의 가치관과 행동방식을 그대로 적용하려고 하는 성향을 의미하는 것으로,

이러한 본국중심주의의 사고방식은 서로 다른 문화적인 환경 하에서 글로벌기업들이 리더십을 발휘하는 데 있어서 문제점으로 작용할 수 있다. 진정한 글로벌기업들의 글로벌리더십이란 본국과 현지국 간의 문화적 차이를 인정하고 서로 존중하면서 글로벌기업을 가장 효율적으로 운영할 때 발휘될 수 있다고 할 수 있다.

2) Hofstede의 문화적 거리와 글로벌리더십

글로벌경영환경 하에서 문화적 차이를 발견하려는 노력은 인류학자들과 국제경영학자들에 의해서 이루어져 왔는데, 특히 Hofstede의 연구는 경영환경에서 각 국가의 문화적 차이를 실증적으로 보였다는 점에서 중요한 연구로 평가받고 있다. Hofstede는 네덜란드의 심리학자로 전 세계적으로 10만 명이 넘는 IBM 직원들을 대상으로 그들이 가지고 있는 태도와 가치관에 대한 자료를 수집하여 분석해 본 결과 40개국 10만 명 직원들의 문화는 크게 권력거리, 개인주의와 집단주의적 성향, 불확실성 회피, 남성다움과 여성다움의 네 가지 차원으로 분류할 수 있다는 점을 발견하였다.

(1) **권력거리**(power distance)

권력거리는 사회 내에서 부와 권력이 불평등하게 배분되어 있다거나 혹은 편중되어 있을 경우, 이를 어느 정도로 수용하는가를 나타내는 것으로 권력거리가 큰 문화에서는 부의 불균등성이 점차 확대되는 추세를 보이고 권력거리가 낮은 문화의 사회에서는 사람들이 이러한 격차를 줄이려고 노력하는 성향을 보인다고 할 수 있다.

(2) **개인주의와 집단주의**(individualism vs collectivism)

개인주의와 집단주의란, 사람들이 얼마나 개인주의적이거나 집단주의적인 성향을 보이는가를 의미하는 것으로 개인주의적인 사회에서는 개인들 간의 연계가 느슨하며 개인의 성취와 자유가 높게 평가된다. 반대로 집단주의적인 성향이 강한 사회에서는 개인 간의 관계가 밀접하게 연계되어 있다고 할 수 있다.

(3) 불확실성의 회피(uncertainty avoidance)

불확실성의 회피란, 사람들이 애매모호한 상황이나 불확실성을 용인하는 정도를 의미하는 것으로 불확실성의 회피 성향이 높은 문화에서는 사람들이 직업의 안정성이나 직급의 승진패턴에 대해서 높은 가치를 부여하며 관리자들이 아주 분명한 지시를 내려줄 것을 기대한다. 반대로 불확실성의 회피성향이 낮은 문화에서는 사람들이 변화에 대해서 두려워하지 않으며 위험을 극복하려는 성향이 높게 나타난다고 할 수 있다.

(4) 남성다움과 여성다움(masculinity vs femininity)

남성다움과 여성다움이란, 남성과 여성의 역할을 나타내는 것으로 남성중심적인 문화에서는 남녀 간의 역할분담이 이루어져 있고 성취감이나 자기주장, 물질적인 성공에 대한 선호도가 높은 반면, 여성중심적인 문화에서는 관계유지를 중요시하거나 구성원에 대해서 배려해 주는 경향, 삶의 질을 강조하는 면이 강하게 나타난다고 할 수 있다. 따라서 남성주의적인 성향이 강한 문화에서는 경쟁과 성취에 더 높은 가치를 두고, 여성주의적인 성향이 강한 문화에서는 복지와 화목에 더 높은 가치를 두는 경향이 있다고 할 수 있다.

Hofstede는 위에서 언급된 네 가지 항목에 대해서 각 나라의 문화가 어떠한 성격을 갖는지를 0점에서 100점 사이로 점수화하였는데, 각 나라의 문화적인 차이를 계량적으로 측정하고 비교하는 데 편리하다는 장점이 있지만 몇 가지 문제점도 제기되었다. 제기된 문제점들은 첫째, Hofstede가 사용한 연구의 표본(sample)은 일반화되기 어려운 문제점이 있는데, 그 이유는 한 국가의 문화를 IBM이라는 한 기업의 직원들이 대표할 수 없다는 점이다.

두 번째 지적되는 문제점은 한 국가에도 하나의 문화만 존재하는 것이 아니라 여러 문화가 존재하는데, 각 나라마다 하나의 문화적인 단위를 측정해서 이것만을 비교하는 것은 문제가 있을 수 있다. 마지막으로 지금은 스마트폰을 중심으로 한 정보화, 글로벌화의 영향으로 경제적 환경과 사회·문화적 환경이 급변하고 있기 때문에 Hofstede의 연구가 진행되었던 시기와는 많은 차이가 있을 것으로 생각된다.

위에서 언급된 바와 같이 Hofstede의 연구는 몇 가지 한계점을 가지고 있음에도 불구하고 국가별 문화적 차이와 관련된 가장 중요한 연구이며, 현재에도 가장 널리 사용되는 연구 중 하나라고 할 수 있다.

03 문화와 글로벌리더십

G20의 G는 Group의 약자로 모임을 뜻하는데, G20은 세계 주요 20개국의 모임으로 기존의 선진국 중심의 G7과 신흥국 12개국, EU를 포함하여 1999년 만들어졌다.

우리나라는 지난 2010년 11월 서울에서 G20정상회의를 개최하였는데, 2008년 미국발 금융위기를 계기로 결성된 G20회의는 선진경제국인 미국, 일본, 독일, 영국, 프랑스, 이탈리아, 캐나다와 신흥경제국을 대표하는 한국, 러시아, 중국, 인도, 인도네시아, 아르헨티나, 브라질, 멕시코, 호주, 남아프리카공화국, 터키, 사우디아라비아 등 19개 국가, 그리고 유럽연합(EU)이 G20의 구성원이다.

지난해 우리나라가 G20 서울정상회의를 개최한 것은 우리나라가 새로운 국제질서의 창출에 주도적 역할을 할 수 있다는 역사적 의미를 지닌다고 할 수 있다. 그만큼 G20 서울정상회의를 통해서 우리나라의 국제적 위상이 높아졌다고 할 수 있으며, 특히 G20 국가들 간의 합의 도출 과정에서 글로벌리더십을 발휘하여 성공적으로 행사를 마쳤다. G20 서울정상회의와 같이 국제적인 행사의 유치는 행사를 통해서 그 국가의 문화를 세계 여러 나라에 알리고 그 국가가 국제사회에서 글로벌리더십을 발휘할 수 있는 좋은 기회라고 할 수 있다.

04 조직문화의 이해

조직(organization)이란, 두 사람 이상이 서로 연결되어 상호작용을 하면서 공동의 목표를 달성해 가는 그룹이라고 할 수 있으며 조직 안에는 개인들이 나누어서 일을 맡는 분업(division of labor), 나누어진 일들이 규정이나 정책, 제도에 의해 다시 연결되는 통합(coordination), 사람들에게 일을 나누고 시킬 때 적합하게 하도록 지시하고 통제하는 권한체계(hierarchy of authority), 조직을 설립한 궁극적 목적인 공동의 목표(common goal)라는 네 가지 요소가 존재한다.

조직행동의 연구 초기에는 조직 구성원의 개인적인 능력이나 심리적 만족에 많은 관심을 두어오다가 조직의 환경적응에 많은 관심을 두기 시작하였는데, 1980년대 이후에는 조직 전체의 분위기가 개인과 그들의 인간관계에 미치는 영향을 강조하면서 조직문화의 중요성이 새롭게 중요한 문제가 되었다고 할 수 있다.

또한 최근에는 빠르게 변화하는 정보통신기술의 발전으로 이러한 경영환경이 조직과 조직행동에는 어떠한 영향을 미치는지도 중요한 주제가 된다고 할 수 있다.

1) 조직행동의 이해

조직행동이론은 인적자원들이 조직 안에서 어떠한 행동을 하고 있으며 그것이 조직 유효성에 어떠한 영향을 미치는지에 관해서 초점을 맞추고 있기 때문에 구성원의 행동에 영향을 미치는 성격과 태도, 동기부여, 권력과 갈등관계, 커뮤니케이션, 리더십 등은 물론 조직구조, 조직변화전략, 생산성과 직무만족 등 많은 주제들이 연구대상이 되고 있다고 할 수 있다.

2) 개인행동의 이해

(1) 성격과 조직행동

일반적으로 성격(personality)이란, 개인이 외부에 반응할 때 동원하는 대응방식의 총체라고 할 수 있는데, 성격형성의 영향요인으로는 유전적 영향, 유년기의 영향, 인간관계적 영향, 조직과 사회의 영향, 기타 영향 요인 등으로 나누어 볼 수 있다. 또한 성격을 구성하는 특성은 여러 가지가 있지만 조직행동에 영향을 미칠 수 있는 중요한 요소들로는 자아통제력, 자존심, A형과 B형 성향, 권위주의 등을 들 수 있다. 위에서 언급된 내용 중 A형과 B형 성향이란 우리의 신경세포에는 초조, 근심, 불안을 만들어내는 조바심 성향이 있는데, 이러한 성향이 많은 사람도 있고 적은 사람도 있다. 이러한 성향이 많은 사람은 A형, 적은 사람은 B형으로 분류된다.

성격은 사람들의 감정과 태도, 사고와 행동을 결정하기 때문에 그들의 조직행동에 영향을 미치게 된다. 그러나 성격뿐만 아니라 조직의 상황이나 개인의 직무태도도 조직행동에 영향을 미친다고 할 수 있다. 이렇게 개인의 성격과 인적자원관리의 관계를 연구하는 것은 사람마다 성격이 다르기 때문에 조직 내의 직무와 이를 연결시키려는 여러 선행연구들이 진행되었다. 여기서 한 가지 간과해서 안 되는 점은 인간행동에 성격이 영향을 미치는 중요한 요소이지만 조직 내의 상황도 매우 중요한 요인이라는 것이다.

(2) 조직의 이해

조직에 관한 정의는 다양하지만 일반적으로 여러 연구자들의 연구결과를 종합적으로 정리하면 조직이란 공동의 목표를 가지고 있으며, 이를 달성하기 위하여 의도적으로 정립한 체계화된 구조에 따라 구성원들이 상호작용하며 경계를 가지고 외부환경에 적응하는 인간의 사회집단이라고 할 수 있다(김인수, 2005: p. 23).

가) 인간의 사회적 집단

조직은 사람들로 구성되는데, 조직이 사용하는 유형의 자산인 건물이나 공장 등과 무형의 자산인 기술이나 노하우 등은 조직이 아니다. 이러한 것들은 단지 조직이 그 목적을 달성하기 위하여 수단으로 사용하는 자원에 불과하다고 할 수 있다. 제조업의 무인공장은 조직이라고 할 수 없으며, 아무런 자산을 보유하고 있지 않더라도 공동의 목표를 가지고 그것을 달성하기 위하여 상호작용하는 복수의 사람들이 모였다면 조직이라고 할 수 있다.

나) 공동의 목표

모든 조직은 목적을 가지고 있으며 조직구성원은 그 목적을 달성하기 위하여 노력한다. 조직은 서로 상충될 수도 있는 다양한 목적을 가지고 있으며, 이러한 목적은 구성원이 가진 개인적인 목표와는 상관이 없거나 상충되는 경우가 많다. 하지만 조직이 목표가 없어지면 조직이라고 할 수 없는 것이고, 따라서 조직원들 모두 공통적인 공동의 목표를 가져야 한다.

다) 체계화된 구조

조직은 그 목표를 달성하기 위하여 조직의 과업을 분류하여 여러 부서에 할당하고, 구성원의 역할을 규명하고 그 역할 간의 관계를 결정하는 규정과 절차 등을 정한다. 이렇게 체계화된 구조의 테두리를 바탕으로 조직구성원이 상호작용하면서 조직의 목표를 달성하게 된다.

라) 조직의 경계

조직은 경계를 통하여 조직 내의 요소와 조직 외의 요소로 구분하고 누가 조직구성원이며 누가 조직 외의 사람인가를 구분한다. 조직 외의 사람들은 조직에 대한 의무와 권리가 없는데, 조직은 환경과 계속적으로 자원을 교환하기는 하지만 조직 자체의 경계를 분명히 함으로써 다른 조직과 구별될 수 있는 집단을 형성하게 된다.

마) 환경에의 적응

조직은 조직 환경의 변화에 계속 적응해야 살아남을 수 있으며, 환경은 조직에 필요한 인적 · 물적 자원과 기술적 정보를 제공하고 시장을 제공하기 때문에 환경과 지속적인 교류를 하면서 기술이나 시장의 변동에 적응하여야 생존할 수 있다. 그 외에도 정부정책이나 사회의 압력과 요구를 적절히 수용하고 대처할 수 있어야 존속하고 성장할 수 있다.

(3) 조직의 유형

조직의 종류가 다양하며 조직이 적응해야 하는 상황이 다양하고 복잡해질수록 조직에 관한 이론을 개발하기 위해서는 적절하고 통합적인 유형 분류가 절실히 요구된다. 이러한 필요에 따라 많은 연구자들이 조직의 유형을 분류하려는 시도를 하였지만, 조직이 가진 다양성과 복잡성 때문에 모든 조직을 수용할 수 있는 통합적 조직유형 분류가 이루어지지 못하였다. 그동안의 조직유형의 분류는 연구자들의 조직관이나 연구의 목적에 따라 단일변수나 한정된 측면만을 기준으로 선택하여 시도한 부분들도 있었다고 할 수 있다. 그 동안 제시된 조직유형에 사용된 분류기준을 살펴보면 조직의 내부적 속성을 기준으로 한 분류와 조직과 환경과의 관계를 기준으로 한 분류로 나누어 볼 수 있으며, 조직의 내부적 속성을 기준으로 한 분류는 복종구조에 의한 분류와 부합되는 조직유형으로 나누어서 생각해 볼 수 있다(오석홍, 1980; 김인수, 2005: p. 25에서 재인용).

가) 조직의 내부적 속성을 기준으로 한 분류

(가) 복종 구조에 의한 분류

Etzioni는 상급자가 동원하는 권한과 그에 대한 부하의 태도 사이에 형성되는 관계를 나타내는 복종의 구조(compliance structure)를 기준으로 조직을 분류하였다.

표 6·1 Etzioni의 조직유형

권한의 종류 / 복종의 종류	강압적	경제적	규범적
굴복적	강압적 조직		
타산적		공리적 조직	
도덕적			규범적 조직

위의 표와 같이 조직의 유형은 세 가지의 기본적인 통제수단을 권한의 종류로 사용하고 있다. 강압적 수단이란, 신체적 위해나 위협을 상급자가 동원하는 것을 말하며, 이때 조직구성원의 반응은 소외 또는 굴종으로 나타난다. 굴종이란, 조직으로부터 이탈하고 싶은 마음이 있지만 선택의 여지가 없기 때문에 조직에 남아 복종하지 않을 수 없을 때 나타나는 반응을 말한다. 경제

적 수단이란, 돈이나 기타 물질적 보상을 바탕으로 상사가 권한을 행사하는 것을 말하며, 이 경우 부하는 타산적 복종을 나타낸다. 타산적 복종이란 경제적 보상이 적정하다고 생각되는 범위 내에서만 복종하는 것을 말한다. 규범적 수단이란 애정, 인격존중, 신망, 사명 등 감정적 내지는 도덕적 가치를 바탕으로 권한을 행사하는 것으로 이 경우 부하의 반응은 도덕적 복종으로 나타나게 된다. 도덕적 복종이란, 조직이 부여한 임무와 자기가 맡은 일을 가치있는 것으로 받아들이면서 조직에 순응하는 태도를 말한다.

(나) 부합되는 조직유형

위의 표와 같이 9개의 가능한 유형 가운데 세 가지만 권한의 종류와 복종의 종류가 서로 부합하게 된다. 대부분의 조직들은 이와 같이 권한의 성격과 복종의 성격이 부합되는 조직유형에 해당한다. 나머지 여섯 개의 경우 두 측면이 서로 일관성을 이루지 못하고 있는데, 조직의 초기에 이 여섯 가지의 현상이 잠시 발생하더라도 조직구성원들은 곧 주어진 권한의 성격에 부합하는 복종의 성격을 나타내게 되어, 두 측면이 일관성을 이루는 조직을 만들게 되므로 일관적이지 못한 조직들은 존재하지 않는다고 볼 수 있다.

이렇게 도출된 세 가지 부합된 조직유형을 설명하면 강압적 권한에 굴복적 복종을 하는 조직을 강압적 조직이라고 한다. 경제적 수단을 사용하는 권한에 대해 타산적 복종을 하는 조직을 공리적 조직이라고 하며, 대부분의 기업들이 여기 속한다고 할 수 있다. 규범적 수단에 도덕적 복종을 하는 조직을 규범적 조직이라고 한다.

나) 조직과 환경과의 관계를 기준으로 한 분류

(가) 목적과 기능에 의한 조직유형

Katz and Kahn(1977, 김인수, 2005: p. 27에서 재인용)은 조직이 갖는 사회적 목적 또는 기능에 따라서 경제적 생산을 지향하는 조직, 관리적 또는 정치적 목적을 지향하는 조직, 유지 기능적 조직, 적응적 조직 등 네 가지 유형으로 조직을 분류하였다. 경제적 조직은 사회에서 소비되어지는 재화나 서비스를 생산하는 기업 등을 의미하며, 이 조직들은 의식주 등에 관한 인간의 기본적 욕구를 충족시켜주는 재화를 공급하는 한편, 재화나 서비스의 생산에 종사하고 있는 구성원들에게 보상을 제공한다. 이러한 보상은 조직구성원들에게 공동의 질서를 유지하게 하는 유인으로 작용할 뿐만 아니라 재화나 서비스를 소비할 수 있는 구매능력을 부여해 줌으로써 사회 전체를 통합하는 수단이 된다.

관리적·정치적 조직은 사회 내에서 사람, 자원, 하위체제의 통제, 조정에 관한 기능과 권력의 창출과 분배를 통하여 사회가 바라는 목적을 달성하는 기능을 수행한다. 유지 기능적 조직은 사람들이 조직생활과 사회생활에서 맡아야 할 역할을 감당할 수 있도록 사회화시킴으로써 사회의 규범적 통합을 확보하고 유지하는 기능을 맡고 있다.

적응적 조직은 지식을 창출하고 이론을 정립하고 검증하며, 어느 정도 실제의 문제에 이들 이론을 적용하는 기능을 갖는 조직들이라고 할 수 있다.

(나) 수혜자에 의한 조직유형

다음은 Blau and Scott(1962, 김인수, 2005: p. 28)가 제시한 수혜자 기준의 분류인데, 이 분류는 조직구성원, 조직의 소유주 또는 관리자, 고객 및 일반인 중 조직활동의 수혜자가 누구냐에 따라 조직을 네 가지로 분류하였다.

첫째는 조직의 구성원이 주된 수혜자가 되는 호혜적 조직이다. 이러한 조직에서는 조직 내에서의 구성원의 참여와 구성원에 의한 통제를 보장하는 민주적 절차를 유지하는 것이 가장 중요한 문제이다.

둘째는 소유주가 주된 수혜자가 되는 기업조직인데, 이러한 조직에서 가장 중요한 것은 경쟁적인 환경에서 생존하고 성장하기 위하여 조직운영의 능률을 극대화하는 것이다.

셋째는 고객이 주된 수혜자가 되는 봉사조직이다. 이러한 조직에서는 고객에 대한 봉사의 극대화가 매우 중요하지만, 업무를 수행하는 절차와 봉사 간에 갈등이 일어날 수 있는 문제점이 있다.

마지막으로 일반인들이 조직 활동의 주된 수혜자가 될 수 있는 공익조직이 있다. 이러한 조직에서는 일반인들이 주된 수혜자가 되어야 하기 때문에 국민에 의한 외재적 통제가 가능하도록 민주적 장치를 발전시켜야 한다.

(4) 조직의 변화

급변하는 경영환경의 변화로 조직들은 자의건 타의건 변화의 압력을 받게 되는데, 조직의 변화는 외부 환경의 변화 요인으로부터 오는 부분이 있고, 내부 환경의 변화 요인으로부터 오는 부분이 있다. 먼저, 외부환경의 변화요인으로부터 오는 변화요인으로는 급속한 기술 환경의 변화, 정보통신기술의 발전 때문에 오는 환경의 변화 등 여러 가지 요인이 있으며, 이러한 환경에 대처하기 위하여 기업들은 조직의 특성을 파악하여 잘 대처해야만 한다. 기술환경의 변화 중 가장 두드러진 부분은 정보통신기술의 변화로부터 오는 부분이라고 할 수 있는데, 예를 들면, 인터넷이 일반화되기 전에는 특급호텔들이 인터넷이 설치되어 있는 것을 크게 홍보하며 고객들을 유치하기 위하여 노력하였으나, 지금은 인터넷이 일반화되었기 때문에 이러한 마케팅을 하는 호텔들은 거의 없다. 조직의 외부환경 변화요인과 이를 극복하기 위한 핵심 성공요인, 그리고 이러한 성공을 위해 요구되는 조직의 특성은 〈표 6-2〉와 같다.

표 6·2 외부환경 변화, 핵심 성공요인, 조직의 특성

외부 환경	
· 급속한 기술변화	· 고객욕구의 다양화
· 치열한 경쟁시장	· 정보통신기술의 발전
· 경쟁우위요소의 변화(원가, 품질→서비스, 시간)	

핵심 성공요인	
· 창의적인 문제해결 능력	· 신속한 대응력
· 지식능력	· 풍부한 정보처리능력
· 위기관리능력	· 네트워크관리능력

요구되는 조직의 특성	
· 자율적이고 유연한 조직	· 낮은 계층구조
· 정보의 공유	· 지속적 학습능력
· 긴장감과 도전감 부여	· 조직 간 네트워크관리

자료 송상호 외, 1996, p. 29.

최근 가속화되고 있는 기업의 변화는 내부적인 환경변화 요인도 한 이유가 될 수 있는데, 새로운 조직을 필요로 하는 내부 환경요인의 변화는 구조조정에 따른 고용불안의 가속화, 개인의 자율성을 중요시하는 개성중시의 트렌드, 노동의 질 추구, 조직의 비대화와 관리비용의 증대 등을 들 수 있다.

이와 같은 내부 환경의 변화로 인해 핵심 성공요인과 조직의 특성에도 변화가 필요한데, 그 어느 때보다 민주적인 조직관리가 요구되고, 개인의 창의성, 변화관리 능력, 높은 개인 참여 등이 기업생존을 위한 핵심 성공요인으로 등장하였다. 또한 이러한 핵심 성공요인을 조직 내에 반영하기 위하여 분권화(decentralization), 임파워먼트(empowerment), 유연한 조직, 다기능화, 자기관리조직, 계층단축 등과 같은 특성을 가진 조직으로 변화되어야 한다. 조직의 내부환경 변화에 기인한 조직의 변화, 핵심 성공요인, 요구되는 조직의 특성은 〈표 6-3〉과 같다.

표 6·3 내부환경 변화, 핵심 성공요인, 요구되는 조직의 특성

내부 환경	
· 고용불안의 가속화	· 전통적 유교가치관의 붕괴
· 개성화시대	· 관료주의 메커니즘에 따른 조직병리현상의 심화
· 노동의 질 추구	· 조직팽창과 관리비용 증대

------>

핵심 성공요인	
· 민주적 조직관리	· 개인의 창의성
· 변화관리능력	· 높은 개인참여

------>

요구되는 조직의 특성	
· 분권화	· 임파워먼트
· 유연한 조직	· 다기능화
· 자기관리조직	· 계층단축
· 스태프의 축소	

자료 송상호 외, 1996, p. 33.

위에서 언급되었듯이 기업들은 내부환경과 외부환경의 변화압력으로 기업조직의 재구축 문제에 부딪히는데, 이러한 상황에서 나타날 수 있는 조직의 변화 방향은 다음과 같다.

가) 고객지향성

고객지향성이란, 고객의 입장에서 생각하여 고객의 욕구나 가치를 효과적으로 충족시킬 수 있도록 조직을 설계하고 관리하는 것을 의미하는데, 특히 서비스의 중요성이 다른 산업에 비해서 더 크다고 할 수 있는 호텔관광기업의 경우에는, 특히 가장 중요한 변화 방향이라고 할 수 있다. 이러한 변화 경향은 앞으로의 기업의 성공과 실패는 기업이 아닌 고객에 의해서 결정된다고 할 때, 보든 조직운영의 원칙이 기업 내부의 원칙으로부터 고객편의 원칙으로 전환되고, 조직설계도 고객욕구에 신속하게 대응할 수 있는 유연한 조직, 고객지향적 조직의 형태로 전환되어야 함을 의미한다.

나) 개인지향성

개인지향성이란, 개인 혹은 소집단의 자율성과 창의성을 극대화시킬 수 있도록 조직을 설계하고 관리하는 것을 의미한다. 즉 조직구성원 각자가 자신의 능력이나 적성에 맞게 스스로 경력계획을 세우고 자신의 능력을 평가하고 달성할 수 있는 기준을 제시하며, 이것을 조직이 지원함으로써 각 개인의 능력이 최대한으로 발휘될 수 있도록 조직을 설계하고 관리하는 방안이다. 최근 우리 기업들이 구성원의 참여와 동기를 유발하고 창의력을 끌어내며 혁신적인 아이디어와 문제해결을 위하여 여러 가지 관리기법을 적용하고 있는 것이 좋은 예라고 할 수 있다.

다) 공생지향성

공생지향성이란, 기업 활동을 내부화하거나 지나치게 경쟁함으로써 발생하는 비용을 최소화하고, 기업 간 상호신뢰와 협력을 통하여 모두 공생적 이익을 극대화할 수 있도록 조직을 설계하고 관리하는 것이다.

라) 학습지향성

학습지향성이란, 지식의 중요성을 인식하고 지식창출과 지식관리를 체계적으로 실시하여 항상 학습하는 조직을 설계하고 운영하는 것을 의미한다. 정보화와 지식기반 사회에서 기업의 가치는 자본이나 생산효율성보다는 새로운 지식의 창출에 따라 경쟁력이 좌우된다고도 할 수 있는데, 새로운 지식의 창출은 바로 개인 혹은 조직에 내재되어 있는 지식능력과 새로운 것을 습득하고 변화시킬 수 있는 개인 및 조직의 능력에 달려 있다.

3) 조직문화의 개념

조직구조(organization structure)가 조직구성원의 행동을 지배하는 공식적인 시스템이라면 조직문화는 조직구성원의 행동을 지배하는 비공식적인 분위기라고 할 수 있다. 조직구조는 공식적으로 조직도에 나타나지만 조직문화는 공식적으로 나타나지는 않지만 조직구성원들의 대인관계, 업무수행과 관련된 태도와 행동을 결정하는 집단적인 가치관이나 보이지 않는 규범으로 조직목표 달성을 위해 조직구성원들의 행동을 조정하고 지배한다(George and Jones, 1999; 임창희 2001: p. 438).

조직의 문화를 구성하는 가치시스템은 궁극적인 가치(terminal value)와 수단적인 가치(instrumental value)로 나눌 수 있는데, 궁극적인 가치는 조직이 달성하려고 하는 최종목표로서 예를 들면 수익, 혁신, 고객서비스 등이며, 수단적인 가치는 조직이 궁극적인 가치를 얻기 위해 구성원에게 바라는 행동양식으로서 예를 들면 정직, 성실, 노력 등이다.

예를 들면, 호텔관광산업의 경우 각각의 호텔마다 호텔의 고유한 조직문화가 존재하는데, 예를 들면 어떤 호텔은 다른 호텔에 비해서 통제의 정도가 강하다거나 자율성의 정도가 높은 호텔들이 있으며, 다른 예로는 호텔의 여러 부서 중 어떤 호텔은 조직구성원들이 객실부서를 선호하는 경향이 강하다거나 아니면 다른 호텔은 식음료부서를 선호하는 경향이 강하다거나 하는 것 등을 예로 들 수 있다.

조직문화(organization culture)는 조직 구성원들의 일정한 유형적인 양식이기 때문에 일반적으로 순간적이거나 우연한 것이 아니라 안정적이라고 할 수 있다. 따라서 일시적으로 발생했다가 없어지는 행동양식들은 문화가 될 수 없고 일정기간 동안 계속되는 행동양식만을 지칭한다. 그렇기 때문에 조직문화는 갑자기 변화하기보다는 서서히 변화하는 것이 일반적인 현상이라고 할 수 있다.

4) 조직의 다양성

조직의 다양성이란 인종, 성별, 연령 등으로 구별되는 다양한 조직구성원들이 지닌 가치관, 신념, 태도 같은 차이의 혼합물이라고 할 수 있는데, 다양성은 외형적 다양성(surface-level diversity)과 내면적 다양성(deep-level diversity)으로 구별할 수 있다. 외형적 다양성이란, 조직구성원들의 인종, 민족, 국적, 성별, 연령, 종교 등을 들 수 있으며, 내면적 다양성으로는 성격, 태도, 가치관, 신념, 지식 등을 들 수 있다. 일반적으로 조직의 다양성을 외형적인 차이로만 이해하는 경향이 많지만 내면적인 다양성에도 관심을 가질 필요가 있다고 할 수 있다.

이러한 조직의 다양성 증가는 동질적인 조직문화에 익숙하던 구성원들에게 불편과 혼란을 야기하여 조직구성원들끼리 서로를 이해하지 못해 의사소통이 저해되고 이로 인해 조직 내 갈등이 커지고 응집력이 약화될 수 있다. 하지만 조직의 다양성은 기업의 적응력과 창의적인 사고를 자극하는 긍정적인 측면도 있기 때문에 조직의 다양성 증가로 인한 부정적인 영향은 최소화하고 긍정적인 영향력을 극대화할 수 있는 다양성 관리가 요구된다고 할 수 있다. 이로 인해 다양한 조직구성원 간의 상호작용이 시너지 효과를 발휘하여 조직의 창의성과 활력을 제고할 수 있도록 다양성을 전략적으로 활용할 필요가 있다고 할 수 있다(윤우근, 2011).

05 조직문화와 글로벌리더십

조직문화(organization culture)란, 조직구성원들이 의미가 있다고 판단하여 공통적으로 지니고 있는 가치관이라고 할 수 있는데, 조직문화의 가치시스템을 형성하고 있는 구성요소들로 공통적으로 많은 연구자들이 포함하는 구성요소들로는 혁신과 위험선택, 구체적 관심과 주의, 결과지향성, 인간지향성, 팀지향성, 도전성, 안정성 등을 들 수 있다.

먼저, 혁신과 위험선택이란, 혁신과 위험을 택하는 정도를 의미하며, 구체적 관심과 주의는 사소한 것까지 명료하게 분석하고 입증해 보이는 정도를 의미하며, 결과지향성은 수단과 과정보다 목표달성과 결과에 관심을 기울이는 정도를 의미한다.

인간지향성은 목표달성보다는 구성원들을 배려하고 관심을 두는 정도를 의미하며, 팀지향성은 업무추진시 개인보다는 팀에 의존하는 정도를 의미하며, 도전성은 무사안일보다 도전, 공격, 경쟁적인 정도를 의미하며, 안정성은 성장이나 변화보다는 현상유지를 원하는 보수성의 정도를 의미한다.

지금까지는 모든 조직문화의 유형을 분류할 수 있는 학자들 간의 일치된 공동의 개념적인 프레임은 없으며, 조직문화의 가치유형과 관련된 연구 중 Cooke and Szumal(1993)의 연구는 〈표 6-4〉와 같다.

아래에서 언급된 조직문화의 유형 12가지 중에서 어떤 조직은 몇 가지 문화유형을 가지고 있는 조직도 있을 것이고 어떤 조직은 하나도 가지고 있지 않은 조직도 있을 것인데, 이러한 유형 중 한 가지 특성만 두드러지게 나타날수록 그 조직의 조직문화로서 확실하게 구분할 수 있다고 할 수 있다(임창희, 2001: p. 443).

표 6·4 조직문화의 가치유형

유 형	내 용
1. 성공, 성취	최우수성을 추구함
2. 자아실현	독특하고 뛰어난 생각과 창의성 존중
3. 인간개발과 사기	서로간의 성장과 개발을 지원
4. 우정	서로 친하게 일함

5. 포용	갈등을 피하고 공존
6. 보수	규정과 정책을 지키고 준수함
7. 의존	상급자, 관리자에 복종
8. 회피	복지부동하며 남보다 뒤에 함
9. 반대	남을 비판하고 지적함
10. 권력지향	남을 지배하려 들고 권위숭상
11. 경쟁	남을 이기고 자신이 더 얻으려 함
12. 완전	무엇이든지 완벽을 추구함

자료 Cooke and Szumal, Measuring Normative Beliefs and Shared Behavioral Expectations in Organizations : The Reliability and Validity of the Organizational Culture Inventory, Psychological Report, 1993, vol.72, pp. 1299-1330; 임창희, 2001, p. 443에서 재인용.

다음은 세계 최대의 호텔기업인 스타우드의 조직문화에 관해서 스타우드 기업의 최고 경영자인 반 파센 회장이 인터뷰한 내용을 요약한 것이다.

CASE

1,000명의 CEO를 둔 회사를 지향하는 세계 최대의 호텔기업 스타우드

✢ 직원교육이나 인사관리를 통합해 운영합니까?

공통으로 진행하는 프로그램도 있지만 대부분은 브랜드별로 독립적으로 운영됩니다. 브랜드의 개성을 살리고 차별화된 서비스를 교육하는 데 중점을 둘 겁니다. 채용도 각 브랜드가 독립적으로 진행합니다. 물론 희망에 따라서는 쉐라톤에서 일하던 사람이 웨스틴으로 갈 수도 있겠죠. 그러나 그건 어디까지나 개인차원의 일입니다. 제 생각에 직원문제에 있어서 보다 중요한 건 직원 개인이 정말로 즐겁게 일할 수 있느냐 하는 점입니다.

✢ 직원들에게 재량권을 많이 줍니까?

중요한 질문입니다. 우리처럼 100개국 1,000개 지역에서 사업을 하다 보면 의사결정과정을 지나치게 중앙집권화하지 않는 것이 매우 중요합니다. 일률적인 매뉴얼로 어떻게 그 예측 불가능한 수많은 상황에 효과적으로 대응할 수 있겠습니까? 물론 기본적으로 우리 회사의 핵심가치, 브랜드 포지셔닝전략, 성공에 대한 개념 정의는 일치되어야 할 것입니다. 하지만 나머지는 직원들에게 재량권을 줘야 한다고 생각합니다. 이는 직원들이 일하고 싶은 의욕을 갖게 한다는 동기부여 측면에서도 매우 중요합니다.

대기업은 일반적으로 융통성이 부족합니다. 그래서 저는 스타우드가 매일매일 고객과 만나는 1,000개의 중소기업으로 이루어져 있다고 생각합니다. 일종의 CEO격인 1,000명의 총지배인이 독자적으로 사업을 운영한다고 생각합니다.

✢ 호텔업계에 경쟁이 심화되고 있습니다. 이를 극복하기 위한 혁신적인 상품이 있습니까?

저희에게 혁신이란, 고객의 체험을 향상시키는 방법을 강구하는 것입니다. 예를 들어, 10년 전 웨스틴호텔이 시작한 숙면을 도와주는 침대인 헤븐리 베드 프로그램은 고객들이 호텔에 들어올 때보다 나갈 때 더 기분이 좋아야 한다는 아이디어에서 시작된 것입니다. 디자인을 통해 기존의 브랜드에 독특한 개성을 입히는 것도 중요한 혁신입니다. 요즘 고급 호텔들을 찾는 고객들은 붕어빵처럼 특색이 없는 호텔(cookie cutter hotel)을 결코 찾지 않습니다.

✢ 혁신적인 아이디어를 찾기 위해 어떤 노력을 합니까?

저의 경영철학은 오케스트라의 지휘자 같은 역할을 하자는 것입니다. 모두가 자유롭게 아이디어를 공유할 수 있는 기업문화를 만드는 것이 중요합니다. 좋은 아이디어들은 대부분 우연히 나옵니다. 따라서 그런 아이디어가 자유롭게 나오고 반영될 수 있는 메커니즘을 갖추고 있어야 한다는 것입니다.

✢ 호텔 CEO가 되기 위해 가장 중요한 자질은 무엇이라고 생각합니까?

서비스정신이 투철해야 합니다. 고객들이 기분 좋은 시간을 갖는 것을 진심으로 즐기는 사람이 돼야 한다는 것입니다. 그리고 현장과 전문가들을 존중해야 합니다. 다양한 국적과 연령대의 직원들을 열린 마음으로 받아들이는 자세도 필요합니다.

【자료 : 조선일보, 2010년 9월 4일】

제 7 장 서비스와 글로벌리더십

최근 많이 사용되고 있는 글로벌리더(global leader)나 글로벌리더십(global leadership)이란 용어는 어떠한 개인에게 한정되는 것이 아니라 개인, 조직, 국가 등 많은 부분에 걸쳐 혼용되고 있는 용어라고 할 수 있다.

호텔관광산업에도 수많은 글로벌리더들이 있으며, 이러한 글로벌리더들은 향후 전망이 가장 밝은 산업 중 하나인 호텔관광산업을 한 단계 더 발전시키기 위해서 꾸준히 노력하고 있다. 호텔관광산업에서 글로벌리더십과 많은 관련이 있는 부분 중 하나가 서비스라고 할 수 있는데, 호텔산업은 인적자원이 제공하는 서비스의 품질이 호텔기업의 핵심역량이 될 수 있기 때문에 호텔기업들은 수준 높은 서비스를 통해서 글로벌리더십을 발휘할 수 있다.

또한 Starwood, Marriott, Hyatt 등과 같은 글로벌체인호텔기업들은 각 호텔기업들의 글로벌경영전략을 통해서 시장을 선도함으로써 글로벌리더십을 발휘할 수 있다고 할 수 있다.

01 서비스의 개념 및 특성

스마트폰, 트위터 등 모바일 정보통신서비스의 확산 및 일반화와 더불어 서비스 및 서비스산업의 중요성이 더욱 커지고 있다. 이러한 환경 하에서 기업들은 서비스가 기업의 경쟁력을 좌우하는 매우 중요한 요인으로 자리 잡아가고 있기 때문에 서비스에 대한 중요성을 인식하여 서비스기업뿐만 아니라 제조기업들도 제품을 생산하는 데만 그치지 않고 새로운 서비스들을 창출하기 위해 노력하고 있다.

따라서 소비자들은 이전에 한 번도 접하지 못했던 새로운 서비스에 노출되고 있기 때문에, 이러한 서비스의 품질을 평가하는 데 어려움을 겪고 있다고 할 수 있다.

먼저, 서비스(service)에 대한 정의를 살펴보면, 우리가 일상생활에서 사용하는 서비스에 관한 정의는 매우 다양하다고 할 수 있다. 예를 들어, '이 물건을 서비스로 하나 드립니다'의 의미는 어떠한 제품을 구입할 때 무료로 하나 준다는 의미이고, 직원들의 서비스가 좋다는 의미는 직원들이 고객을 대하는 자세와 태도가 좋다는 의미이다. 하지만 이러한 서비스에 대한 해석은 매우 좁은 의미의 해석이라고 할 수 있다.

간단히 말해서 서비스는 행위(deeds), 과정(process) 및 그 결과인 성과(performance)라고 할 수 있는데, 호텔, 병원, 은행 등의 서비스도 고객을 위해 종업원이 수행하는 행위이다. 이와 같이 넓은 의미로 서비스를 정의할 때 서비스는 서비스업에서 제공될 뿐만 아니라 여러 제조업에서 제품과 결합되어 제공되고 있음을 알 수 있다.

예를 들어, 자동차회사는 판매차량에 대해 보증 및 수리서비스를 제공하는데 이러한 예도 행위, 과정, 성과의 예라고 할 수 있다. 위에서 정의한 대로 간단하면서도 넓은 의미의 서비스의 의미와 더불어 서비스의 정의가 다양함을 인지하고 있으면 서비스를 정의할 때 생길 수 있는 혼동이나 의견의 불일치를 이해할 수 있다.

위에서 언급된 넓은 의미의 정의와 부합할 수 있는 정의는 서비스는 산출물이 물적인 제품이나 구조물이 아니며, 일반적으로 생산되는 시점에 소멸되고 구매자에게 무형적인 형태의 가치를 제공하는 모든 경제적인 활동을 포함한다고 할 수 있다. 서비스의 다양한 의미와 관련된 정의는 다음과 같다.

1) 서비스의 개념

위에서 언급한 대로 서비스에 대한 정의는 매우 다양하다고 할 수 있는데, 학문적으로 접근해 보면 경영학에서 서비스에 관한 연구는 1960년대 초반부터 시작되었다. 서비스에 대한 연구 초기에는 제품과 서비스의 특성 및 서비스마케팅의 적용에 관한 연구가 활발하게 이루어졌으며, 1990년대부터는 보다 체계적으로 서비스에 관한 이론과 전략적인 측면에서의 서비스의 중요성에 관한 연구가 이루어지고 있다고 할 수 있다.

서비스의 활동론적인 정의를 살펴보면, 미국마케팅학회(1960)는 서비스를 판매목적으로 제공되거나 상품판매와 연계해 제공되는 모든 활동, 편익, 만족이라고 정의하였다.

한편, 상호관계론적인 관점에서 대부분의 경우 서비스는 고객이 서비스 제공자와 상호작용을 하게 된다. 따라서 서비스란 "무형의 성격을 띠는 일련의 활동으로서 고객과 종업원의 상호관계에서부터 발생해 고객의 문제를 해결해 주는 것"이라고 할 수 있다.

2) 서비스의 특성

서비스는 제품과는 다르게 서비스만의 여러 가지 특성을 가지고 있는데, 이는 무형성, 이질성, 소멸성, 비분리성 등이며 각각의 특성에 관한 설명은 다음과 같다.

(1) 무형성

무형성(intangibility)은 서비스의 특성 중 가장 대표적인 특성으로 일반 제품들은 구매 이전에 소비자들이 제품을 시험해 보거나 만져볼 수 있지만 서비스는 무형적인 특성을 가지고 있기 때문에 미리 시험해 보거나 만져볼 수 없는 특성을 가지고 있다.

예를 들면, 여행사의 관광상품의 경우 소비자들은 브로슈어나 관광 가이드의 경험효과 등을 통해서만 제한적으로 정보를 접할 수 있으며, 호텔의 객실이나 항공사의 좌석과 같은 경우도 소비자들은 서비스를 구매하기 전에 미리 서비스를 접할 수 없다.

이와 같이, 서비스의 특성 중 무형성은 두 가지 의미를 내포하고 있다고 할 수 있는데, 첫째는 실체를 보거나 만질 수 없다는 객관적인 의미이고, 둘째는 이렇게 서비스는 보거나 만질 수 없기 때문에 그 서비스에 대해서 상상하기가 어렵다는 점이라고 할 수 있다.

이러한 서비스의 특성 중 무형성이 우리에게 주는 시사점을 몇 가지 살펴보면, 호텔의 경우 서비스를 받기 전에는 고객들이 그 호텔의 서비스 수준을 모르기 때문에 호텔의 유형적인 측면을 보고 그 호텔의 서비스 수준에 대한 기대수준을 갖게 된다고 할 수 있다. 무형성과 관련하여 또 하나 중요한 점은 완전히 유형적이거나 완전히 무형적인 서비스나 제품은 존재하지 않는다는 점이다.

(2) 이질성

서비스의 이질성(heterogeneity)이란, 서비스의 생산 및 인도과정에는 여러 가지 가변적인 요소가 많기 때문에 한 고객에 대한 서비스가 다른 고객에게 제공되는 서비스 품질과 다를 수 있다는 것을 의미한다. 예를 들면, 같은 서비스기업의 종업원일지라도 각각 제공되는 서비스의 품질은 달라질 수 있다고 할 수 있다. 기업들은 이러한 서비스의 이질성을 통해서 위기와 기회를 함께 맞을 수 있는데, 서비스 품질의 균일화가 어렵기 때문에 기업으로서는 어떻게 하면 서비스의 품질을 일정수준 이상으로 유지시킬 것인가와 표준화시키는가에 대해서 많은 고민을 하게 된다.

(3) 소멸성

소멸성(perishability)이란, 서비스는 일반 재화와는 다르게 재고에 대한 저장이 불가능하다는 의미이다. 일반 재화의 경우는 재고에 대한 저장이 가능하기 때문에 오늘 판매하지 않으면 내일 판매가 가능하지만, 항공사의 좌석이나 호텔의 객실 같은 경우에는 저장했다가 수요가 있을 때 다시 판매하는 것이 불가능하다는 의미이다.

호텔의 경우, 호텔이 일 년 내내 보유하는 객실의 수는 일정하지만, 성수기에는 객실이 가득 차거나 혹은 객실이 모자랄 수도 있지만, 비수기에는 고객이 없어 객실이 많이 비어 있을 수 있는데, 이렇게 비어 있는 객실을 저장했다가 성수기에 사용할 수 없다.

(4) 비분리성

비분리성(inseperability)이란, 서비스의 생산과정에서 소비가 동시에 이루어지는 것을 의미하는데, 제품의 경우는 생산이 먼저 되고 나중에 판매될 수 있지만 서비스는 서비스의 제공과정에서 서비스를 제공받는 고객이 존재해야 한다.

표 7·1 재화와 서비스의 특성 비교

재 화	서비스	관리적 의미
유 형	무 형	· 서비스는 저장할 수 없다. · 서비스는 특허를 낼 수 없다. · 서비스는 쉽게 전시되거나 전달할 수도 없다. · 가격책정이 어렵다.
표 준	이 질	· 서비스 제공과 고객만족은 종업원의 행위에 달렸다. · 서비스 품질은 많은 통제 불가능한 요인에 달렸다. · 제공된 서비스가 계획되거나 촉진된 것과 일치하는지를 확신하기 어렵다.
생산과 소비가 분리	생산과 소비가 동시	· 고객이 거래에 참여하고 영향을 미친다. · 고객은 서로에게 영향을 미친다. · 종업원이 서비스 결과에 영향을 미친다. · 분권화가 필수적이다. · 대량생산이 어렵다.
비소멸	소 멸	· 수요와 공급을 맞추기가 어렵다. · 서비스는 반품될 수 없다.

이렇게 재화와 비교해서 서비스의 특성과 관련된 연구들이 활발하게 진행되었는데, 주요한 연구들을 살펴보면 〈표 7-1〉과 같다.

서비스는 위에서 언급한 바와 같은 특성을 가지고 있는데, 이러한 특성으로 인해 장점도 있지만 문제점도 발생할 수 있다. 따라서 이러한 서비스의 특성으로 인한 문제점을 해결하기 위한 대응전략은 〈표 7-2〉와 같다.

표 7·2 서비스의 특성, 문제점 및 대응전략

제 품	서비스	문제점	대응전략
유형성	무형성	· 저장이 불가능함 · 특허를 통한 서비스 보호가 불가능함 · 진열 및 커뮤니케이션을 할 수 없음 · 가격설정기준이 모호함 · 표본추출이 곤란함	· 유형적인 단서 강조 · 인적 원천을 정보제공에 사용 · 구전 커뮤니케이션을 활성화함 · 강력한 기업이미지 창출 · 대고객 접촉빈도 제고 · 제공되는 효익 강조 · 구매 후에도 커뮤니케이션에 관여함
비소멸성	소멸성	· 저장 및 재판매 불가능 · 수요 및 공급의 균형 문제	· 수급 및 제공능력의 동시 조절 · 비수기의 수요변동에 대한 대비
분리성	비분리성	· 서비스 제공자의 현존 · 서비스 생산에 고객 참여 · 직접 판매만이 가능 · 집중화된 대규모 생산의 어려움	· 종업원 선발 및 교육에 비중을 둠 · 서비스 제공자의 자동화 강화 · 세심한 고객관리가 필요함 · 복수점포 입지전략 사용
동질성	이질성	· 표준화 및 품질 통제의 어려움	· 서비스 표준의 설계 및 수행 · 사전 패키지 서비스 제공 · 서비스의 기계화, 산업화 강화 · 서비스의 맞춤화 시행

자료 이명식, 2004, p. 30 참조 수정.

이렇게 재화와 서비스의 특성 차이로 인하여 서비스마케터들은 여러 가지 문제점에 직면하게 되는데 서비스에 대한 고객의 욕구와 기대에 대한 이해, 서비스 제공물의 유형화에 관한 문제, 서비스 제공과정에서 생기는 문제를 관리하는 문제, 고객과의 약속에 관한 문제 등 여러 가지 문제점에 부딪힐 수 있다.

02 서비스의 분류

일반적으로 제품과 관련된 연구에 비해서 서비스와 관련된 이론적인 연구가 미비한 것은 서비스의 정의를 너무 넓은 관점에서 보면 깊게 분석하는 데 어려움이 있고, 너무 좁은 관점에서 살펴보면 일반화시키는 데 어려움이 있기 때문이라고 할 수 있다.

서비스를 분류하는 것은 여러 가지 측면에서 도움이 될 수 있는데, 먼저 잘 분류된 서비스의 체계는 특정 서비스를 이해하는 데 큰 도움이 될 수 있으며, 분류된 서비스의 유사점과 차이점을 조명할 수 있다. 이렇게 서비스의 유사점과 차이점을 조명할 수 있게 되면 기업의 입장에서는 마케팅전략을 수립하는 데 크게 도움이 될 수 있을 뿐만 아니라 고객의 입장에서도 서비스를 이용하는 데 더 많은 정보를 획득하여 더 좋은 품질의 서비스를 제공받을 수 있게 된다. 서비스 분류에 관한 선행연구들을 살펴보면, Judd(1964)에 의해 처음 실시되었으며, 이후 Rothmell(1974), Shostack(1977), Hill(1977), Thomas (1978), Chase(1978), Kotler(1980), Lovelock(1980) 등에 의해서 지속적으로 연구가 이어져 왔으며, 서비스 분류와 관련된 연구의 내용은 〈표 7-3〉과 같다.

표 7·3 서비스 분류에 관한 연구

학 자	분 류 기 준
Judd(1964)	· 임대된 상품 서비스(일정기간 동안 상품을 소유하고 사용할 권리를 가짐) · 소유된 상품 서비스(고객이 자신이 보유한 상품을 유지하고 보수함) · 비상품적인 서비스(개인적 경험, 경험적 소유)
Rothmell(1974)	· 판매자 유형 · 구매자 유형 · 구매동기 · 구매형태 · 규정제도
Shostack(1977)	· 각 제공물 단위에 포함되어 있는 물리적인 제품과 무형적인 서비스의 비율
Hill(1977)	· 사람에게 영향을 주는 서비스와 사물에 영향을 주는 서비스 · 서비스의 영원한 효과와 일시적인 효과 · 이러한 효과의 전환 가능성과 비전환 가능성 · 물질적인 효과와 정신적인 효과 · 개별적인 서비스와 집단적인 서비스
Thomas(1978)	· 기본적으로 설비중심의 서비스 · 자동화 서비스(자동세차) · 미숙련 작업자에 의해 운영되는 서비스(영화관) · 숙련 작업자에 의해 운영되는 서비스(비행기) · 기본적으로 사람 중심의 서비스 · 미숙련 노동자(잔디 깎기) · 숙련 노동자(수선업무) · 전문가(의사, 변호사)
Chase(1978)	서비스 제공에서 요구되는 대고객접촉의 정도에 따라 분류 · 높은 수준의 접촉(호텔, 레스토랑) · 낮은 수준의 접촉(우편, 도매)
Kotler(1980)	· 사람 중심과 설비 중심 · 고객의 참여가 필요한 정도 · 개인의 욕구충족과 기업의 욕구충족 · 영리추구와 비영리추구에 대한 공적 서비스 혹은 사적 서비스

Lovelock(1980)	· 수요의 기본적 특성 · 서비스 대상(사람과 사물) · 수급불균형의 정도 · 고객과 서비스 제공자 사이의 단절적 관계와 지속적 관계 · 서비스의 내용과 효익 · 물리적 제품의 포함 정도 · 개인적 서비스의 포함 정도 · 단일 서비스와 서비스의 묶음 · 서비스의 제공 절차 · 복수 입지와 단일 입지의 서비스 제공 · 서비스 역량의 배분(예약과 선착순) · 독립적 소비와 집합적 소비 · 정해진 시간에 따른 거래와 정해진 과업에 따른 거래 · 서비스 제공 동안에 고객이 참여해야 하는 정도

자료 Lovelock, Christopher H.(1983), Classifying services to gain strategic marketing insight, Journal of Marketing, 47, p. 11.

이러한 서비스의 분류와 관련된 연구들을 종합하여 서비스 속성에 따라 분류해 보면, 서비스 행위의 성격에 따른 분류, 고객과의 관계유형에 따른 분류, 고객별 서비스의 변화와 재량의 정도에 따른 분류, 수요와 공급의 관계에 따른 분류, 서비스 제공방식에 따른 분류, 서비스상품의 특성에 따른 분류 등으로 나누어서 살펴볼 수 있다.

표 7·4 서비스의 성격에 따른 분류

구　분	내　　용
서비스 행위의 성격에 따른 분류	서비스행위의 성격은 유형적인 성격과 무형적인 성격으로 나눌 수 있으며, 서비스의 직접적인 대상은 사람과 사물로 나눌 수 있다. · 유형적이면서 사람을 대상으로 하는 서비스(호텔, 의료, 여객운송) · 유형적이면서 사물을 대상으로 하는 서비스(화물운송, 장비수리) · 무형적이면서 사람을 대상으로 하는 서비스(광고, 컨설팅, 교육) · 무형적이면서 사물을 대상으로 하는 서비스(은행, 법률서비스)

구 분	내 용
고객과의 관계유형에 따른 분류	서비스 제공의 성격은 계속적인 제공과 단발성 제공으로 나눌 수 있으며, 서비스 조직과 고객과의 관계유형은 회원관계와 공식적으로 관계가 없는 유형으로 나눌 수 있다. · 제공이면서 회원관계인 서비스(은행, 전화, 보험) · 계속적인 제공이면서 공식적인 관계가 없는 서비스(라디오, 경찰) · 단발성 제공이면서 회원관계인 서비스(국제전화, 정기승차권, 연극회원) · 단발성 제공이면서 공식적인 관계가 없는 서비스(렌터카, 우편서비스)
고객별 서비스의 변화와 재량의 정도에 따른 분류	종업원이 고객욕구에 따라 발휘하는 재량정도가 높은 성격과 낮은 성격으로 분류할 수 있으며, 고객에 따라 서비스를 변화시킬 수 있는 정도가 높은 성격과 낮은 성격으로 분류할 수 있다. · 종업원의 재량이 높으면서 고객에 따라 변화시킬 수 있는 정도가 높은 서비스(법률, 의료, 사교육) · 종업원의 재량이 높으면서 고객에 따라 변화시킬 수 있는 정도가 낮은 서비스(교육, 예방의료) · 종업원의 재량이 낮으면서 고객에 따라 변화시킬 수 있는 정도가 높은 서비스(호텔, 전화, 은행, 고급음식점) · 종업원의 재량이 낮으면서 고객에 따라 변화시킬 수 있는 정도가 낮은 서비스(대중운송서비스, 영화관, 패스트푸드)
수요와 공급의 관계에 따른 분류	공급의 제한을 피크수요를 충족시킬 수 있는 정도와 시간에 따른 수요의 변동성 정도가 많고 적은 서비스로 분류하였다. · 피크수요를 충족시킬 수 있으면서 시간에 따른 수요의 변동성이 많은 서비스(전기, 전화, 소방) · 피크수요를 충족시킬 수 있으면서 시간에 따른 수요의 변동성이 적은 서비스(보험, 법률, 은행, 세탁서비스) · 피크수요를 충족시킬 수 있는 능력이 적으면서 시간에 따른 수요의 변동성이 많은 서비스(호텔, 회계, 식당, 극장, 여객운송) · 피크수요를 충족시킬 수 있는 능력이 적으면서 시간에 따른 수요의 변동성이 적은 서비스(위와 비슷하지만 기본적으로 불충분한 설비능력을 지님)

서비스 제공방식에 따른 분류	고객과 서비스의 관계 및 서비스 지점으로 분류한다. · 고객이 서비스기업으로 가면서 단일입지인 서비스(극장, 이발소) · 고객이 서비스기업으로 가면서 복수입지인 서비스(버스, 패스트푸드, 레스토랑) · 서비스기업이 고객으로 가면서 단일입지인 서비스(잔디관리, 택시, 방역) · 서비스기업이 고객으로 가면서 복수입지인 서비스(우편, 긴급자동차수리) · 떨어져서 거래하면서 단일입지인 서비스(신용카드, 케이블 텔레비전) · 떨어져서 거래하면서 복수입지인 서비스(방송네트워크, 전화)
서비스상품의 특성에 따른 분류	서비스가 사람에 근거한 정도와 서비스가 설비 또는 시설에 근거한 정도와 관련된 서비스가 높고 낮은 정도 · 서비스가 사람에 근거한 정도가 높으면서 서비스가 설비 또는 시설에 근거한 정도가 높은 서비스(고급호텔, 병원) · 서비스가 사람에 근거한 정도가 높으면서 서비스가 설비 또는 시설에 근거한 정도가 낮은 서비스(컨설팅, 회계) · 서비스가 사람에 근거한 정도가 낮으면서 서비스가 설비 또는 시설에 근거한 정도가 낮은 서비스(지하철, 렌터카) · 서비스가 사람에 근거한 정도가 낮으면서 서비스가 설비 또는 시설에 근거한 정도가 낮은 서비스(전화)

자료 이유재, 2004, p. 34 기초로 재작성.

03 서비스산업의 동향

빠르게 변화하는 경영환경과 정보화, 글로벌화(globalization) 등으로 인하여 산업구조는 많은 변화를 겪고 있다고 할 수 있다. 이러한 상황 하에서 인터넷을 기반으로 한 정보통신기술의 발전과 다양한 소비자욕구 등으로 인하여 서비스산업은 빠르게 성장하고 있으며, 특히 전통적인 산업경제에서 디지털경제로 전환하는 과정에서 이전에는 없었던 새로운 서비스들이 생겨나면서 서비스의 중요성은 더욱 커져가고 있다.

우리의 일상생활에서도 인터넷과 휴대폰을 기반으로 하는 정보통신서비스, 의료서비스, 금융서비스, 교육서비스, 법률서비스 등 서비스가 없이는 일상생활이 어려운 상황이 되었다고 할 수 있다. 또한 우리나라의 경제적인 구조에서도 제조업만으로 성장하는 데는 한계점에 부딪힐 수 있으므로 서비스산업의 증가와 발전이 필요한 부분이라고 할 수 있다.

우리나라 서비스산업의 현황을 살펴보면, 2002년 이후 일시적으로 하락세를 보이다가 다시 증가하여 2007년에 57.6%를 기록하였다. 제조업의 비중은 1988년 30.7%를 최고점으로 하락세를 보여 정체상태라고 할 수 있는데 2007년에는 27.9%를 기록하였다. 우리나라의 서비스산업 비중은 지속적으로 증가하고 있지만 OECD에 가입되어 있는 다른 국가에 비하면 낮은 수준이라고 할 수 있는데, 2006년 기준으로 우리나라의 서비스산업 비중은 노르웨이, 터키, 체코 등과 함께 가장 낮은 수준이라고 할 수 있다.

우리나라와 달리 같은 시점에 미국, 영국, 프랑스 등 주요 선진국의 서비스업 비중은 70%를 초과하였다. 제조업이 발달한 일본, 독일, 핀란드에 비해서도 우리나라의 서비스산업 비중은 상당히 낮은 편이라고 할 수 있다.

서비스산업이 중요한 이유는 서비스산업은 제조업을 보완하여 성장동력이 될 수 있기 때문에 위에서 언급한 대로 OECD 주요국가의 서비스산업의 GDP 비중 및 고용비중은 70% 이상을 상회하고 있으며, 아웃소싱의 확산, 서비스 교역 확대, 소비의 고급화 등으로 서비스수요는 증가하고 있는 추세이다. 이러한 서비스산업의 성장 배경에는 위에서 언급한 대로 인터넷, 휴대폰과 연결된 정보통신기술의 발전, 소비자 욕구의 다양화 등의 원인이 있다고 할 수 있다.

또한 서비스산업은 노동집약적 서비스에서부터 지식기반 서비스에 이르기까지 범위가 매우 넓으며, 각 업종별로 산업의 특성, 성장잠재력, 경제기여도 등에서 차이가 크다고 할 수 있으며, 국가경제 기여차원에서 볼 때, 서비스업 종별 특징은 〈표 7-5〉와 같다.

표 7·5 서비스업 업종별 특징

업 종	주요 특징
도소매, 음식. 숙박, 공공행정 등 전통 서비스업	고용창출 효과가 높음
비즈니스서비스, 의료, 금융, 통신, 방송, 문화·관광	성장잠재력이 높음
물류, 금융, 교육, 통신·방송 등	제조업 등 국가경제의 효율성 제고
교통, 운수, 관광	글로벌 교역 등 국제화 용이

자료 고정민 외, 삼성경제연구소, 2005, p. 4.

04 서비스기업의 과제

1) 보조서비스의 중요성 증가

최근 많은 서비스기업들은 다른 기업들과의 치열한 경쟁으로 인하여 고객에게 제공되는 기술적인 수단만으로는 경쟁우위를 창출하고 유지하는 데 어려움을 겪을 수밖에 없다. 따라서 서비스기업들은 다른 경쟁기업에 비해서 경쟁우위를 확보하기 위해 주서비스와 더불어 보조서비스에 대한 비중을 늘려서 보조서비스를 추가하거나 기존의 서비스에 보조서비스를 확장하는 차별화전략을 많이 구사하게 된다. 예를 들어, 호텔산업의 경우 호텔의 주된 서비스 중 하나는 객실서비스라고 할 수 있는데, 이러한 객실서비스만으로는 다른 호텔들과 비교해서 경쟁우위를 창출하는 데 있어서 어려움을 겪기 때문에 식음료서비스, 수영장 등 다른 부분에서 서비스에 차이를 두어 경쟁우위를 확보하기 위해서 노력하고 있다. 항공사의 경우도 고객들을 운송하는 주된 서비스 이외에도 마일리지 서비스 및 티케팅과 관련된 서비스, 고객들이 대기하는 데 불편을 줄이도록 하는 서비스 등 여러 가지 다양한 서비스를 통해서 경쟁우위를 확보하기 위해 치열하게 경쟁하고 있다고 할 수 있다.

2) 서비스마케터의 과제

제품과 서비스 간의 근본적인 차이 때문에 서비스 마케터들은 재화를 마케팅하는 마케터들과 비교해서 몇 가지 실질적인 어려움에 부딪힌다. 서비스에 대한 고객의 기대를 이해하는 것, 서비스를 유형화시키는 것, 서비스 제공과 고객관리상의 문제를 처리하는 것, 고객에게 약속한 것을 지키는 것 등이 그것이다. 아래의 질문들은 서비스 관리자들에게 아직도 해결하기 난해한 당면 과제라고 할 수 있다(이유재, 2004: p. 37 참조).

① 상품이 무형적이고 비표준화되었을 때 어떻게 서비스 품질을 정의하고 향상시킬 것인가의 문제

② 서비스가 무형의 과정일 때 어떻게 신종 서비스를 효과적으로 설계할 수 있을 것인가의 문제

③ 어떻게 일관적이고 적절한 이미지를 고객에게 전달할 것인가의 문제

④ 서비스의 공급이 한정되어 있고 소멸하기 쉬울 때 기업이 어떻게 변동수요에 적응할 것인가의 문제

⑤ 서비스 종업원들을 어떻게 동기부여시키고 선발할 수 있을 것인가의 문제

⑥ 실제 생산비를 결정하기 어렵고 가격이 품질의 지각과 관련되어 있을 때 가격을 어떻게 설정하는지와 관련된 문제

⑦ 마케팅, 생산, 인사에 대한 의사결정이 다른 영역들에 중요한 영향을 미칠 때 훌륭한 전략적, 전술적 의사결정을 하기 위한 조직구조와 관련된 문제

⑧ 조직의 효율성과 고객만족을 동시에 극대화하기 위해서는 어떻게 표준화와 개별화 간의 균형을 이룰 것인가에 관한 문제

⑨ 서비스가 법적으로 보호되지 않을 때 어떻게 신종 서비스의 콘셉트를 경쟁자들로부터 보호할 것인가와 관련된 문제

⑩ 제공물이 무형이고 진열되거나 사용되기 어려울 때 기업은 어떻게 품질과 가치를 고객에게 알릴 수 있을까와 관련된 문제

⑪ 종업원과 고객들이 서비스 결과에 영향을 미칠 때 서비스기업은 어떻게 일관된 품질의 서비스를 제공할 것인가의 문제

05 서비스산업의 성장 요인

최근 서비스산업이 급속하게 성장하는 요인은 다양하지만 주요한 요인들로는 인터넷을 기반으로 한 정보통신기술의 발전, 소비자 욕구의 다양화, 정보통신기술의 발전과 소비자 욕구의 다양화를 배경으로 한 새로운 서비스들의 등장, 글로벌화의 가속화 등을 들 수 있다. 또한 이러한 요인들을 기반으로 한 전통적인 산업사회에서 디지털경제로의 변화가 서비스산업들의 비중을 크게 높이고 있다고 할 수 있다. 먼저, 전통적인 산업사회에서 디지털경제로 변화되면서 나타나는 여러 가지 변화의 내용을 살펴보면 〈표 7-6〉과 같다.

표 7-6 산업사회와 디지털경제의 비교

	산업사회	디지털경제
변화동인	· 기계엔진(동력)	· 디지털기술(정보처리), 인터넷
변화속도	· 점진적	· 급진전
변화주도	· 산업자본(신흥자본가)	· 지식과 정보(지식 근로자)

	산업사회	디지털경제
변화대상	· 경제에서 정치, 사회, 문화 등으로 확산 · 특정지역에서 세계로 확산	· 정치, 경제, 사회, 문화 등에 거의 동시에 영향 · 전 세계에서 동시에 진행
핵심생산요소	· 노동, 자본	· 기술, 정보, 지식
고 용	· man power · 평생직업 · 임금을 위한 노동 · 단순노동, 특화된 노동	· human capital · 평생직장(평생교육) · 소유를 위한 노동(스톡옵션) · multi tasking
근무형태	· 고정된 근무시간	· 재택근무, 파트타임, 자유시간 근로제 등 유연성 증대
기업조직	· 수직적, 피라미드 조직 · 기능적이고 특화됨	· 수평적 조직, 인스턴트 조직 · 네트워크화
경영방식	· 명령, 통제 · 하향식의 의사소통	· 자기 관리 · 광범위하게 분산
생산방식	· 규모의 경제 · 대량생산으로 비용절감	· 다품종 소량생산, 재고 감축 · 네트워크화로 비용 절감
판매방식	· 대규모 시장과의 근접성	· 전자상거래를 통한 one to one marketing
산업구조	· 제조업 중심 · 생산자 중심	· 서비스업 중심 · 소비자 중심
산업조직	· 대기업 중심	· 중소벤처기업의 역할 증대
정부역할	· 계획 수립(시장 개입) · 규제	· 비전 제시(환경조성) · 조정

자료 박기홍 외, 2000, p. 55.

1) 정보통신기술의 발전

지식과 정보를 창출하고 활용하는 활동이 기반이 되는 지식기반경제(knowledge based economy)의 기반에는 정보통신기술의 발전이라는 전제가 깔려 있다. 인터넷과 같이 전 세계를 하나로 연결하는 네트워크와 더불어 여러 정보통신시설과 기기들이 중요한 역할을 수행하고 있다. 이러한 나날이 발전하는 정보통신기술의 발전은 경제, 사회, 문화 등 모든 분야에서 여러 가지 변화를 가져오고 있다. 그중에서도 경제분야와 관련된 변화가 가장 두드러진다고 할 수 있는데 경제의 모든 부분에서 정보화가 급진전됨에 따라 정보통신기기 및 서비스에 대한 수요가 지속적으로 증가하고 있다. 특히, 모든 산업에서의 서비스 부분에서의 변화를 주도하고 있다고 할 수 있는데, 환대산업의 경우도 예외는 아니어서 호텔, 항공사, 여행사, 렌터카 등 대부분의 분야에서 예약시스템 등 여러 가지 분야에서 변화를 주도하고 있으며, 이러한 변화로 인해 서비스와 관련된 부분은 급속히 성장하고 있다. 이러한 환대산업뿐만 아니라 은행, 병원, 교육 등 모든 핵심적인 서비스에 있어서 정보통신기술의 발전이 미치는 영향은 절대적이며 모든 산업에 있어서 시간과 공간을 초월하게 만드는 스마트폰 등의 일반화로 인해 서비스산업의 발전은 더욱 가속화될 것으로 예측된다.

2) 소비자 욕구의 다양화

이전의 산업경제시스템에서는 소품종 대량생산의 시스템이었기 때문에 소비자들의 욕구가 디지털경제의 환경과 같이 다양하지 못했지만, 디지털경제 환경에서는 다품종 소량생산의 시스템이기 때문에 소비자들의 욕구가 매우 다양하다고 할 수 있다. 이렇게 다양한 소비자들의 욕구는 새로운 서비스에 대한 다양한 욕구로 나타나 서비스산업의 성장에 큰 영향을 미친다고 할 수 있다.

3) 새로운 서비스의 등장

위에서 언급된 정보통신기술의 발전, 소비자 욕구의 다양화 등으로 인하여 이전에는 없었던 많은 새로운 서비스들이 등장하게 되었다. 특히, 정보통신기술을 기반으로 한 여러 새로운 서비스들의 등장으로 서비스의 비중은 계속 해서 증가하고 있다. 또한 향후에도 계속해서 지금은 존재하지 않는 새로운 서비스들이 나타날 것으로 예상되기 때문에 서비스의 비중은 더욱 증가할 것으로 예상된다.

4) 글로벌화의 가속화

디지털경제환경 하에서 가장 두드러진 특징은 정보화, 글로벌화, 서비스산업의 비중 증가 등을 들 수 있다. 그중에서 글로벌화는 자본집약적인 생산방식과 규모의 경제의 중요성 증대, 전 세계 소비자 취향의 동질화, 무역장벽의 감소 등으로 인하여 앞으로 더욱 가속화될 것으로 예상된다. 이러한 글로벌화의 가속화는 항공산업과 호텔관광산업 등의 수요를 증가시켜, 가장 규모가 큰 산업 중 하나인 호텔관광사업의 성장과 더불어 서비스업의 비중을 더욱 증대시킬 것으로 예상된다.

서비스리더십

리더십의 원천이 명령과 지시, 통제라는 물리적인 힘에서 사람들과 잘 어울리고 그들의 욕구와 문제를 해결해 주는 서비스로 전환되고 있으며 서비스를 통하여 내부고객의 욕구를 충족시킴으로써 그들의 만족을 이끌어내고 그 만족을 토대로 외부고객의 욕구를 충족시켜 만족을 창출해 나가는 것이 서비스리더십의 전개방향이라고 할 수 있다. 기존의 리더십은 피라미드형의 수직적인 구조에서 전통적인 힘을 발휘해 왔는데 네트워크화된 수평조직에 적합한 리더십은 고객의 욕구충족을 위해 신뢰를 바탕으로 협력하고 지원하는 서비스리더십이라고 할 수 있다. 고객만족을 만들어내기 위해서 가장 적합한 조직인 수평적 조직을 움직여 나가기 위한 리더십의 실체는 서비스현장 상황에서 무엇을 어떻게 해야 하는지에 대한 답을 줄 수 있는 서비스리더십이라고 할 수 있다. 또한 서비스리더십을 구성하는 세 가지 요소는 고객만족, 서비스능력, 커뮤니케이션이라고 할 수 있다(박소연 외, 2005: p. 42).

06 서비스와 고객만족

최근 들어 개인이나 조직의 리더십(leadership)의 중요성이 부각되고 있는데 서비스에 있어서도 서비스리더십은 매우 중요한 부분이라고 할 수 있다.

리더십의 원천이 명령과 지시, 통제라는 물리적인 힘에서 사람들과 잘 어울리고 그들의 욕구와 문제를 해결해 주는 서비스로 전환되고 있으며 서비스를 통하여 내부고객의 욕구를 충족시킴으로써 그들의 만족을 이끌어내고 그 만족을 토대로 외부고객의 욕구를 충족시켜 만족을 창출해 나가는 것이 서비스리더십의 전개방향이라고 할 수 있다. 기존의 리더십은 피라미드형의 수직적인 구조에서 전통적인 힘을 발휘해 왔는데 네트워크화된 수평조직에 적합한 리더십은 고객의 욕구충족을 위해 신뢰를 바탕으로 협력하고 지원하는 서비스리더십이라고 할 수 있다.

고객만족을 만들어내기 위해서 가장 적합한 조직인 수평적 조직을 움직여 나가기 위한 리더십의 실체는 서비스현장에서 무엇을 어떻게 해야 하는지에 대한 답을 줄 수 있는 서비스리더십이라고 할 수 있다. 또한 서비스리더십을 구성하는 세 가지 요소는 고객만족, 서비스능력, 커뮤니케이션이라고 할 수 있다(박소연 외, 2005: p. 42).

위에서 언급된 바와 같이 서비스리더십을 구성하는 가장 중요한 구성요소 중 하나가 고객만족인데, 고객만족(customer satisfaction)의 사고는 1980년대에 서비스경제의 중요성이 증대되면서 미국과 유럽에서 새로운 경영이념으로 자리 잡게 되었다. 여기에는 미국의 GE사가 도입한 소비자 대응창구(answer center)와 서비스 품질의 향상으로 높은 경영성과를 올린 스칸디나비아 항공사의 사례가 많은 영향을 미쳤다고 할 수 있다.

고객만족의 창출과 유지를 위해서는 기업이 제공하는 제품 혹은 서비스의 높은 품질과 기능이 제공되어야 하며 고객서비스기능이 차별화의 중요한 요인이 될 수 있다. 한편, 고객만족경영이란, 기업이 경영을 함에 있어서 고객의 입장에서 객관적인 관점에서 고객이 완벽한 만족을 추구하며, 고객만족을 최종 목표로 삼고 전사적으로 그 성과를 향상시키는 데 모든 경영활동을 집중하는 것을 의미한다.

1) 고객기대모델

고객기대(customer expectation)란, 서비스 성과 판단에 이용되는 표준 및 준거로써 어떤 고객이 서비스를 제공받기 전에 그 성과에 대해서 가지고 있는 신념이라고 정의할 수 있다(이명식, 2004: p. 77). 또한 고객의 기대는 최고서비스(ideal service), 희망서비스(desired service), 최저서비스(adequate service), 허용구간(tolerance zone), 예상서비스(predicted service) 등의 5가지 수준으로 구성되어 있다.

(1) 최고서비스 수준

최고서비스 수준(ideal service level)이란, 서비스를 제공받고자 하는 고객이 기대할 수 있는 가장 최상의 서비스 수준을 의미한다. 서비스가 이루어지기 전에 고객이 나름대로 원하고 있었던 부분은 물론 미처 깨닫지 못한 부분까지도 제공되어져 고객의 효익을 제고시켜주는 서비스 수준을 의미한다.

(2) 희망서비스 수준

희망서비스 수준(desired service level)이란, 고객이 서비스를 제공받기 전

서비스 제공자로부터 받기를 희망하는 서비스의 성과 수준을 의미한다. 일반적으로 고객들은 최고서비스 수준의 서비스는 제공받기가 쉽지 않기 때문에 희망서비스 수준의 서비스를 제공받기를 기대하게 된다. 한편, 고객에 따라서는 최고서비스 수준과 희망서비스 수준이 일치하는 경우도 있을 수 있다.

(3) 최저서비스 수준

최저서비스 수준(adequate service level)이란, 고객이 불만족스럽게 생각하지 않고 받아들일 수 있는 최소한의 서비스 수준을 의미한다. 이러한 경우 고객들은 제공되고 있는 서비스에 대해 최소허용 기대치만을 가지게 된다.

(4) 허용구간

허용구간(tolerance zone)이란, 고객이 서비스에 대한 가변성을 인정하고 수용하고자 하는 정도로서 희망서비스 수준과 최저서비스 수준 사이에 위치하는 구간을 의미한다. 고객들은 허용구간 내에서 서비스를 제공받게 되면 받아들이지만 제공되는 서비스가 최저서비스 수준보다 낮아서 허용구간 밖에서 서비스가 수행되면 불만족스럽게 생각한다. 또한 제공되는 서비스가 희망서비스 수준을 넘어서 허용구간 밖에서 제공되면 고객들의 만족도는 높아지게 된다. 허용구간은 서비스가 제공되는 상황 및 고객의 특성에 따라서 가변적이라고 할 수 있다.

(5) 예상서비스 수준

예상서비스 수준(predicted service level)이란, 고객들이 서비스를 제공받을 때 기대하는 서비스 수준으로 최고서비스 수준부터 최저서비스 수준까지의 범위에 걸쳐 있다. 예를 들어, 어떤 고객이 음식점에서 주문을 해서 음식이 준비되어 나오는 시간이 5분 걸린다는 말을 들었을 때 최고서비스 수준은 5

분 이내에 주문된 음식이 준비되는 것이지만 과거의 경험상 10분이나 15분이 소요될 수도 있다. 이러한 경우, 고객의 예상서비스 수준은 5분 이내에 주문한 음식이 준비되면 최고의 서비스 수준의 서비스를 제공받는 것이지만 10분이나 15분 후에 음식이 준비될 수도 있기 때문에 서비스 수준은 고객 자신의 기대에 맞추어 변경될 수 있다고 할 수 있다.

2) 고객기대의 선행요인

Kurtz and Clow(1998)에 따르면 고객의 기대는 내부요인, 외부요인, 상황요인, 서비스기업요인 등에 의해서 영향을 받는다.

(1) 내부요인

가) 개인적 니즈

개인적 니즈는 Maslow의 욕구단계설(hierarchy of needs)에 근거하고 있는데, 그 내용은 인간의 행동에 높은 차원의 욕구가 영향을 미치기 이전에 그보다 낮은 차원의 욕구가 완전하거나 부분적으로 충족되어야 한다는 내용이다. 이러한 인간의 욕구는 생리적 욕구(physiological needs), 안전욕구(safety needs), 사회적 욕구(social needs), 자기존중 욕구(self-esteem needs), 자아실현 욕구(self-actualization needs) 등으로 나누어진다.

먼저, 가장 낮은 차원의 욕구는 생리적 욕구인데 생리적 욕구는 의식주와 같이 인간이 생활해 나가는 데 있어서 가장 기본적인 욕구를 의미한다. 이렇게 생리적 욕구가 충족되면, 인간은 안전욕구를 가지게 되는데 안전욕구는 안전 및 위험 회피, 물리적인 손상으로부터의 보호와 관련된 욕구를 의미하며 그 다음 단계의 욕구는 어떤 집단에 소속하고자 하거나 가족을 이루고자 하는 등의 사회적 욕구이다.

그 다음 단계로 높은 차원의 욕구들인 자기존중 욕구와 자아실현 욕구 등이 있는데, 자기존중 욕구는 소속된 사회에서 지위를 가지고 자신을 존중하며 남으로부터 존경받고 싶어 하는 욕구를 말하며, 자아실현 욕구는 인간이 자신이 이룰 수 있는 모든 것을 얻고자 하는 욕구를 의미한다.

나) 관여수준

관여(involvement)는 인간이 어떠한 상황에서 특정행위를 할 때 가지게 되는 중요성이나 관심의 정도를 의미하는데, 관여는 고객의 기대에 두 가지 효과를 가지고 있다. 첫째, 관여수준이 높아질수록 최고서비스와 희망서비스 수준과의 차이가 줄어들게 된다. 둘째, 관여수준이 높아질수록 허용구간의 폭은 줄어들게 되며 이러한 경우, 고객들은 서비스 제공사항에 변동이 생기면 예민해지게 되어 덜 관용적이게 된다.

다) 과거경험

서비스에 대한 고객의 기대에 영향을 미치는 가장 중요한 요인은 고객의 과거경험이라고 할 수 있다. 과거경험에는 특정 서비스 제공자와의 경험, 같은 산업 내의 다른 서비스 제공자와의 경험 및 유사한 서비스에 대한 경험 등이 포함된다고 할 수 있다.

(2) 외부요인

고객기대의 선행요인 중 외부요인들로는 경쟁자 상황, 사회적 상황, 구전 커뮤니케이션 등이 있다.

가) 경쟁자 상황

고객들의 서비스 기대수준은 같은 산업 내의 경쟁자의 상황에 의해서 영향을 받게 되는데, 예를 들어 같은 산업 내의 다른 경쟁기업이 서비스의 가격을 인하한다면 다른 경쟁기업들도 가격을 인하하거나 다른 촉진수단을 사용하게 된다. 또한 경쟁은 같은 산업 내의 다른 경쟁자들하고만 하는 것이 아니라 다른 산업의 대체 가능한 경쟁자들과도 일어나게 된다.

나) 사회적 상황

고객들이 처한 사회적 상황도 서비스에 대한 기대수준에 영향을 미치게 되는데, 고객들은 자신들이 조금 더 신경 쓰는 사람들과 함께 있을 때 서비스 기대수준이 증가하게 되며 허용구간은 상대적으로 줄어들게 된다.

다) 구전 커뮤니케이션

구전 커뮤니케이션(word-of-mouth communication)은 고객들의 기대 형성에 큰 영향을 끼치게 되는데, 특히 서비스는 경험품질 혹은 신용품질의 특성을 가지고 있기 때문에 다른 사람의 의견을 요청하는 경우가 많이 발생한다. 특히, 구전 커뮤니케이션은 서비스에 대한 최고수준과 희망수준을 형성하는 데 많은 영향을 미치게 된다.

(3) 상황요인

상황요인은 정상적인 상황에서의 일시적인 변화로 구매이유, 고객의 기분, 날씨, 시간의 제약 등이 있다.

가) 구매이유

구매이유는 서비스에 대한 고객의 기대에 많은 영향을 미치는데, 예를 들어 호텔을 선택할 때 그 선택이유가 무엇인가에 따라 고객들의 기대는 크게 달라지게 된다.

나) 고객의 기분

고객의 서비스 제공 당시 기분은 서비스에 대한 기대에 많은 영향을 미치게 되는데, 고객의 기분이 좋을 때는 서비스제공자에 대해서 보다 관용적이기 때문에 허용구간의 범위가 보다 커지게 되고 최저서비스 수준도 보다 낮아지게 된다. 반면, 고객의 기분이 좋지 않을 때는 위와는 반대로 허용구간도 작아지며 최저서비스 수준도 올라가게 된다.

다) 날 씨

날씨도 고객의 서비스기대에 영향을 미치는데 날씨가 좋을 때와 나쁠 때 고객들은 서비스에 대한 기대수준이 다르게 나타나게 된다. 서비스에 대한 희망수준은 동일하지만 날씨가 나쁘면 서비스 예상수준은 낮아지게 된다.

라) 시간의 제약

시간의 제약성(time constraints)도 고객의 기대에 영향을 미치게 되는데, 예를 들어, 급하게 인쇄물을 맡긴 고객의 경우, 예상기대수준이 낮아지게 되면 허용구간의 범위도 넓어지게 된다. 이와 같이 시간적으로 제약이 있는 서비스의 경우 고객들도 정상적인 상황에서 기대할 수 있는 서비스 수준을 그 시간의 제약성에 맞추어 변경시키게 된다.

(4) 서비스기업요인

고객기대에 영향을 미칠 수 있는 서비스기업요인들로는 촉진, 유통, 가격, 서비스 종업원, 다른 고객들, 유형적 단서, 기업이미지, 서비스 제공 전 대기 등이 있다.

가) 촉 진

고객들은 광고나 판매촉진 등을 통한 기업의 촉진전략에 의해서 그 기업에 대한 예상서비스 수준을 형성하게 되는데, 이에 따라 고객들은 희망서비스 수준, 최저서비스 수준, 허용구간 등을 변경시킬 수 있다.

나) 유 통

브랜드자산이 구축되어 있고 복수의 유통체인점을 가지고 있는 기업들이 제공하고 있는 서비스는 고객들의 예상기대를 강화시키고 있다. 고객들은 그 서비스기업의 각 점포에서는 거의 비슷한 수준으로 서비스를 제공받을 것으로 기대하게 된다.

다) 가 격

일반적으로 가격이 높을수록 고객들의 서비스에 대한 기대도 높아지게 되고 허용구간도 좁아지게 된다. 또한 가격에 있어서 경쟁기업 및 대체안에 따라 고객의 기대도 변화하게 되며 예상서비스 수준은 가격과 정비례하지만 허용구간의 범위는 반비례하는 경향이 나타나게 된다. 다시 말하면 가격이 높을수록 고객들의 최저서비스 수준은 올라가고 허용구간도 좁아지게 된다.

라) 서비스 종업원

서비스 종업원의 고객에 대한 응대 및 대화는 그 서비스를 제공받고 있는 고객들의 기대수준에 영향을 미치게 된다.

마) 다른 고객들

고객의 기대는 다른 고객들에 의해서도 영향을 받게 되는데, 다른 고객들이 어떻게 서비스 제공을 받는지 관찰함으로써 자신이 받을 서비스의 수준을 기대하게 된다. 또한 다른 고객들이 고객기대에 미치는 또 다른 영향은 서비스에 대한 수요를 나타내 보이는 것이라 할 수 있는데, 예를 들어 어떤 음식점에서는 많은 사람들이 음식을 주문하기 위해서 줄을 서서 기다리는 것을 보는 경우 그 서비스에 대한 기대수준은 높아지게 된다.

바) 유형적 단서

서비스의 유형적 단서에는 서비스 시설의 내부 · 외부 모양, 배치된 가구,

서비스에 사용될 설비, 인테리어, 청결도 등이 포함된다. 이러한 유형적 단서에 의해 고객들의 기대수준은 영향을 받게 된다.

사) 기업이미지

고객들이 서비스 제공 기업에 대해서 좋은 이미지를 가지고 있으면 그 기업에서 제공되는 서비스의 기대도 크고 그렇지 않으면 서비스에 대한 기대수준도 낮아지게 된다.

아) 서비스 제공 전 대기

고객들은 나름대로의 기준을 가지고 대기시간을 예상하게 되며 예상보다 실제 대기시간이 길어지게 되면 고객은 그 서비스에 대해서 덜 관용적이게 된다.

07 고객만족 지표의 이해

고객만족도는 고객이 거래한 제품이나 서비스에 대해서 거래 및 이용시의 체험을 근거로 하여 어느 정도 만족하는가를 측정하고, 만족하는 각 요소에 대해서 고객의 평가를 측정하는 것이라고 할 수 있다. 현재의 고객만족도 수준을 이해하고 어떠한 개선활동을 추진할 것인가를 검토하기 위해서는 고객의 가치기준에 기반을 둔 조사에 의해 도출된 고객만족도지수(customer satisfaction index; CSI)를 측정하고, 이를 위해 핵심이 되는 질문 항목이 무엇인지를 파악해야 하며, 설문의 대상자를 선정함에 있어서도 유의해야 한다. 고객만족 측정의 목적은 고객만족도를 제고하기 위한 개선활동이기 때문에 실제 고객만족도 지수를 산출하는 과정에서 종합적인 만족감을 상승시키는 데 크게 기여하는 요인이 무엇인지를 알아야 하며 측정결과를 기본으로 하여 직원들이 어떻게 해야 할지를 스스로 생각해 보도록 한다. 고객만족도 조사를 위해서는 계속성의 원칙, 정량성의 원칙, 정확성의 원칙 등이 필요하다고 할 수 있다(김연성 외, 1999: p. 208).

1) 계속성의 원칙

고객만족도 조사를 특정시점에 한 번 실시하는 것으로는 고객만족도 제고를 위해서는 부족하며, 지속적으로 고객만족도를 조사하여 이 결과를 체계적인 개선활동에 반영하는 것이 필요하다.

2) 정량성의 원칙

고객만족도 조사에서 중요한 것은 이전과 비교해서 어느 정도 개선되었는지를 파악하는 것이 중요한 목적이기 때문에 비교의 기준이 제시된다. 따라서 일정한 시기에 일정한 방법에 의해서 계속적으로 조사를 실시하는 것이 중요하며 시계열적인 비교가 가능해지면 고객만족의 상황과 문제점을 파악할 수 있다.

3) 정확성의 원칙

위에서 언급된 계속성의 원칙과 정량성의 원칙과 더불어 조사대상자의 표본이 적합한지, 조사항목이 경영상황을 충분히 반영하는지, 조사방법이 적절한지 등에 대한 원칙도 매우 중요한 부분이라고 할 수 있다.

제 8 장 서비스 품질과 서비스 전략

서비스기업의 경우 품질관리를 통해서 기업의 경쟁우위를 확보해야 하며, 이를 통해 산업 내에서 지속적으로 성장할 수 있는 기회를 마련할 수 있다. 이러한 서비스 품질관리를 위해서는 먼저 서비스 품질을 측정하는 일이 선행되어야 하는데, 서비스는 제품과 달리 품질을 측정하는 데 여러 가지 어려움이 생길 수 있다(김연성 외 1999: p. 479). 이렇게 서비스 품질을 측정하는 데에서 부딪치는 어려움은 첫째, 서비스 품질의 개념이 주관적이기 때문에 객관화하여 측정하기 어려우며, 모든 경우에 적용되는 서비스 품질을 정의하기는 매우 어렵다. 둘째, 서비스 품질은 서비스의 전달이 완료되기 이전에는 검증되기가 어려운데, 이것은 서비스의 특성상 생산과 소비가 동시에 이루어지기 때문이다. 셋째, 서비스 품질을 측정하려면 고객에게 물어봐야 하는데 고객으로부터 데이터를 수집하는 일은 시간과 비용이 많이 소요되며 회수율도 낮은 편이기 때문에 서비스 품질 측정에 어려움이 있다. 넷째, 자원이 서비스 전달과정 중에 고객과 함께 이동하는 경우에는 고객이 자원의 흐름을 관찰할 수 있는데, 이러한 점은 서비스 품질의 객관성을 저해할 수 있다. 마지막으로 고객은 서비스 프로세스의 일부이며, 변화를 일으킬 수 있는 중요한 요인이기도 하다. 따라서 고객을 대상으로 하는 서비스 품질의 연구 및 측정에 본질적인 어려움이 있다고 할 수 있다.

01 서비스 품질의 이해

기업의 품질은 그 기업의 경쟁력을 좌우하는 매우 중요한 부분이라고 할 수 있는데, 품질경영과 관련하여 최근까지 여러 기업과 연구자들에 의해서 여러 발전과정의 단계를 거쳐 왔으며, 이러한 품질경영에 관한 발전과정을 통해서 전통적 품질경영과 현대적 품질경영을 비교하면 〈표 8-1〉과 같다.

표 8·1 품질경영관점의 비교

전통적 품질경영의 관점	현대적 품질경영의 관점
· 대응형(reactive)	· 선행형(proactive)
· 검사 중심	· 예방 중심
· AQL(Accepted Quality Level)이 표준	· Zero Defect가 표준
· 제품 중심(product-oriented)	· 과정 중심
· 일정 최우선	· 품질 최우선
· 품질과 비용의 양자택일	· 품질과 비용의 동시 추구
· 품질의 대상은 작업	· 개발에서부터 서비스까지 관여함
· 품질비용에 대한 대략적 짐작	· 품질비용에 대한 공식적인 조사
· 품질은 품질부문의 문제	· 품질은 기업 전 부문의 문제임
· 규격에 적합하면 됨	· 지속적인 개선이 요구됨
· 품질은 기술적 문제임	· 품질은 경영의 문제임

자료 김연성 외, 1999, p. 31.

특히, 재화와 비교해서 서비스는 무형성, 이질성, 생산과 소비의 동시성 등의 특성으로 인해 품질의 평가가 더 어렵다고 할 수 있다. 이러한 어려움 때문에 소비자는 서비스의 품질을 평가할 때 다른 단서(clue)나 과정(process)에 의존하는 경향을 나타낸다. 또한 서비스는 탐색품질(search quality) 속성이 거의 없고 경험품질(experience quality) 속성을 많이 가지고 있다. 고객이 서비스를 평가할 때 기대가 매우 중요한 역할을 하기 때문에 마케터는 이러한 기대를 형성하는 요인을 이해할 필요가 있는데, 실질적으로 고객의 기대에 영향을 미치는 요인 중에는 통제 가능한 요인보다 통제 불가능한 요인이 더 많다고 할 수 있다.

제품 및 서비스에 대한 품질평가는 탐색품질(search quality), 경험품질(experience quality), 신용품질(credence quality) 등으로 나눌 수 있는데, 제품의 경우는 탐색품질의 특성이 강한 반면 서비스는 경험품질과 신용품질의 특성이 강한 특성을 가지고 있다.

1) 품질의 평가

(1) 탐색품질

제품이나 서비스를 구매하기 전에 소비자들이 평가할 수 있는 속성을 말하는 것으로 모양, 느낌, 가격 등과 같은 항목을 포함하고 있다. 컴퓨터, 냉장고 등과 같은 소비재(consumer goods)와 원자재, 부품 등과 같은 산업재(industrial goods)들은 제품을 구매하기 전 소비자들이 그 품질을 평가할 수 있기 때문에 탐색품질(search quality)의 속성이 강한 편이라고 할 수 있다.

(2) 경험품질

경험품질(experience quality)은 소비자들이 소비 중이거나 소비한 후에만 평가할 수 있는 속성으로 경험을 통해서야만 그 품질을 인지할 수 있게 된다. 식사나 성형수술 등은 경험품질의 속성이 강한 서비스 상품이라고 할 수 있다. 또한 호텔, 항공사, 여행사 등의 서비스들도 경험을 통해서만 서비스의 품질을 평가할 수 있는 대표적인 산업들이라고 할 수 있다.

(3) 신용품질

신용품질(credence quality)이란, 서비스 종류 후에도 그 평가가 힘든 속성을 가지고 있는 서비스들이 포함된다고 할 수 있는데, 교육, 의료, 회계서비스 등이 포함된다고 할 수 있다.

탐색품질, 경험품질, 신용품질 등과 관련된 표는 〈표 8-2〉와 같다.

표 8·2 제품 및 서비스의 특성

품 질	정 의	소비자대상	기업대상
탐색품질	구매 전 평가될 수 있는 것	구두, 청바지, 냉장고, 컴퓨터, 휴대폰	원료, 부품, 사무용품, 공구
경험품질	소비 중이거나 소비가 끝난 후에만 평가될 수 있는 것	음식, 오락, 성형수술	사무실관리, 운송
신용품질	서비스 수행 후에도 평가하기 어려운 것	회계서비스, 교육, 병원서비스	컨설팅, 광고, 보험

2) 과정품질과 기술적 결과품질

고객들은 제공된 서비스의 기술적 결과에 대한 인식과 그 결과가 어떤 과정을 거쳐 제공되었는지를 기반으로 해서 서비스 품질을 판단하게 된다. 예를 들어, 병원에서 제공되는 의료서비스에 대한 기술적 결과품질은 환자들의 병을 완쾌시켜주는 일이다. 의료서비스의 과정품질은 의사의 시기적절한 치료, 의사 및 간호사들의 고객들에 대한 이해, 정중한 응대, 그리고 환자들의 이야기를 듣는 태도 등을 생각해 볼 수 있다. 만약, 고객들이 음식점에 갔을 때 기술적 결과품질이 제공된 음식이라면 과정품질은 음식제공 절차 및 방법, 종업원들의 응대 태도라고 할 수 있다. 만약 서비스가 어떤 구체적인 결과를 가지고 있다면 고객들은 그 결과에 의거해서 그 서비스의 효과를 판단하게 된다. 그러나 일반적으로 서비스는 제품에 비해서 상대적으로 매우 복잡하여 뚜렷한 결과가 항상 명백하게 나오는 것이 아니다. 이러한 상황에서 서비스 제공자의 실제 능력이나 그 결과의 유효성 등으로 나타나는 서비스의 기술적 품질은 고객들이 쉽게 판단할 수 없게 된다. 심지어 어떤 경우, 고객들은 제공된 서비스가 제대로 수행되었는지의 여부조차 모르는 경우가 있다. 많은 서비스의 경우 고객들은 자신들이 지불하는 비용에 대해서 의문을 품게 된다. 따라서 고객들은 자격을 소지하고 훌륭한 기술을 갖는 것 이외에도 서비스 제공자가 대인관계를 제대로 할 수 있는 능력을 가졌으면 하고 바라게 된다. 즉 고객들이 제공된 서비스 결과의 기술적 품질을 효과적으로 판단할 수 없다면 그들은 문제해결능력, 고객과의 공감능력, 고객에 대한 정중한 태도, 약속이행수준 등과 같은 서비스의 과정품질 차원에 따라 서비스 품질에 대해서 자신들의 판단을 내리게 되는 것이다(이명식, 2004: pp. 112~113).

3) 서비스 품질차원

서비스 품질차원과 관련하여 많은 연구자들은 서비스의 품질이 단일차원의 개념이 아닌 여러 요인들에 의해서 평가가 이루어져 왔다고 생각했다. 이렇게 서비스 품질차원과 관련된 연구들이 진행되다 1985년 Parsuraman, Zeithmal, Berry 등의 학자에 의해서 아래와 같이 10가지 차원의 서비스 품질 평가기준이 제시되었다.

표 8·3 서비스 품질의 10가지 평가차원

서비스 품질 차원	정 의
신용도	서비스 제공자의 솔직함, 믿음성, 신뢰감
안전성	위기, 위험, 의심 제거
접근성	접근가능성 및 용이한 접촉
커뮤니케이션	고객들의 말을 청취하고 그들이 이해할 수 있도록 의사전달하기
고객 이해하기	고객 및 그들의 니즈를 알려고 노력
유형성	물리적 시설, 장비, 종업원들의 모습
신뢰성	약속한 서비스를 믿음직스럽고 정확하게 수행하는 능력
반응성	고객을 도와주고 신속한 서비스를 제공
능 력	서비스 제공에 필요한 지식과 기술을 보유
예절성	서비스 접촉 종업원의 정중함, 존경심, 신중함, 친절함

그러나 서비스 품질의 10가지 차원들이 상호간에 중복되는 부분이 있고 그 내용을 명확하게 구별하기 힘들다는 의견 등에 따라 PZB(1988)는 1985년 자신들의 연구를 보다 정교하게 만들고 상호간에 중복되는 부분들을 5가지 차원으로 다음과 같이 통합하였으며, 최근 서비스 품질과 평가에서는 이 5가지 차원이 널리 사용되고 있는 상황이다.

(1) 유형성

유형성(tangibility)은 물리적 시설, 장비, 종업원, 사용되는 커뮤니케이션 자료 등의 외형을 의미한다. 호텔의 경우, 호텔의 외형을 의미하며 호텔산업의 특성상 일반적으로 이렇게 서비스 품질평가 차원에서 유형성에 대한 소비자들의 평가가 포함된다는 것을 인지하고 있기 때문에 청결하고 화려한 이미지를 구축한다고 할 수 있다.

(2) 신뢰성

신뢰성(reliability)이란, 약속한 서비스를 정확하게 제공하는 능력을 말하는데, PZB(1988)에 의하면, 미국에서 신뢰성이 서비스 품질 차원 5가지 중에서 서비스 품질에 대한 고객들의 인식을 결정하는 데 있어서 가장 중요한 요소로 작용되고 있다고 한다.

(3) 반응성

반응성(responsiveness)은 고객을 도와주고 신속한 서비스를 제공하고자 하는 의지를 의미한다. 반응성은 고객들의 요구, 질문, 불평 및 문제를 처리하는데 있어서 관심과 신속성을 강조한다.

(4) 공감성

공감성(empathy)이란, 고객을 개별화시켜 이해하려는 노력으로 접근의 용이성과 서로간에 커뮤니케이션이 잘 이루어지는 것이 포함된다.

(5) 확신성

확신성(assurance)은 종업원들의 지식과 정중함, 그리고 기업과 종업원들이 불러일으키는 믿음직스러운 모습을 의미한다.

4) 고객만족과 서비스 품질 업그레이드

고객만족(customer satisfaction)이란, 고객의 필요와 욕구에 의해 생겨난 기대를 충족시키거나 초과할 때 만족이 발생하고 반대로 고객의 기대를 충족시키지 못할 때 불만족이 발생하는 것을 의미한다. 한편, 서비스 품질을 평가하기 위해서 고객들은 고객들이 받은 서비스를 제공받기 전 기대했던 서비스와 비교하게 된다. 만약 제공받은 서비스의 수준이 기대했던 서비스 수준보다 높으면 만족도가 올라가고, 반대로 제공받은 서비스 수준이 기대했던 서비스 수준보다 낮으면 만족도는 낮아지게 된다.

PZB는 갭(gap)이란, 소비자가 서비스기업이 제공해야 한다고 느끼는 서비스와 소비자 서비스기업의 서비스 공정 및 결과에 대해 지각한 성과의 차이로 정의하고 있다. 서비스 품질과 관련해서 서비스 품질을 업그레이드시키는 데 있어서의 문제점(제공자 갭)은 고객의 기대를 파악하지 못하는 것, 적절한 서비스 표준을 정하지 못하는 것, 서비스 표준을 제대로 제공하지 못하는 것, 성과가 약속에 미치지 못하는 것 등을 들 수 있다. 고객의 기대서비스와 지각서비스의 차이인 갭(gap)은 네 가지로 나누어 볼 수 있다(전인수, 1999: p. 48 참조).

(1) Gap 1 : 고객의 기대를 모른다

가) 마케팅조사의 중요성에 대한 이해 부족

- 불충분한 마케팅 조사

- 서비스 품질에 대한 초점을 맞추지 않은 조사
- 마케팅조사 결과의 부적절한 사용

나) 상향 커뮤니케이션 부족

- 관리자와 고객 간의 상호작용 부족
- 접점직원과 고객 간의 커뮤니케이션 부족
- 접점직원과 최고경영자 간에 너무 많은 계층

다) 관계에 초점을 맞추지 못함

- 시장세분화 부족
- 관계보다는 거래에 초점
- 단골고객보다는 신규고객에 초점

(2) Gap 2 : 적절한 서비스 표준을 정하지 못한다

가) 고객중심적 표준의 부재

- 고객중심적 서비스 표준의 부재
- 고객에 초점을 맞춘 프로세스 관리 부재
- 서비스 품질 설정을 위한 공식과정의 부재

나) 부적절한 서비스리더십

- 서비스리더십이 불가능하다고 생각
- 부적절한 경영자 몰입

다) 어설픈 서비스설계

- 체계적이지 못한 서비스개발과정
- 모호한 서비스설계

- 서비스설계를 서비스 포지셔닝에 연결시키지 못함

(3) Gap 3 : 서비스 표준을 제대로 제공하지 못한다

가) 인사정책의 결함

- 효과적이지 못한 채용
- 역할 모호성과 역할 갈등
- 직원의 업무지식 부족
- 부적절한 평가 및 보상시스템
- 권한이양, 지각된 통제 및 팀워크의 부재

나) 공급과 수요를 일치시키는 데 실패

- 수요의 정점과 저점을 완만하게 하지 못함
- 조화롭지 못한 고객믹스
- 수요를 평탄화하기 위해서 가격에 지나치게 의존

다) 역할을 제대로 수행하지 못하는 고객

- 고객이 그들의 역할과 책임에 대해 잘 모름
- 고객이 서로에게 부정적인 영향을 미침

(4) Gap 4 : 성과가 약속에 미치지 못한다

가) 고객기대를 효과적으로 관리하지 못함

- 여러 커뮤니케이션 방식으로 고객기대를 관리하는 데 실패
- 고객을 충분히 교육하는 데 실패

나) 과잉 약속

- 광고로 과잉 약속

- 인적판매로 과잉 약속
- 물리적 증거 단서로 과잉 약속

다) 수평적 커뮤니케이션이 불충분 / 부적절

- 영업부서와 타 부서 간의 불충분한 커뮤니케이션
- 광고부서와 타 부서 간의 불충분한 커뮤니케이션
- 유통점 간의 절차나 정책의 차이

이와 같이 서비스 품질은 보다 많은 수준 높은 고객들을 창출하는 데 많은 영향을 미치기 때문에 경쟁기업에 비해서 좋은 평판을 얻을 수 있기 때문에 서비스기업 입장에서는 이를 통해서 시장점유율을 높이고 고가격 전략을 수행할 수 있다. 또한 서비스 품질은 기업의 경제적인 요인에 많은 영향을 미치고 있으며, 전사적 품질관리(total quality management; TQM)와 같은 접근방법은 비용을 낮추거나 생산성을 증가시키는 가운데 서비스 품질의 향상이 기업에게 어떠한 영향을 미치는지를 보여주고 있다고 할 수 있다.

5) 품질비용의 이해

품질과 관련된 부분에서 가장 중요한 부분 중 하나가 품질비용과 관련된 것인데, 품질비용이란, 품질이 좋은 제품과 서비스를 만드는 데 사용된 모든 비용을 의미하는 것으로서 예방비용, 평가비용, 내부실패비용, 외부실패비용, 고객의 요구를 초과하여 충족시켜 주기 위한 비용, 상실한 기회비용 등이 모두 포함된다. 또한 품질경영의 핵심적인 부분은 품질비용을 줄이는 것과 관련된 부분이라고 할 수 있다. 품질비용의 정의는 지금까지 매우 다양하게 정의되어 왔는데, 몇 가지 주요한 정의를 살펴보면 첫째, 제품이나 서비스를 만들어 파는 데 드는 실제비용과 만약, 제조 및 사용 중에 어떠한 실패도 없으며 실패의 가능성도 없을 경우의 비용의 차이이다. 둘째, 품질비용은 보통 나쁜 품질이 존재할 수 있거나 또는 실제로 존재하기 때문에 발생하는 비용으로 정의된다. 셋째, 품질비용은 고객의 요구사항을 충족시키지 못하는 비용, 즉 일을 잘못해서 생기는 비용이다. 마지막으로 품질 목표를 달성하는 데 들어가는 모든 활동이 품질비용이라고 할 수 있다. 특히 제조업뿐만 아니라 서비스기업의 경우에도 품질비용은 매우 중요한 개념이라고 할 수 있으며 향후 서비스 품질 비용과 관련된 부분이 서비스기업에게는 경쟁기업들과 비교해서 경쟁우위를 창출하는 데 핵심적인 내용이 될 것으로 생각된다.

품질비용은 적합한 품질을 달성하기 위해 지출되는 적합품질비용(conformance cost)과 나쁜 품질에 의해 발생되는 비적합품질비용(nonconformance cost) 또는 실패비용(failure)으로 구분된다. 적합비용은 다시 예방비용(prevention cost)과 평가비용(appraisal cost)으로 구분되며, 비적합비용은 내적실패비용(internal failure cost)과 외적실패비용(external failure cost)으로 구분되며, 각각의 비용에 관한 자세한 설명은 〈표 8-4〉와 같다(김연성 외, 2000: p. 91).

표 8•4 품질비용의 구성

구 분	내 용
예방비용	문제를 피하는 것과 관련된 비용, 교육, 계획 등의 비용
평가비용	제품이나 서비스가 제대로 적용되는지 검사하는 것과 관련된 비용 검사, 실험실 실험, 현장 실험 등의 비용
내적실패비용	제품을 고객에게 배달하기 전에 문제를 발견하여 수정하는 것과 관련된 비용, 폐기, 재생산, 라인정지시간, 품질미달로 인한 염가판매 등의 비용
외적실패비용	제품이나 서비스가 고객에게 배달된 후 발견된 문제와 관련된 비용, 품질보증, 교환비용, 환불, 고객불만 처리비용 등

또한 위에서 언급되지 않은 품질비용의 기타 요소들도 존재하는데, 예를 들면 고객의 요구를 초과 충족시킨 데 따른 비용(exceeding requirement)과 상실한 기회비용(lost opportunities) 등이 여기에 포함된다고 할 수 있다.

02 서비스기업의 경영전략

1) 경영전략의 이해

(1) 경영전략의 개념

경영전략(business strategy)이란 희소한 경영자원을 배분하여 기업에게 경쟁우위를 창출하고 유지시켜 줄 수 있는 주요한 의사결정을 의미한다. 대부분의 기업들은 희소한 자금이나 인적자원 등을 배분해야 하는 의사결정이 필요한데, 일반적으로 다른 기업들과의 경쟁상황 하에서 어떻게 하면 자사에게 경쟁우위를 가져다 줄 수 있는지를 분석해 주는 구체적인 사고방법이라고 할 수 있다.

표 8•5 경영전략론의 시대적 흐름

기 간	1950~ 1970 초반	1970 후반~ 1980 중반	1980 후반~ 1990 중반	1990 후반~ 2000 년대
주요주제	장기전략계획	산업구조 및 경쟁분석	경쟁우위의 창출 및 유지	인터넷을 비롯한 기술진보의 영향
주요개념 및 기법	재무적인 투자계획 수립 및 시장예측, 시장점유율 분석, SWOT분석	산업구조 분석과 산업 내의 포지셔닝	기업 내의 경쟁우위를 창출하는 요인분석, 동태적 분석기법	수확체증의 현상, 네트워크 경제성, 혁신, 산업표준의 중요성
조직상의 특 징	재무관리가 주요기능 수행, 기업의 종합기획실 설립	수익성이 낮은 사업으로부터 탈퇴 및 전망이 좋은 사업분야로 진입	인적자원관리, 전략적 제휴를 통한 핵심역량 배양, 비즈니스 리엔지니어링으로 비용감소 및 서비스 향상	전략적 제휴가 강조됨. 시장 및 기술의 변화에 대한 빠른 대응, 창의력 증대, 기업가 정신
대표적 학 자	Ansoff Andrews Chirstensen	Porter	Hamel Prahalad	Arthur Nonaka

자료 장세진, 경영전략, 2002, p. 20.

특히, 급속한 경영환경의 변화로 무한경쟁으로 치닫고 있는 최근에는 기업들마다 경영전략의 중요성을 인식하고 있기 때문에 많은 기업들이 자사의 경영전략에 관심이 높아지고 있다.

또한 경영전략의 중요성과 더불어 기업의 인적자원관리와 관련된 부분에 대한 중요성이 증대되고 있으며, 특히 경영자의 역할에 관한 중요성이 증대되고 있다. 경영자는 대인적 역할, 정보적 역할, 의사결정적 역할 등을 수행하며, 경영층은 최고경영층, 중간경영층, 일선경영층 등으로 나눌 수 있다.

(2) 전략경영의 과정

전략경영과정이란, 기업이 경쟁우위를 창출하는 전략을 선택하기 위한 분석과 선택의 절차를 나타내는 과정이라고 할 수 있는데, 전략경영의 과정은 먼저, 기업이 미션(mission)을 설정한 후 기업의 목표를 세우고, 기업의 내부환경과 외부환경을 분석한 후에 전략적인 선택을 하고, 그 후 선택된 전략을 실행하여 경쟁우위를 창출하는 과정을 의미한다. 기업의 미션이란, 기업이 존재하는 이유를 의미하고, 기업은 내부 환경분석(internal analysis)을 통해서 자사의 강점과 약점을 인식하고, 자사의 어떠한 자원이 경쟁우위를 창출할 것인가에 대한 문제에 대해서 이해할 수 있게 해준다고 할 수 있다. 또한 기업은 외부환경분석(external analysis)을 통해서 경쟁분야에서 기회와 위협을 인식하게 된다.

2) 기업의 외부환경분석

산업구조와 경쟁방식, 산업의 수익률에 대한 관계는 경제학의 산업조직론에서 발전되었는데, 산업조직론에서는 산업의 구조를 완전경쟁과 독과점 간의 중간 형태로 나타낸다. 독점(monopoly)이란, 어느 산업에서 단 하나의 기업만 존재하기 때문에 그 기업이 소비자로부터 독점이윤을 얻고 있는 상황을 말한다. 호텔관광기업의 경우를 예를 들면, 물론, 우리나라에 취항하는 외국 항공사는 있었지만, 국내항공사로는 1969년부터 대한항공밖에 없었기 때문에 이러한 산업구조를 가지고 있었으나, 1989년 아시아나 항공이 취항하면서 우리나라의 항공산업은 독점적인 구조에서 탈피하였다.

한편, 완전경쟁(perfect competition)이란, 시장에 많은 기업들이 있어서 아무도 시장가격의 변화에 영향을 미치지 못하고 단지 시장에서 형성된 가격을 주어진 것으로 받아들이는 경우이다. 따라서 완전경쟁의 경우는 어느 기업도 초과이윤을 얻을 수 없고 정상이윤만을 얻는다고 할 수 있지만, 실제적으로 많은 산업들은 완전경쟁이거나 완전 독점이 아닌 중간에 위치하고 있어서 과점적인 구조나 경쟁에 가까운 산업이기 쉽다고 할 수 있다. 호텔산업의 경우는 이렇게 과점에 속하는 산업구조라고 할 수 있지만, 여행업의 경우는 산업의 경쟁구조상 완전경쟁구조를 가지고 있다고 할 수 있다. 지난 수년 동안 정보통신기술의 발전으로 온라인 여행업이 활발해지면서 온라인과 오프라인을 합한 여행업체의 숫자가 약 1만 개 이상으로 추산되고 있으며, 그 규모는 하나투어와 같이 대규모 여행사부터 직원의 수가 몇 명에 이르는 소규모 여행업체까지 다양한 숫자이다. 한편, 프랜차이즈를 통한 외식업체의 경우는 산업에 있어서 시장경쟁구조상 과점에 속한다고 할 수 있다. 산업에 있어서 시장경쟁구조에 관한 내용은 〈표 8-6〉과 같다.

표 8·6 시장경쟁구조 유형

구 분	완전경쟁	과 점	복 점	독 점
생산자의 수	다수	소수	둘	하나
진입 및 퇴거장벽	없음	존재함	높음	높음
제품의 차별화	없음	많음	보통	낮음
정 보	얻기 쉬움	제한됨	제한됨	제한됨

산업구조를 분석하는 기법을 처음으로 경영전략에 도입한 연구자는 마이클 포터(Michael Porter)인데, 포터는 1980년 『Competitive Strategy』라는 저서에서 경제학의 산업구조분석을 기업에 적용하기 쉽도록 변형시킨 분석틀을 제시하였다. 포터는 다섯 가지 경쟁요인에 의해서 산업의 수익률이 결정된다고 하였는데, 기존기업과의 경쟁, 잠재적 진입자와의 경쟁, 대체재와의 경쟁, 공급자와 구매자의 교섭력 등이 그 요인이다.

(1) 기존기업과의 경쟁

대부분의 산업에서 경쟁의 양상과 전체의 수익률을 결정하는 가장 중요한 요인은 이미 그 산업 내에서 경쟁하고 있는 기업들 간의 경쟁관계라고 할 수 있다. 어떤 산업에서는 기업들 간의 과당경쟁으로 인해 가격이 생산원가 이하로 내려가서 산업 전체적으로 손해를 보며, 또 다른 경우는 기업들이 가격경쟁을 피하기 위해 담합을 하기도 한다. 산업 내 기존 기업들 간의 경쟁양상과 강도를 결정하는 요인들로는 산업의 집중도, 경쟁기업의 동질성과 이질성, 제품차별화, 비용구조 등이 있다.

산업의 집중도(industry concentration)란, 산업에 속하는 기업의 수와 그 개별 기업의 규모를 의미하는 것으로 산업이 집중되어 있을수록, 즉 그 산업에 참여하고 있는 기업의 수가 적을수록 산업의 전반적인 수익률은 상대적으로 높아지게 된다. 반대로, 그 산업이 경쟁적일수록, 즉 많은 기업들이 경쟁에 참여하여 경쟁자의 수가 많을수록 수익률은 낮아지게 된다.

경쟁기업의 동질성과 이질성 측면을 살펴보면, 동일산업 내에서 기업들 간의 경쟁을 피하기 위해 담합을 할 수 있는 가능성은 단순히 참여하는 기업의 수뿐만 아니라 그 기업들의 전략, 목적에 따라 상당히 다양하다고 할 수 있다. 따라서 일반적으로 기업들의 전략, 목적 등이 유사할 경우에는 훨씬 암묵적이거나 명시적인 담합을 하기가 쉽다고 할 수 있다. 또한 산업 내에서 기업의 규모가 어떻게 분포되어 있는가 하는 점 역시 산업 내의 경쟁강도에 영향을 미치게 되는데, 대체적으로 기업들의 규모가 비슷할수록 경쟁의 강도가 심하다고 할 수 있다. 하지만 산업 내의 경쟁구조가 우리나라 여행산업의 하나투어와 같이 어떤 산업의 지배적인 기업이 존재할 경우 작은 기업들은 큰 기업에 대항하여 가격경쟁을 하기보다는 큰 기업이 정한 가격을 그대로 따르는 경우가 많다고 할 수 있다. 즉 이러한 산업경쟁구조에서는 일반적으로 지배적인 기업의 선도에 따라 가격이 결정되는 경우가 많다고 할 수 있다.

또한 산업 내에서 경쟁하는 기업들의 제품의 품질이 동일할수록 소비자들은 특정기업의 제품을 선호할 이유가 없어지게 된다. 하지만 여행업 등과 같이 소비자들의 제품 브랜드에 대한 선호도가 높은 산업은 가격으로 경쟁하는 것을 피하고 광고 등 차별화 기법으로 경쟁하게 된다. 호텔산업의 예를 들면, 특급호텔 등과 같이 대부분의 기업들이 일정수준 이상의 유형성 수준을 보유하고 있는 경우에는 호텔의 주서비스인 객실상품으로 경쟁하기보다는 보조서비스인 식음료서비스, 수영장, 회원관리서비스 등의 상품으로 다른 경쟁호텔들과 경쟁하는 것이 위에서 언급된 바와 같이 기업들의 제품의 품질이 동일할수록 소비자들의 특정제품에 대한 브랜드 선호도가 없어지는 상황에서의 경쟁전략이라고 할 수 있다.

같은 산업 내에서 기존기업들과의 경쟁을 유발하는 다른 요소는 제품이나 서비스에 대한 차별화인데, 산업 내에서 경쟁하는 기업들의 제품이나 서비스에 관한 품질이 유사할수록 소비자들은 특정기업의 제품이나 서비스를 선호할 이유가 없어진다고 할 수 있으며, 기업의 입장에서는 이러한 경우 가격 이외에는 경쟁할 만한 수단이 약해진다고 할 수 있다. 마지막으로 경쟁요소 중 중요한 것으로 비용구조가 있다. 각 산업에서 기업들의 가격경쟁의 정도는 산업의 비용구조에 따라 다르다고 할 수 있는데 항공사의 경우, 국내선은 가격책정에 있어 정부의 규제가 있지만, 국제선의 경우는 고객들의 수요에 따라 가격이 수시로 변화한다. 그 이유는 항공사의 운행비용은 좌석이 얼마만큼 채워졌는지에 상관없이 일정하게 소요되기 때문인데, 이와 같이 기업의 비용구조는 고정비용과 변동비용의 비중을 의미하는데 이러한 요소는 기존 기업과의 경쟁에서 중요한 요인이 될 수 있다.

(2) 잠재적 진입자와의 경쟁

어느 산업의 수익률이 높거나 그 산업의 전망이 밝으면 많은 기업들이 그 시장에 진입하려 하지만, 모든 산업에서 진입이 자유롭게 허용된다면 당장은 그 산업이 수익률이 높더라도 그 수익률은 점점 낮아질 것이다. 또한 간과해서 안 될 부분은 실제적으로 진입이 일어나지 않는다고 하더라도 만일 다른 기업들이 언제든지 그 산업에 진입할 준비가 되어 있다면, 그 산업에 있는 기존기업들은 잠재적 경쟁자가 진입할 수 있다는 위협 때문에 가격을 높게 책정하지 못하고 경쟁적인 수준을 낮추어 이러한 진입을 막을 필요가 있다. 이와 같이 진입장벽(entry barrier) 또는 철수장벽(exit barrier)이 없는 경우를 준경쟁적 시장(contestable market)이라고 한다. 따라서 진입장벽이 없는 산업에서는 가격이 경쟁적인 수준으로 낮아지고, 이윤 역시 시장 내의 기업의 수와 상관없이 정상이윤밖에 얻지 못하는 경우가 있다. 준경쟁적 시장의 정도는 산업에 매몰비용(sunk cost)의 존재 유무에 따라서 결정된다. 대부분의 산업에서 신규 진입자는 기존기업들에 비해 상당히 불리한 입장에 서게 된다. 이와 같이 기존기업들이 신규진입기업에 비해 가지는 우위를 진입장벽이라고 한다. 어떠한 산업에 뛰어들려고 하는 기업들은 기존의 경쟁자들을 분석하는 것도 중요하지만 잠재적인 경쟁을 고려하는 것도 중요한 요소 중 하나라고 할 수 있다. 호텔산업의 경우는 초기투자비용이 높을 뿐만 아니라 여러 가지 조건이 준비되어야 하기 때문에 진입장벽이 높은 산업 중 하나라고 할 수 있으며, 반대로 여행업의 경우는 다른 산업에 비해 상대적으로 진입장벽이 낮은 산업이라고 할 수 있다.

또한 초기에 시장에 진입한 사업자는 잠재적인 신규 진입자들에 비해서 비용적인 측면에서 비용우위에 있다고 할 수 있는데, 초기에 시장에 진입한 기업들은 신규 진입자들에 비해서 원자재들을 싸게 구입하는 노하우와 경험효과를 통해 비용을 절감하는 방법을 알고 있기 때문에 비용우위에 있다고 할 수 있다.

(3) 대체재와의 경쟁

산업의 수익률은 소비자들이 그 제품이나 서비스에 대해 지불하는 가격에 따라 결정되므로 대체재(substitute)의 유무에 따라 크게 달라진다고 할 수 있다.

예를 들어, 버스와 지하철은 서로 긴밀한 대체재 관계에 있다고 할 수 있는데, 버스요금이 많이 인상되면 소비자들은 버스에 대한 선호도가 높아질 것이다. 이렇게 대체재의 존재는 기업들에게는 상당히 부담스러울 수도 있는데, 대체재의 존재가 그 산업의 가격결정에 영향을 미치는 정도는 두 가지 요인에 의해서 결정되는데 이는 소비자들이 대체재로 대체하는 정도와 대체재의 유용성이다. 먼저, 소비자들이 대체재로 대체하는 정도는 만약 소비자들이 어떤 특정 기업이나 브랜드에 대해서 높은 충성도를 가지고 있는 상황에서는 가격이 일정 부분 오른다고 해도 다른 대체재로 대체하는 정도가 낮아지게 된다. 대체재의 유용성과 관련해서는 산업에 따라 다르겠지만, 호텔산업의 경우 호텔의 일부 기능을 대체할 대체재는 존재하지만 전체적으로 호텔의 여러 가지 기능을 대체할 만한 서비스가 거의 없다고 할 수 있기 때문에 대체재의 유용성의 관점에서 볼 때, 호텔업의 경우 대체재는 존재하지 않는다고 할 수 있다.

(4) 구매자의 교섭력

구매자의 교섭력을 결정하는 데에는 구매자들이 얼마나 가격에 민감한가의 정도와 공급자에 대한 구매자들의 상대적인 교섭능력이 중요한 요인으로 작용한다. 하지만 구매자의 교섭능력에 더 많은 영향을 미치는 것은 판매자와 구매자의 교섭력 차이인데, 그 요인들로는 구매자의 공급자에 대한 상대적 크기, 구매자들이 공급자의 제품・가격・비용구조에 대해 보다 자세한 정보를 보유했는지의 여부, 구매자들의 전환비용(switching cost) 여부 등의 영향을 받게 된다.

(5) 공급자의 교섭력

구매자가 교섭력을 행사하여 가격을 낮춤으로써 공급자들의 이윤을 감소시킬 수 있는 것과 같이 공급자들도 자신들의 교섭력이 강할 때 가격을 높임으로써 자신의 이윤의 폭을 넓힐 수 있다. 공급자의 교섭력의 관점에서 볼 때 호텔산업의 경우는 공급자의 교섭력이 높은 편이라고 할 수 있는데, 그 이유는 특급호텔의 수는 제한적이지만 호텔을 사용하려는 수요는 높은 편이기 때문이며, 특히 12월과 결혼시즌에는 공급자의 교섭력이 가장 높아지는 때라고 할 수 있다. 한편, 여행업의 경우에는 호텔업에 비해서 공급자의 교섭력이 상대적으로 낮은 편이라고 할 수 있는데, 물론 성수기에 특정 패키지상품에 대한 공급자의 교섭력이 높아질 수는 있지만, 시장경쟁구조가 완전경쟁이다 보니 다른 여행사에서 여행상품을 구매해도 되는 대체재가 풍부하며, 패키지상품 자체가 핵심역량을 보유한 제품이나 서비스라고 하기 어렵기 때문에 공급자가 교섭력을 보유하기 어렵다고 할 수 있다.

3) 경쟁우위와 경쟁전략

(1) 경쟁우위의 이해

경영전략의 궁극적인 목적은 자사가 경쟁기업과 비교해서 경쟁우위를 갖도록 하는 것인데, 경쟁우위를 평가하기 위해서는 먼저 자사가 보유하고 있는 강점과 약점을 분석하는 것이 필요하며, 이후 경쟁기업에 비해서 경쟁우위를 확보하기 위해서는 경쟁기업과 비교해서 희소한 자원을 보유해야 하며, 자사가 보유하고 있는 경영자원과 핵심역량이 그 산업에 적합한 것이어야 한다.

(2) 경쟁우위의 창출

경쟁우위가 창출되려면 자사가 보유하고 있는 경영자원이 다른 경쟁기업과 비교해서 특별한 것이어야 하며, 그러한 경영자원이 현재 시장에서 요구하는 주요 성공요인과 부합되어야 한다(장세진, 2003: p. 249). 이러한 경쟁우위의 창출은 외부환경과 기업내부의 혁신을 통해서 창출될 수 있다고 할 수 있는데, 외부환경과 관련해서 산업 내의 외부환경의 변화가 심하면 기업이 보유하고 있는 상대적인 경쟁우위는 크게 변하게 된다.

또한 중요한 점은 경쟁우위는 외부환경의 변화에 의해서만 형성되는 것이 아니라 변화하는 외부환경에 기업들이 대응하는 방식에 따라서도 영향을 받게 된다. 변화하는 외부환경에 대해서 빨리 적응하는 기업은 경쟁우위를 창출하거나 계속해서 경쟁우위를 유지할 수 있게 되지만 그렇지 못한 기업의 경우는 경쟁우위를 보유하다가도 경쟁우위 유지의 어려움을 겪을 수도 있다. 이렇게 기업이 변화하는 환경에 빠르게 적응할 수 있기 위해서 중요한 요인은 정보의 획득과 신속한 경영자원의 재배치라고 할 수 있다. 정보수집능력을 통해서 기업은 외부환경의 변화를 인식하고 이를 예측할 수 있는 능력을 보유할 수 있게 되며, 경영자원의 재배치를 통해서 기업은 유연성을 확보할 수 있는데, 유연성이란, 조직의 소프트웨어적인 측면을 의미하는 것으로 기업의 조직구조, 의사결정시스템, 업무체계 등을 의미한다.

(3) 경쟁우위의 유지

경쟁우위의 창출과 함께 기업에게 중요한 점은 창출된 경쟁우위를 계속해서 유지하는 것이라고 할 수 있다. 기업이 경쟁우위를 유지하기 위해서는 몇 가지 조건이 필요하다고 할 수 있는데, 먼저 기업의 경영자원이 지속가능한 경영자원이어야 하며, 이러한 경영자원의 획득가능성이 쉽지 않아야 하며, 경쟁기업의 모방가능성이 낮아야 한다. 예를 들어, 여행사의 패키지 상품의 경우는 어떤 여행사가 훌륭한 패키지 상품을 개발하더라도 다른 여행사들이 단시간 내에 모방하는 것이 가능하기 때문에 여행사들은 패키지 상품을 이용해서는 오랫동안 경쟁우위를 보유하는 것이 어렵다고 할 수 있다.

위에서 언급된 지속성, 획득가능성, 모방가능성의 세 가지 기준을 통해서 볼 때, 경쟁기업의 입장에서 선두기업이 가진 경쟁우위를 효과적으로 모방하거나 선두기업이 자신의 경쟁우위를 방어하기 위해서는 다음과 같은 조건을 살펴보아야 한다(장세진, 2003: p. 257). 첫째, 경쟁자가 어떠한 경쟁우위를 갖고 있는가를 파악할 수 있어야 한다. 둘째, 경쟁우위를 모방하는 데 필요한 비용이 크지 않아야 한다. 셋째, 경쟁자의 전략을 분석하여 경쟁우위를 창출하는 방법을 이해하여야 한다. 넷째, 경쟁자가 보유한 경쟁우위를 창출하는 경영자원을 획득하는 것이다.

(4) 경쟁우위의 유형

기업이 경쟁기업에 비해서 높은 수익률을 얻는 방법은 동일한 제품을 낮은 비용에 만들어 싸게 파는 방법과 경쟁기업과 다른 차별화된 제품을 제공하는 방법이 있다. 먼저, 같은 제품을 낮은 비용에 만들어 싸게 파는 방법을 비용우위(cost advantage)라고 하고, 차별화된 제품을 제공하는 방법을 차별화우위(differentiation advantage)라고 한다. 비용우위를 추구함에 있어서 기업의 목적은 산업 전체에 있어 비용선도자가 되는 것인데, 비용우위를 가지려면 그 기업은 비용우위를 창출할 수 있는 요인들을 발견하여 이를 이용해야 한다. 한편, 기업이 차별화 우위를 추구하려면 소비자들에게 차별화된 가치를 제공해 주어야 한다. 비용우위전략과 차별화우위전략의 특성은 〈표 8-7〉과 같다.

표 8-7 비용우위전략과 차별화우위전략의 특성

본원적인 전략	주요 전략요소	경영자원과 조직적 특성
비용우위	· 효율적인 규모의 설비투자 · 제작이 용이한 제품 디자인 · 간접비와 연구개발비용의 통제	· 자본력 · 공정엔지니어링 기술 · 잦은 보고와 통제 · 엄격한 비용통제 · 구조화된 조직과 책임이양 · 양적인 관리시스템
차별화우위	· 브랜드, 디자인, 광고, 서비스와 품질의 강조	· 마케팅 능력 · 제품엔지니어링 기술 · 창조성 · 기초연구능력 · 질적인 관리시스템 · 강한 내부조정기능

자료 장세진, 2003, p. 260.

03 서비스마케팅 믹스

서비스마케팅 믹스는 전통적 마케팅 믹스인 제품(product), 가격(price), 유통(place), 촉진(promotion)과 더불어 사람(people), 물리적 증거(physical evidence), 과정(process)의 세 가지 부분이 추가되어 일반적으로 7P라고 불리며, 서비스마케팅 믹스와 관련된 내용의 요약은 〈표 8-8〉과 같다.

표 8·8 서비스마케팅 믹스 전략

사 람	물리적 증거	과 정
· 종업원(고용, 훈련, 동기부여, 보상, 팀워크) · 고객(교육, 훈련) · 문화 및 가치에 대한 커뮤니케이션 · 종업원 조사	· 시설디자인(탐미성, 기능성, 분위기) · 장비 · 종업원 복장 · 기타 유형물(보고서, 명함, 소개서, 품질보증서)	· 활동흐름(표준화, 맞춤화) · 단계(단순, 복잡) · 고객참여수준

자료 Zeithmal and Bitner(1996), Service Marketing, New York : The McGraw-Hill, p. 25.

1) 서비스 프로세스

(1) 서비스 프로세스의 개념

서비스 프로세스란, 서비스가 전달되는 절차 또는 활동들의 흐름을 의미한다. 고객이 경험하는 서비스는 일정한 결과물을 갖는 경우도 있지만 많은 서비스가 일련의 과정(process)이며, 흐름(flow)의 형태로 전달되기 때문에 서비스 프로세스는 서비스 상품 그 자체이기도 하지만 동시에 서비스 전달과정인 유통의 특성도 가지고 있다고 할 수 있다. 서비스의 특성상 서비스는 생산과 소비의 동시성과 저장의 불가능성이라는 특성을 가지고 있기 때문에 고객과 밀접하게 관련되어 있다고 할 수 있는데, 예를 들어, 호텔에 투숙하는 고객의 경우 숙박을 목적으로 호텔에 가는 것이지만 호텔에 도착하여 체크인하는 과정에서부터 객실로 안내되기까지의 과정도 매우 중요한 부분이라고 할 수 있다.

서비스 프로세스에서 중요한 부분은 서비스 프로세스의 표준화(standardization)와 고객화(customization)의 문제라고 할 수 있는데, 일반적으로 표준화는 주로 제품의 생산부분에서 많이 사용되는 개념이지만 서비스에서도 서비스의 프로세스를 구체적인 규칙과 기준을 적용하여 표준화할 수 있다고 할 수 있다. 예를 들어, 항공산업의 경우 미국의 사우스웨스트 항공사는 가격이 저렴한 대신 기내에서 음료나 식사를 제공하지 않는 프로세스를 표준화한 사례라고 할 수 있다.

(2) 서비스 프로세스 관리

서비스의 프로세스는 구매 전 대기관리, 결정적인 순간인 MOT(Moment of Truth), 구매 후 관리 등으로 구분해서 관리할 수 있으며, 각 프로세스에 관련된 설명은 다음과 같다.

가) 구매 전 대기관리

대기란, 고객이 서비스받을 준비가 되어 있는 시간부터 서비스가 시작되기까지의 시간을 의미하는데, 호텔에서 체크인부터 객실로 안내되기까지의 과정, 음식점에서 음식을 주문한 후 대기하는 과정, 병원에서 진료를 위해 대기하는 과정 등의 예를 들 수 있다. 이러한 대기는 서비스의 특성상 어쩔 수 없이 일어나는 상황이지만 모든 고객들이 이러한 상황에 대해서 이해하는 정도가 같지 않으며, 기업의 입장에서는 이러한 대기시간을 효과적으로 관리하는 것은 고객에게 만족도를 높여줄 수 있기도 하지만 반대로 고객의 만족도에 부정적인 영향을 미칠 수도 있기 때문에 구매 전 대기관리는 기업에게는 매우 중요한 부분이라고 할 수 있다. 대기관리의 방법을 살펴보면, 물론 가장 바람직한 관리기법은 예약을 미리 받아서 고객이 도착하자마자 서비스를 제공하는 방법이지만, 현실적으로 실행하는 데 여러 어려움이 발생하기 때문에 공정한 대기시스템 구축, 서비스가 시작되었다는 인식을 고객에게 심어주기, 대기시간에 관한 정보제공, 고객에게 집중한다는 인식 심어 주기 등을 활용할 수 있다.

나) MOT

결정적인 순간(Moment of Truth)은 고객이 기업의 종업원 또는 특정 자원과 접촉하는 그 서비스의 품질에 대한 인식에 영향을 미치는 상황을 의미한다. 이러한 순간은 서비스 접점(service encounter)에서 서비스에 대한 생생한 인상이 고객에게 형성되어 고객이 인지하는 서비스의 품질에 영향을 미치는 결정적인 역할을 하게 되기 때문에 매우 중요한 순간이라고 할 수 있다. 서비스에서 결정적인 순간의 개념을 도입해 사용한 사람은 스칸디나비아 항공의 Jan Carlson인데, 그는 한 해에 천만 명의 승객이 각각 5명의 스칸디나비아 항공의 종업원과 접촉했다는 것을 강조하며, 1회 접촉 시간이 평균 15초인데 이 짧은 시간에 1년간 5천만 번의 고객의 마음에 스칸디나비아 항공의 이미지를 심은 것이라고 하였다. 또한 매순간 종업원들이 스칸디나비아 항공사의 이미지를 결정하기 때문에 매순간이 매우 중요하다고 하였다. 이러한 결정적인 순간은 위에서 언급된 스칸디나비아 항공사의 사례뿐만 아니라 특히 호텔, 여행사, 레스토랑 등 환대산업에서는 매우 중요한 부분인데, 예를 들어, 호텔의 경우 고객들은 종업원과 서비스 접점에서 부딪히는 순간뿐만 아니라 외형적인 건물을 볼 때라든지, 로비에 들어섰을 때에도 결정적인 순간을 가질 수 있기 때문에 환대산업에 있어서 서비스 품질은 매우 중요한 부분이라고 할 수 있다.

다) 서비스 프로세스 개선방법

서비스의 구매 후 관리를 위한 방법은 서비스가 종료된 후 수정할 부분이 없는지 확인하는 과정이라고 할 수 있는데, 그 방법 중 하나로 서비스 청사진(service blue printing)을 이용한 방법이 있다(이유재, 2004: p. 266). 서비스 청사진이란, 핵심서비스 프로세스를 그 특성이 나타나도록 객관적으로 설명해 놓은 것으로 서비스를 객관적이며 알아보기 쉬운 방식의 그림으로 나타낸 것이다. 종업원, 고객, 기업 측에서 서비스 전달과정에서 해야 하는 각자의 역할과 서비스 프로세스와 관련된 단계와 흐름 등 서비스 전반을 이해하도록 묘사해 놓은 것이다. 서비스의 생산은 미리 정의된 순서대로 전달되어야 하기 때문에 처음부터 잘못 설계된 서비스시스템상에서의 생산흐름은 잘못 전달되거나 커뮤니케이션상의 장애가 발생할 수 있는데, 이는 고객에게 접촉의 순간에 관리를 적절하게 할 수 없는 문제점이 발생하게 된다.

특히, 서비스 청사진은 서비스 상품 개발의 설계와 재설계의 단계에서 유용하다. 서비스 청사진은 서비스 전달의 프로세스와 고객과 종업원의 역할, 가시적인 서비스 구성요소 등을 동시에 보여줌으로써 서비스에 대한 내용을 시각적으로 제시한다. 또한 서비스 청사진은 서비스를 논리적인 구성 요소들로 나누어 프로세스의 각 단계와 과업, 과업이 수행되는 수단, 고객이 경험하는 서비스의 물리적 환경 등을 보여준다.

2) 서비스 물리적 증거관리

서비스의 물리적 증거(physical evidence)란, 서비스가 전달되고 기업과 고객의 상호작용이 이루어지는 환경을 의미하는데, 서비스를 전달하는 데 동원되는 모든 유형적인 요소를 포함한다. 물리적 증거는 물리적 환경(physical environment)과 기타 유형적인 요소(other tangibles)로 구성되는데, 물리적인 환경은 건물의 외형, 주차장과 같은 외부환경과 인테리어와 같은 내부 환경으로 나누어진다. 기타 유형적인 요소로는 종업원의 유니폼 등과 같은 유형적인 요소가 포함된다. 이러한 물리적 증거는 고객의 구매의사결정에 많은 영향을 미칠 뿐만 아니라 서비스 품질 평가기준인 유형성에 포함되는 중요한 부분이라고 할 수 있다. 예를 들어, 항공사의 경우 물리적 환경은 항공기의 색상 등과 같은 외형적인 부분이 포함되며, 기타 유형적인 요소로는 승무원의 유니폼 등이 포함된다고 할 수 있다. 또한 호텔의 경우도 물리적인 증거의 중요성을 인식해야 하는 대표적인 산업 중 하나이기 때문에 호텔의 외부 건물 등을 광고하여 촉진전략의 일환으로도 활용하고 있다.

3) 서비스 인적자원관리

서비스업은 인적자원에 대한 의존성이 제조업보다 상대적으로 크기 때문에 인적자원관리에 대한 중요성이 상당히 높다고 할 수 있다. 서비스기업의 인적자원관리는 내부마케팅과 임파워먼트를 통해서 이해할 수 있으며, 이에 대한 설명은 다음과 같다.

(1) 내부마케팅

서비스기업에게 가장 중요한 점은 고객만족이라고 할 수 있다. 이러한 목표를 달성하기 위해서는 다른 산업도 마찬가지지만 특히 서비스기업에 있어서의 인적자원은 기업에게 가장 중요한 자원이라고 할 수 있다. 서비스기업들에게 고객은 가장 중요한 사람들이기 때문에 이렇게 중요한 사람들에게 서비스를 제공하는 내부고객인 직원들도 매우 중요하다고 할 수 있다. 이것이 바로 내부마케팅의 중요성이다. 서비스기업이 성공적으로 운영되려면 고객과 종업원 모두를 잘 관리해야만 하는데 이것이 바로 서비스기업의 인적자원관리라고 할 수 있다. 서비스기업의 인적자원관리에서 중요한 점은 내부마케팅(internal marketing)인데, 한마디로 요약하면 기업이 내부고객인 종업원에게 하는 마케팅을 의미한다. 성공적인 내부마케팅을 위해서는 내부마케팅이 전략적 관리의 주요한 부분으로 인식되어야 하고, 내부마케팅 과정이 조직구조나 경영층 지원의 부족으로 방해받지 않아야 하며, 최고경영층이 내부마케팅에 대해 지속적으로 적극적인 지원을 해야 한다. 또한 이러한 내부마케팅의 목표는 종업원 만족의 향상이라고 할 수 있다. 이러한 종업원의 만족 향상을 위해서는 동기부여(motivation)가 중요하며, 훌륭한 종업원을 유치하고 보유할 수 있는 직무나 환경도 매우 중요하다고 할 수 있다. 또한 관리방법, 인사정책, 직무 자체의 성격, 계획 및 실행과정 등도 중요한 요인이라고 할 수 있다.

표 8·9 종업원 만족의 유형

1. 일에 대한 만족도	· 지금 하는 일이 자신을 성장시켜 주는가? · 자유재량의 폭이 넓은가? · 고객이나 타 부서의 사람에게 공헌하고 있는가?
2. 직장에 대한 만족도	· 상사와의 커뮤니케이션은 잘 이루어지고 있는가? · 동료들과의 커뮤니케이션은 잘 이루어지고 있는가? · 결정된 일은 모두 수행하려는 결속력이 있나?
3. 인사에 대한 만족도	· 인사평가와 처우는 공정하다고 생각하는가? · 실패를 비난하지 않고 재도전하게 해주는가? · 개인의 성장을 지원해 주는가?
4. 근로조건에 대한 만족도	· 복리후생은 잘되어 있는가? · 소득수준은 일에 비해 합당한가? · 근무조건은 납득할 만한가?
5. 회사에 대한 만족도	· 경영자세에 공감할 수 있는가? · 이 기업에 근무하는 것에 대해 자부심을 가지고 있는가? · 지역사회에의 공헌 등 좋은 이미지를 가지고 있는가?

자료 이유재, 서비스마케팅, 2004, p. 296.

또한 서비스업은 제조업보다 노동집약적인 경향이 강하기 때문에 같은 조직 내에서 사람들끼리의 갈등(conflict)이 제조업보다 더 많이 발생할 수 있다. 따라서 서비스를 제공하는 종업원의 만족도는 서비스 품질의 결정요인이 되므로 종업원들의 갈등관리가 중요한 점이라고 할 수 있다.

종업원이 겪는 갈등의 유형은 4가지로 분류할 수 있는데 종업원과 역할의 갈등, 종업원과 조직의 갈등, 종업원과 종업원의 갈등, 종업원과 고객의 갈등이 있다. 갈등의 유형별 원인과 관리방법은 〈표 8-10〉과 같다.

표 8·10 갈등의 유형별 원인과 관리방법

유 형	원 인	처 방
종업원과 역할의 갈등	· 직무의 부적합 · 의복 규정	· 채용시 지원자 선별에 신중을 기한다. · 지도와 훈련을 한다. · 종업원의 불평토로 절차를 만든다.
종업원과 조직의 갈등	· 두 명의 상사에 대한 어려움	· 종업원에게 기업의 정책과 목표를 확실하게 이해시킨다. · 종업원에게 권한을 부여한다. · 종업원의 의사결정을 지원한다.
종업원과 종업원의 갈등	· 명쾌한 커뮤니케이션의 부족 · 명령체계의 부족 · 성격 간의 갈등 · 고객에 대한 경쟁 · 업무량에 대한 차이 인식	· 갈등의 원인을 결정한다. · 다른 곳에서 정보를 구한다. · 가능한 해결책을 탐색한다. · 종업원 양측을 갈등해결 계획에 포함시킨다. · 후속조치를 취한다.
종업원과 고객의 갈등	· 고객의 역할 수행 부족 · 소유권 · 다양한 고객의 행동	· 고객과 종업원 양측이 제 역할을 충분히 이해해야 한다. · 새로운 고객을 지도한다. · 여러 유형의 고객들에 대한 응대 태도를 교육한다.

자료 이유재, 서비스마케팅, 2004, p. 297.

(2) 임파워먼트

임파워먼트(empowerment)는 종업원에게 상황에 따른 의사결정권한을 부여하는 것을 의미한다. 고객의 만족을 위해서는 종업원에게 상황에 따른 의사결정권한을 부여하는 것이 필요하다. 이러한 임파워먼트를 통해서 고객만족을 증대시킬 수 있으며, 내부마케팅 측면에서는 종업원들의 직무만족을 가져올 수 있다. 임파워먼트의 장점으로는 서비스 전달시 고객에게 즉각적인 대응을 할 수 있으며, 서비스 회복시 불만족고객에게 즉각적인 대응을 할 수 있다. 또한 종업원의 직무만족과 자기만족을 높일 수 있으며, 종업원들에게 동기를 부여할 수 있다. 하지만 종업원의 선발과 훈련에 많은 비용이 소요되며 종업원마다 상황에 대한 인식이 다르므로 일관되지 못한 서비스가 전달될 우려가 있다. 또한 종업원이 잘못된 의사결정을 할 경우 이에 대한 대비책이 없는 것이 단점이라고 할 수 있다.

(3) 정서적 노동관리

정서적 노동(emotional labor)이란, 종업원 감정이 업무상 하나의 요소가 되는 노동을 말하는 것으로(Hochschild, 1983), 인간의 심리적인 반응과 감정적인 반응이 업무결과에 반영되는 노동을 의미한다. 정서적 노동이란, 서비스산업의 경우 종업원의 미소, 아이 콘택트(eye contact), 진심어린 관심 등과 같은 정서적인 감정에 따라 서비스의 성과가 많은 영향을 받고 이를 통해 고객들의 감정을 유도하거나 억제시킴으로써 효과적인 직무를 달성하게 된다. 예를 들어, 호텔, 항공사 등 환대산업에 종사하는 종업원들은 육체적, 정신적 노동과 더불어 정서적 노동을 의식하기 때문에 스트레스 정도가 다른 산업에 비해 높을 수 있지만, 항상 최고의 서비스 수준을 유지해야 한다는 점을 의식해야 한다. 또한 기업차원에서 정서적 노동을 하는 종업원들에 관한 인적자원관리도 중요한 부분이라고 할 수 있다.

04 글로벌 서비스매너

1) 테이블 매너

(1) 한식 테이블 매너

한식 테이블 매너는 식탁배치에 있어서 출입문에서 멀리 떨어진 안쪽이 상석이므로 윗사람이 앉도록 하며, 테이블에서는 바른 자세로 앉으며 손윗사람이 수저를 든 후에 아랫사람이 따라서 들도록 한다. 식사 중에는 소리를 내지 않으며 숟가락과 젓가락을 한손으로 쥐지 않는다. 입속에는 적당한 양의 음식을 넣어 씹을 수 있도록 하며 입에 음식이 있을 때에는 말을 하지 않는 것이 좋은 테이블 매너라고 할 수 있다.

또한 국물이 있는 음식을 먹을 때에는 소리를 내지 않고 떠서 먹도록 하며 밥이나 반찬을 뒤적이며 먹는 것은 좋지 않으며, 젓가락으로 고명을 털면서 먹지 않도록 한다. 식사를 마친 후에는 수저를 가지런히 오른편에 놓으며 식사 중에 아주 다급한 일이 아니면 자리를 뜨지 않는 것이 테이블 매너라고 할 수 있다.

(2) 일식 테이블 매너

일식의 테이블 매너는 다도의 영향을 많이 받아 요리가 들어오면 말차를 마실 때처럼 인사를 주고받는다. 일본요리에서는 식사 전과 식사 후에 반드시 인사를 하는데 고개를 숙여 인사하는 것이 기본이라고 할 수 있다. 일식의 테이블 매너는 식사시 뚜껑이 있는 그릇은 식사 전에 전부 열어서 낸다. 왼쪽에 있는 그릇은 왼손으로 열어서 왼쪽에 놓고 오른쪽에 있는 것은 오른쪽에 내려놓는다.

공기뚜껑은 포개어 놓지 않으며 음식을 다 먹은 뒤엔 모두 원래대로 덮어둔다. 젓가락은 나무로 만들어진 것이 사용되고 있으며 우리나라와 마찬가지로 손에 쥐는 쪽이 아래쪽보다 굵어서 사용하기 쉽다. 가정에서는 대개 검정색은 아버지용, 빨간색은 어머니용 등으로 개인 젓가락을 정해두고 사용하고 있다. 일반적으로 손님을 대접할 때는 일회용 나무젓가락을 사용한다.

또한 식사 중에 젓가락을 잠시 내려놓을 경우 젓가락 받침대가 있으면 젓가락 아래쪽 부분을 그 받침대에 올려놓으며, 음식을 먹을 때에는 접시를 자기 가까이 가져가서 나누어 덜어 먹는다. 음식이 큰 접시에 담겨 있을 때에는 각 개인접시로 덜어내는 데 사용하는 전용 젓가락을 사용하며, 전용 젓가락이 없을 경우에는 개인 젓가락의 방향을 거꾸로 바꿔서 사용한다. 그 이유는 자기 입에 닿았던 부분을 공동 음식에 대는 것은 다른 사람에게 불쾌감을 준다고 생각하기 때문이다.

(3) 중식 테이블 매너

중식당에는 회전탁자가 놓여 있는데, 서빙하는 사람이 요리가 담긴 큰 접시를 회전판 위에 얹어 놓으면 호스트는 공동 젓가락으로 자기가 먹을 만큼 덜어낸 뒤 다른 사람 앞으로 접시가 가도록 놓는다. 회전탁자는 시계방향으로 돌리는 것이 원칙이며 자기 앞에 접시가 오면 앞접시에 적당한 양을 덜어 놓으며 한 번씩 덜어낸 다음에도 남아 있는 요리는 몇 번이고 가져와도 예의에 어긋나지 않는다. 중식의 테이블 매너는 식사하기 전 매너, 식사 중 매너, 식사 후 매너로 구분할 수 있는데, 식사 전의 매너는 일반적으로 중식은 대부분 코스 메뉴이므로 직원의 서빙 여부를 확인하고 서빙이 가능한 메뉴를 주문하며 원탁 테이블의 경우 입구에서 가장 안쪽의 중앙이 상석이다. 또한 좌석에 앉으면 냅킨을 두 겹으로 펴서 무릎 위에 놓으며 뜨거운 물수건이 나오면 손을 씻는다.

중식의 테이블 매너 중 식사 예절은 다음과 같다. 먼저 식사 중 젓가락을 사용하지 않을 때에는 접시 끝에 걸쳐놓고 식사가 끝나면 받침대에 처음과 같이 올려 놓으며, 국물이 있는 음식은 마시지 말고 숟가락으로 떠먹는다. 앞접시의 음식을 다 먹고 큰 접시의 음식을 덜어올 때는 옆 사람 앞에 놓인 앞접시에 먼저 음식을 덜어주고 음식이 남아 있을 경우에도 형식적으로 조금 덜어준다.

중국음식은 요리접시를 중심으로 둘러 앉아 덜어 먹는 음식이므로 적당한 양의 음식을 자기 앞에 덜어 먹고, 새로운 요리가 나올 때마다 새로운 접시를 사용하도록 한다.

중식 테이블 매너의 식사 중 매너로 다른 부분은 음식은 주빈이 먹기 시작하면 먹도록 하며 고기종류나 생선이 전체적으로 나올 경우에는 대부분 접대하는 사람이 나누어주기 때문에 기다리는 것이 좋고, 아니면 주빈이 먼저 덜어간 다음에 던다.

중식의 식사 후 테이블 매너를 살펴보면, 중국식당에서는 녹차, 우롱차, 홍차 등의 차가 제공되는데 한 가지 음식을 먹은 후에는 한 모금의 차로 남아있는 음식의 맛과 향을 제거하고 새로 나온 음식을 먹으면 된다.

또한 이전부터 중국은 식사에 관해서도 엄격한 격식이 있어서 좌석을 정할 때의 명단은 연장자 순서에 의하며, 초청을 하였을 때에는 초청자 측에서 미리 각 개인의 명단을 식탁에 배치하며 좌석배치는 주인과 주빈이 마주보도록 한다.

(4) 양식 테이블 매너

가) 식사 중 자리를 뜰 때

일단 자리에 앉은 다음에는 자주 들락거리지 않으며, 부득이하게 자리를 뜰 때에는 잠깐 실례한다는 인사를 하며 냅킨은 적당히 접어놓고 가거나 테이블 위에 얹어 놓는다.

나) 조미료를 사용할 때

음식에 소금, 후추를 무조건 뿌리는 것은 조리사에 대한 예의가 아니다. 특히 가정집에 초대받았을 때에는 되도록 나온 그대로의 음식을 맛있게 먹으며 조미료가 필요한데 손이 잘 닿지 않는다면 옆 사람에게 부탁해서 전달받는다.

다) 기침, 재채기, 하품

기침이나 재채기가 나올 때에는 손수건으로 입과 코를 가린다. 손수건이 없으면 급한 대로 냅킨이나 손을 사용한다. 기침이 계속 나오면 실례한다는 말로 양해를 구하고 자리를 뜬다. 코를 풀고 싶을 때에도 테이블에서 나오는 것이 좋으며, 가볍게 코를 닦을 때에는 손수건이나 휴지를 사용하며 냅킨을 사용해서는 안 되고 닦을 때에도 마찬가지다.

라) 음식이나 음료를 사양할 때

술이나 주스 등을 마시고 싶지 않을 때에는 사양한 후 감사한다는 인사를 덧붙이며 음식을 남기는 것은 좋은 매너가 아니므로 먹지 못할 음료나 음식은 주문하지 말거나 미리 거절하도록 한다.

마) 뜨거운 음식을 먹었을 때

음식이 너무 뜨거우면 즉시 찬 음료를 마시며 마실 것이 가까이 없을 때에는 종이 냅킨에 뱉어서 그릇 한쪽에 놓아두도록 한다.

바) 이물질을 먹었을 때

음식에 돌, 머리카락 등이 들어 있을 때에는 서빙하는 사람을 불러 잘못을 지적하고 음식의 교체를 요구할 수 있다. 가정집에 초대받은 상황이라면 남의 눈에 띄지 않게 빨리 제거한 후 식사를 계속한다. 이미 입 안에 들어간 상태라도 되도록 조용히 뱉어서 처리한다.

사) 음식이 이 사이에 끼었을 때

손님과 마주 앉은 상태에서는 이쑤시개를 사용하지 않아야 하며 식사를 마친 후 조용한 곳에서 사용하도록 한다.

2) 글로벌 서비스 매너 및 금기사항

(1) 중국의 비즈니스 매너 및 금기사항

가) 중국의 비즈니스 매너

- 박쥐는 행운을 전해주는 동물로 여기며 학이나 거북 등은 사람을 바

보로 취급하는 말로 여긴다.

- 중국인들은 자기가 사용하던 젓가락으로 음식을 집어주는 습관이 있다.
- 괘종시계는 장례식의 의미가 있으므로 선물하지 않는다.
- 작은 일에도 박수를 잘 친다.
- 사업하는 사람 사이에는 개인적인 우정과 신용을 매우 중요하게 생각한다.

나) 금기사항

- 중국문화에서 청색과 백색은 장례식 색깔이므로 사용하지 않는 것이 좋다. 짚신과 시계, 흰색의 황새와 두루미, 검은색, 파란색이 많이 들어간 것을 죽음을 의미한다.
- 괘종시계처럼 종이 달린 시계는 끝낸다는 의미, 죽음의 의미가 있으므로 선물하지 않는다.
- 배도 이별의 의미가 있으므로 중국에서 선물하지 않는다.
- 우리에게 장수라는 긍정적인 의미를 갖는 거북이는 발음이 욕설과 비슷해서 선물하지 않는다.
- 우산은 이별이라는 말과 발음이 비슷하여 선물하지 않는다.
- 꽃은 생명이 짧음을 의미하고 장례용이기 때문에 선물하지 않는다.
- 손수건은 슬픔과 눈물을 상징하므로 선물하지 않는다.
- 현금을 줄 때는 축의금과 선물은 짝수로, 부의금은 홀수로 금액을 주어야 한다.
- 저녁식사나 파티에 초대받은 경우에는 먹을 것을 선물로 가져가지 않는다.

(2) 일본의 비즈니스 매너 및 금기사항

가) 일본의 비즈니스 매너

- 일본의 비즈니스 매너는 예의바르고 친절하며, 질서를 잘 지키고 단결력이 강한 민족이며 복수를 중시하며 배타적인 면이 강하다.
- 나이, 직위, 상황 등에 따라 경어를 사용하는 것이 일반화되어 있고 철저하다.
- 남의 아이에게는 항상 경어를 사용한다.
- 명함은 아랫사람과 방문자가 먼저 건네야 한다.
- 여러 사람과 명함을 교환할 때는 직급순서에 따라 행한다.
- 명함을 건넬 때는 회사와 자기 이름을 밝히며 인사를 덧붙인다.
- 명함을 받을 때에는 공손히 받으며 명함을 주의 깊게 보면서 이름을 다시 확인한다.
- 다른 회사를 방문할 때에는 사전약속을 통해 일시, 방문자, 용건 등을 정한다.
- 약속시간을 엄수하며, 늦을 경우에는 상대방의 상황과 맞추어 사후처리를 한다.
- 방문시에는 자신의 신분과 찾아온 용건을 말하고 첫 대면일 경우에는 명함을 교환한다.

나) 금기사항

- 선물은 짝으로 된 세트를 주는 것이 좋으나 4개는 불행을 가져온다고 믿으므로 선물하지 않는다.
- 제2차 세계대전에 관한 화제는 피하는 것이 좋다.
- 자기 젓가락을 사용하여 상대방에게 음식을 집어주지 않는다.
- 등 뒤에서는 손뼉을 치지 않는다.
- 젓가락을 입으로 빨지 않는다.

- 밥상을 가로질러 건너편에 있는 것을 먹지 않는다.
- 한 번 음식을 집었다가 먹지 않고 다시 놓지 않는다.
- 젓가락을 들고 망설이지 않는다.
- 상반신을 앞으로 숙여가며 먹지 않는다.
- 음식을 푹 찔러가며 먹지 않는다.
- 입안에 음식이 있을 때 다른 음식을 먹지 않는다.
- 위에 있는 것을 치우고 밑에 있는 것을 먹지 않는다.
- 그릇과 젓가락을 함께 들지 않는다.
- 입 주위를 혀로 핥으면서 먹지 않는다.
- 약속을 중시하며 약속을 지키지 않는 것은 명예를 훼손하는 것이다.
- 질서를 지키지 않으면 비난의 대상이 된다.
- 개인의 신상에 관한 질문은 예의가 아니다.
- 칼은 관계의 단절을 의미하기 때문에 선물하지 않는다.
- 흰색은 죽음을 의미하는 것으로 인식하며, 반짝이는 포장지나 리본은 사용하지 않는다.

(3) 인도의 서비스 매너

- 신분제도가 남아 있고, 혼인여부는 부모가 결정한다.
- 신분이 낮은 사람에게는 이름을 불러야 하며, 존칭어를 사용하면 같은 부류의 사람으로 생각한다.
- 카스트제도, 파키스탄과의 관계, 채식주의 등은 화제로 삼지 않는다.
- 장례식에 사용하는 재스민이나 소를 이용한 선물을 하지 않는다.
- 여성은 전통의상의 사리를 입어야 한다.
- 외모로 사람을 판단하는 관습이 있으므로 복장에 신경을 써야 한다.
- 남자와 인사할 때는 악수를, 여자에게는 합장을 하면서 허리를 숙인다.
- 여성과 단 둘이 대화를 나누거나 건드리는 행동은 피해야 한다.

- 힌두교도는 쇠고기를 먹지 않으며 신성시한다.
- 음식을 전할 때는 오른손을 쓴다.
- 회교도에게는 술이 절대 금물이며, 라마단의 기간 중 금식 규칙을 철저히 지킨다.
- 손을 이용하여 음식을 먹을 때에는 반드시 오른손을 사용하는데, 왼손은 화장실에서만 사용한다.
- 명함이나 선물을 전달할 때와 악수를 할 때는 오른손을 사용한다.

(4) 영국의 서비스 매너

- 왕실을 조롱하는 언동을 하면 안 된다.
- 길에서 침을 뱉으면 안 된다.
- 줄서서 기다리는 것에 익숙해져야 한다.
- 코를 푸는 것은 예의에 벗어나는 것이 아니다.
- 사다리 밑으로 지나가거나 방 안에서 우산을 펴는 것은 좋지 않은 징조라고 느낀다.
- 길을 걷다가 지나가는 검은 고양이를 보면 행운의 상징이라고 생각한다.
- 음주를 절제해야 하며 공식석상에서 돈과 관련된 얘기를 하면 신사적이지 않다고 생각한다.
- 소리 내어 웃는 것은 신사가 아니라고 생각한다.

(5) 미국의 서비스 매너

- 여성을 배려하는 것이 생활화되어 있기 때문에 모든 공공장소에서 여성들을 배려한다.
- 자동차에서 내리거나 탈 때 여성을 배려해서 여성이 짐을 들지 않도록 해야 한다.

- 소수민족, 종교 등은 대화의 화제로 삼지 않는다.
- 신발은 옷의 연장으로 생각하기 때문에 신발을 벗지 않는다.
- 일반적으로 약속이나 예약은 일주일 전에 하는 것이 좋다.
- 비즈니스 미팅시에는 정장을 입는 것이 좋다.
- 줄서기가 생활화되어 있기 때문에 절대적으로 차례를 지켜야 한다.
- 선물은 받은 즉시 풀어보아야 한다.
- 남성이 실내에서 모자를 쓰는 것은 예의에 어긋난다.
- 일반적으로 점심식사는 간단히 하고 저녁식사는 풍성하게 한다.
- 식사도중 식사만 하는 것보다 대화를 나누면서 식사를 하는 것이 좋다.

제 9 장 글로벌화와 호텔관광산업

01 글로벌화의 이해

최근 세계경제가 큰 변화를 겪고 있는데, 그 핵심적인 내용은 여러 가지 장벽에 의해서 국가별로 운영되던 경제시스템이 국가별로 언어(language), 문화(culture), 거리(distance) 등의 차이에도 불구하고 점점 하나의 경제시스템으로 통합되는 경향을 나타낸다는 것이다.

이러한 현상 속에서 여러 국가들 간의 상호의존성(interdependence)도 점차 높아지고, 모든 산업은 더욱 빠른 속도로 글로벌화되어 가고 있으며 글로벌 기업들은 무한경쟁을 하고 있는 상황이다.

글로벌화(globalization) 또는 우리말로 세계화에 대한 정의는 다양하지만 일반적으로 기업이 개별국가시장에 대해 각각 다른 전략을 취하기보다는 전 세계 시장을 하나의 시장으로 보고 통합된 전략을 수립하는 것을 의미한다(Porter, 1986; 장세진, 2004).

글로벌화는 시장의 글로벌화와 생산의 글로벌화의 두 가지 주요한 부분으로 구성되어 있는데, 시장의 글로벌화란 국가별로 나누어져 있던 시장을 하나의 거대한 글로벌시장으로 합병하는 것을 의미한다. 생산의 글로벌화는 기업들이 노동력, 토지, 원자재, 에너지 등의 생산요소들을 가격과 품질 측면에서 국가별 차이를 이용하여 제품과 서비스를 다른 지역에서 생산하는 경향을 나타내는 것을 의미하는데, 생산의 글로벌화가 일어나는 이유는 기업들이 경쟁기업들보다 경쟁우위를 확보하기 위하여 낮은 비용구조와 높은 품질을 소비자들에게 제공하기 위하여 노력하기 때문이다.

글로벌화와 국제화(internalization)를 비교해 보면, 국제화는 국가단위로 시장이 구성되었던 상황에서 한 국가에 있던 기업이 다른 국가로 진출하는 것을 의미했던 반면, 글로벌화는 국가별로 시장을 구분하는 의미가 없어졌다는 것이다. 글로벌화된 환경 하에서는 제품, 서비스, 기술 등이 각 국가에서 국가로의 이동이 자유롭고 인적자원과 자본의 흐름도 자유롭다고 할 수 있다.

특히 글로벌화가 관광산업에 미치는 영향은 매우 크다고 할 수 있는데, 글로벌화로 인해 국제관광이 촉진되어 관련 산업이 빠른 속도로 성장하고 있다. 이러한 글로벌경영환경 하에서 국제관광과 관련된 기업인 호텔, 항공사, 외식업체, 여행사 등이 다국적 기업화되어 가고 있는 추세이다. 따라서 글로벌화는 이제 일반적인 현상이 되었으며 국제관광경영적인 측면에서도 많은 국제관광기업들이 급변하는 글로벌 경영환경에 적합한 경영전략을 수립하는 것이 필요하다고 하겠다.

02 글로벌화의 촉진요인

1) 자본집약적인 생산방식과 규모의 경제의 중요성 증대

우리나라 많은 기업들의 해외 진출이 일반화되고 있는데 가장 큰 이유 중 하나가 우리나라 소비자들만을 대상으로 제품을 판매하면 생산비용을 충당하기가 어렵기 때문이다. 그만큼 이제는 글로벌화가 일반화되었고 글로벌 경영환경의 변화도 급속하게 일어나고 있다.

이러한 환경 하에서 최근 모든 산업의 생산방식에서 공통적으로 일어나는 현상 중 하나는 노동집약적인 생산시스템에서 자본집약적인 생산시스템으로의 전환 가속화를 들 수 있다. 이러한 현상은 생산 활동에 있어서 노동비용의 비중이 점차 감소하는 동시에 자본비용이 증가한다는 의미인데, 자본비용 증가의 주요한 이유는 연구개발비용의 증가와 첨단생산설비로 인한 비용 증가이다.

특히, 이러한 현상은 정보통신(telecommunication)과 생명공학(biotechnology)

등의 첨단산업과 자동차, 화학 등 생산비용이 많이 소요되는 산업에서 더욱 두드러지게 나타나고 있다. 이러한 생산활동 비용의 증가로 기업의 입장에서는 규모의 경제(economies of scale)를 이용한 대량생산을 하게 되고, 각 국가별 내수시장만으로는 대량생산된 제품의 수요가 한정되어 있기 때문에 전 세계 시장으로의 제품판매를 모색하게 된다. 우리나라의 현대, 기아자동차가 세계 곳곳에 생산기지를 건설하고 전 세계 시장을 대상으로 자동차 판매에 힘쓰는 것이 좋은 예라고 할 수 있다.

2) 기술의 발전

글로벌화를 촉진시키는 요인 중 하나는 기술의 발전인데, 특히 교통기술의 발전, 정보통신기술의 발전, 첨단산업기술의 발전 등을 이유로 들 수 있다. 먼저 교통기술의 발전과정을 살펴보면, 제2차 세계대전 이후 항공산업기술의 발전과 컨테이너 운송의 도입으로 급격한 교통의 발전을 가져왔으며, 이러한 교통산업의 급속한 발전이 글로벌화를 더욱 촉진시키는 중요한 원인이 되었다. 또한 빠른 기술의 발전과 더불어 많은 연구개발(R&D)에 대한 투자가 글로벌화를 촉진시키는 원인이 되었다.

예를 들어, 첨단산업이라고 할 수 있는 전자, 통신, 컴퓨터, 의약품 제조산업 등에서는 총매출액에서 연구개발비용이 차지하는 비율이 평균적으로는 7~8%, 높게는 15%까지도 소요되고 있는데, 이와 같이 연구개발비용이 많이 투자되는 사업에서는 국내시장의 수요만으로는 그처럼 높은 연구개발비를 충당하기 힘들다. 그렇기 때문에 위에서 언급된 첨단산업의 경우 전 세계 시장을 대상으로 신제품개발과 판매가 지속되어야 연구개발비용을 충당할 수 있게 된다. 따라서 이렇게 첨단산업에 속해 있는 다국적기업들이 전 세계 시장을 대상으로 하고 있기 때문에 글로벌화는 더욱 가속화되고 있다고 할 수 있다.

3) 전 세계 소비자 취향의 동질화

글로벌화의 가장 큰 요인 중 하나는 이질적이었던 각국 소비자의 취향이 점점 동질화되어 가고 있다는 점이다. 이렇게 전 세계 소비자의 수요와 구매 행태가 과거에 비해 동질화되어 가는 가장 큰 이유는 인터넷을 중심으로 한 정보통신기술의 발전 때문이라고 할 수 있다.

이와 같이 하루가 다르게 발전하고 있는 정보통신기술의 발전으로 기업들은 전 세계를 단일시장으로 보고 빠른 시간 내에 전 세계 소비자들의 수요에 부응할 수 있는 제품을 만들어야 경쟁력을 가지고 생존할 수 있게 되었다.

여기서 한 가지 비교해야 할 점은 최근 전 세계 소비자 취향의 동질화는 과거의 국제화의 영향으로 선진국에서 먼저 개발된 제품이 점차 저개발국가로 이동되어 시차를 두고 전 세계 소비자 취향이 동질화되었던 이른바 제품수명주기이론(product life cycle theory)과는 다르다는 것이다. 예전에는 시차를 두고 전 세계 소비자 취향의 동질화가 있었던 것에 비하여 최근에는 인터넷의 일반화로 선진국과 후진국 간에 약간의 시차는 있겠지만 거의 비슷한 시기에 같은 제품이나 서비스에 대해서 전 세계의 모든 소비자들의 취향이 동질화되었다고 할 수 있다.

또한 소비자 취향의 동질성이 비슷한 시기에 나타나는 다른 이유로 전 세계 소비자들의 구매력 증대를 꼽을 수 있다. 개발도상국들의 경제적 발전이 국민들의 소득증대로 나타나고, 이러한 국민들의 소득증대가 선진국에서 생산되는 제품을 소비하려는 경향으로 나타나고 있다.

4) 무역장벽의 감소

최근 전 세계적으로 극소수의 국가를 제외하고 무역장벽이 낮아지고 있는 상황이며, 자본의 이동도 자유로워지고 있다. 특히, WTO(World Trade Organization : 세계무역기구) 체제의 출현으로 이러한 현상은 앞으로 더욱 가속화될 것으로 예측된다. 또한 요즘 활발하게 진행되고 있는 여러 국가들과의 자유무역협정(free trade agreement)의 진행 등에 힘입어 가까운 시일 안에 국가 간 무역장벽의 감소는 더욱더 가속화될 것으로 예측된다.

이러한 글로벌 경영환경의 변화 속에서 우리나라의 관광기업들도 글로벌화된 세계적인 관광기업들과 경쟁하기 위해서는 우리나라 기업들만이 보유한 경쟁우위를 활용할 수 있는 적합한 방법을 찾아보는 것이 시급하다고 할 수 있다.

CASE

글로벌라이제이션

롤랜드 빌링어(Roland Villinger) 맥킨지 서울사무소 대표
강혜진 맥킨지 서울사무소 부파트너

기업의 글로벌라이제이션(globalization)이란 기준으로 평가할 때 한국은 소수정예라는 특징을 갖고 있다. 글로벌 시장이란 링에 오른 기업은 많지 않지만, 챔피언은 많이 배출했다는 얘기다. 맥킨지가 2005년 말 기준으로 전 세계 시가총액 상위 2,000개 기업(G2000)을 글로벌 경쟁력에 따라 등급을 평가한 결과, 3.4%인 68개 기업이 최고 등급인 '글로벌 챔피언(global champion)'으로 분류됐다. 글로벌 챔피언은 과거 10년간의 경영성과, 진출지역 및 사업의 다각화 정도, 매출액·시가총액 등 다양한 항목에서 강력한 글로벌 위상을 갖고 있는 기업으로, MS(마이크로소프트)·GE(제너럴일렉트릭)·존슨앤존슨(Johnson & Johnson)·HSBC 등 내로라하는 서구기업들과 함께 인도 릴라이언스 그룹(Reliance Group) 등 아시아 기업들도 포함돼 있다.

✢소수정예 한국의 글로벌기업

조사결과를 들여다보면, 한국 입장에서 고무적인 현상과 우려스러운 대목이 한 가지씩 눈에 띈다. 먼저 고무적 현상은 한국이 경제규모에 비해 글로벌 챔피언을 많이 배출했다는 것이다. 세계 GDP에서 한국의 비중은 2% 남짓이지만, 글로벌 챔피언 중 4%(3개)를 한국기업들이 차지했다. 실제로 GDP 1조 달러당 글로벌 챔피언의 수는 한국이 3.7개로, 미국(2.2개), 일본(0.7개), 중국(0.4개) 등을 능가한다.

반면 우려스러운 대목은 한국에 글로벌기업의 저변이 취약하다는 것이다. G2000 중 한국기업의 비중은 2%(41개)로 글로벌 챔피언(4%)의 절반 수준이다. 또 글로벌 챔피언의 다음 등급인 '글로벌 유망주(global contender)'로는 G2000 중 426개 기업이 선정됐는데, 이 중 한국기업의 비중은 2%(9개)에 그쳤다. 글로벌 유망주는 내수시장에서 강력한 경쟁력을 갖추고 있지만, 사업규모와 진출지역, 사업분야의 다양성 등에서 글로벌 챔피언만큼의 수준을 확보하지 못한 기업이다. 인도 복제약(generic) 의약품 시장의 선두주자인 란박시(Ranbaxy) 같은 기업들이 글로벌 유망주에 해당한다. 반면 중국의 경우, 글로벌 챔피언에서 차지하는 비중은 2%로 낮지만, 점진적으로 세계화를 진행하는 G2000이나 글로벌 유망주에서 차지하는 비중은 각각 4%로 한국보다 높다. 특히 중국과 인도 기업들이 빠른 속도로 글로벌화하고 있다는 점을 감안할 때, 한국의 소수정예주의가 오래 지속되기는 어려울 것으로 보인다. 단적인 예로, 해외직접투자액의 경우 한국은 2003년 34억 달러에서 2006년 71억 달러로 연평균 28% 증가하는 데 그쳤지만 중국과 인도는 같은 기간 연평균 77%, 68% 급증했다.

CASE

✢글로벌라이제이션의 6가지 과제

글로벌라이제이션은 한국기업이 피할 수 없는 숙명적 도전이자 극복해야 할 과제다.
하지만 성공적으로 글로벌화하는 것은 쉬운 일이 아니다. 실제로 성공보다는 실패 사례가 더 많다. 글로벌화 추진과정에서 기업들이 직면하게 되는 주요 도전과제는 다음과 같다.

① "왜 글로벌인가?" 목표와 전략을 명확히 하라

의외로 글로벌화를 주장하는 많은 기업들이 왜, 어디서, 어떻게, 언제 글로벌화 할지에 대한 명확한 전략을 갖고 있지 않아 실패하곤 한다. 글로벌화를 추진하는 기업들은 다음과 같은 몇 가지 질문을 던져봐야 한다. 진출하려는 시장이 매력적인가, 새로운 사업을 구축할 것인가 아니면 기존 업체를 인수할 것인가, 언제 어떻게 글로벌 전략을 실천에 옮길 것인가, 언제까지 임직원들의 역량을 글로벌 수준으로 키워야 하고 그를 위해 얼마만큼의 노력이 필요한가 등이다. 한 발 더 나아가 기업들은 R&D부터 판매까지 가치사슬(value chain)의 어떤 부분을 어느 지역에서 특화시킬 것인지를 고민해야 한다. 예컨대 원가경쟁력이 중요하면 인건비·재료비·운송비 등이 싼 지역에, 기술 경쟁력이 중요하면 인재 선발과 활용이 유리한 곳에 거점을 두는 식이다. 의류업체 리앤펑(Li&Fung)은 37개국 7,500개의 협력기업 네트워크를 구축해 활용하고 있다. 방한복을 만들 때 직물 공급은 중국, 디자인은 홍콩, 지퍼는 대만, 재봉 작업은 방글라데시에서 이루어지는 식이다.

② 항상 M&A에 준비된 자세 갖춰야

HSBC와 미탈스틸 등 글로벌 챔피언의 약 65%는 인수합병(M&A)을 통한 성장에 크게 의존하고 있다. 반면 한국기업들은 글로벌 M&A에 소극적이다. 언제라도 M&A를 추진할 수 있는 철저한 준비가 돼 있지 않을 경우, 매물이 시장에 나온 뒤에야 다급하게 검토하게 되므로, 인수기회를 놓치거나 너무 비싼 가격을 지불하는 잘못을 저지르기 쉽다. 이를 해결하려면 먼저 M&A의 전략적 목적을 명확히 한 후 잠재적 인수대상 리스트를 작성해 관리해야 한다. 또 회사 내에 M&A 전담팀을 구성해 내부적으로 전문성을 쌓고, 외부에 신뢰할 만한 투자은행(IB)과 컨설팅회사 같은 자문단을 확보해야 한다. 세계 1위 철강업체인 미탈스틸 회장의 회고록에는 "그의 성공은 전 세계 지도를 놓고 손실을 내는 철강회사를 찾아 인수하고 흑자로 돌려놓는 노력에 있었다. 그는 끊임없이 다음 거래를 찾고 있다"는 평가가 실려 있다.

③ 외국의 법적·사회적 리스크를 고려하라

해외 M&A를 추진할 때는 노동법, 퇴직금제도, 환경규제 등 그 나라만 독특하게 갖고 있는 위험요소를 고려해야 한다. 예컨대 미국의 경우, S&P 500대 기업의 85%는 퇴직연금을 지급하기 위한 내부유보금이 부족한 상태이며, 부족금액은 총 1,500억 달러에 달한다. 이러한 사안들을 제대로 평가하지 않고 인수했다가는 큰 낭패를 겪게 된다. 기업들은 정치·여론 등 경영 외적인 변수를 과소평가하는 경향이 있다. 중국 국영 해양석유공사(CNOOC)는 미국의 에너지 회사인 유노칼(Unocal) 인수를 시도했다가 반대여론 때문에 실패했다. 중국의 유노칼 인수를 반대했던 측은 "기간산업을 '적성국(敵性國)'에 매각하는 것은 국가안보를 위협하는 것"이라며 반대여론을 조성했다. 중국은 대대적인 홍보캠페인을 벌였지만 효과를 보지 못했다.

CASE

④ 자사의 브랜드와 기업이미지 구축에 투자하라

글로벌기업으로 성장하겠다는 야망을 가진 회사는 브랜드 가치와 기업이미지를 구축하는 투자를 게을리해서는 안 된다. 기업이미지는 해외시장에서 빨리 성장하는 데 큰 장애물이 될 수도 있다. 급성장하는 중국이 이미지 관리에 실패한 대표적 국가다. 글로벌 브랜드 담당자들을 대상으로 "'Made in China' 표시가 중국기업의 이미지에 도움이 되는가, 해가 되는가"를 물어봤을 때 79%가 "해가 된다"고 답했다. 또 중국 제품을 봤을 때 떠오르는 5가지 단어는 '싸다', '품질이 낮다', '가치가 낮다', '신뢰할 수 없다', '정교하지 않다'로 조사됐다.

⑤ 글로벌 인재를 유치하고 충분한 책임과 권한을 부여하라

글로벌 경영을 주장하는 한국기업들이 가장 취약한 분야다. 선도적인 한국전자회사들은 매출액의 80%가 해외에서 발생하지만 외국 임원 비중은 평균 2~3%에 불과하다. 해외사업장의 주요 요직은 대부분 한국 본사에서 파견된 임직원들이 차지하고 있다. 이들은 다국적 문화에 대한 경험과 이해도가 낮을 뿐 아니라, 공식적인 보고체계를 무시하고 본사의 직속상사에게 비공식적으로 보고함으로써 현지 임직원들의 사기를 떨어뜨린다.

한국기업들이 진정한 글로벌기업으로 발돋움하고 싶다면 보다 적극적으로 외국인 경영진과 인재를 영입하고, 이들에게 적절한 책임과 권한을 부여해야 한다. 그러지 않으면 역량 있는 글로벌 인재의 유치는 더욱 어려워진다.

⑥ 조직과 문화의 통합을 위해 최고경영진이 직접 나서라

마지막으로, 장기적인 관점에서 조직과 문화를 통합하는 노력이 필요하다.

기업이 세계화할수록 조직은 더욱 복잡해지고, 임직원들은 자신의 생각을 정확히 전달하는 데 어려움을 겪게 된다. 문화·언어 등의 차이로 여러 국적의 동료와 일할 때 쓸데없는 오해와 갈등이 발생하기도 한다. 따라서 최고경영진은 외국의 문화와 언어를 이해하고 국가 간 네트워크를 구축하는 데 적극적으로 나서야 한다. 해외 M&A를 추진할 때도 문화적 진단과 함께 인수 후 통합계획을 세워야 한다.

진화론의 창시자인 찰스 다윈은 "살아남는 생물은 가장 강한 생물도, 가장 영리한 생물도 아니라 변화에 가장 잘 적응하는 생물"이라고 말했다. 역동적인 글로벌 경제의 변화 속에서 살아남기 위해서는 그 어느 때보다 민첩한 적응력이 필요하다.

공동기획 | McKinsey & Company

【자료 : 조선일보, 2007년 10월 19일】

03 글로벌화가 호텔관광산업에 미치는 영향

글로벌 경쟁환경 하에서의 호텔의 특성을 잘 이해하고 있는 글로벌체인 호텔기업들은 신속한 자원의 공유와 위험을 분산하여 경쟁우위를 확보하기 위하여 현지 파트너들과의 전략적 제휴(strategic alliances)를 활발하게 시도하고 있다. 또한 글로벌화의 가속화와 국제관광산업의 촉진으로 인하여 유명한 브랜드를 보유한 세계적인 호텔체인기업들은 자사의 브랜드에 대한 글로벌화를 최대한 촉진시켜 같은 상품의 호텔 네트워크를 통한 성과향상을 추구한다.

Starwood, Marriott, Hyatt, Hilton 등과 같이 글로벌 네트워크를 형성하고 프랜차이즈나 위탁경영 형태로 운영되고 있는 호텔과 현지에서 운영되는 호텔들과는 차이점이 있다고 할 수 있는데, 글로벌체인호텔기업들은 전 세계를 단일시장으로 인식하면서 세계 여러 지역에서 서비스의 표준화를 유지함으로써 고객의 지속적인 신뢰를 유지하고 이러한 신뢰를 바탕으로 특화된 브랜드와 호텔기업으로서의 고유한 이미지를 유지하려고 한다(Kusluvan and Karamustafa, 2001; 구태회, 2007: p. 13에서 재인용).

이러한 글로벌 호텔산업 경영환경 하에서 글로벌체인호텔기업들은 전 세계를 단일시장으로 보고 표준화된 같은 호텔서비스를 제공하는 글로벌전략(global strategy)을 구사하지만 우리나라의 신라호텔, 롯데호텔 등과 같이 지역 내에서 독자적인 브랜드를 보유한 독립호텔들은 글로벌전략을 구사하는 세계적인 글로벌체인호텔기업들과 경쟁하기 위해서 현지화된 상품과 서비스를 특화시켜 경쟁하고 있으며, 이러한 경쟁은 정보화의 발전과 글로벌화의 가속화로 더욱 치열해질 것으로 예상되기 때문에 각각의 호텔에서 제공하는 서비스의 질과 차별화의 중요성이 더욱 커질 것으로 예상된다.

제 10 장 디지털경제, 기업가 정신과 글로벌리더십

01 디지털경제의 이해

최근 스마트폰의 일반화로 인하여 정치, 경제, 사회, 문화 등 우리의 모든 일상생활에서 많은 변화가 일어나고 있다고 할 수 있는데, 디지털경제(digital economy)란 정보통신기술의 발전과 모바일 인터넷의 이용으로부터 창출되는 경제체제를 의미한다고 할 수 있다.

빠르게 변화하고 있는 정보통신기술의 발전으로 이미 우리는 디지털경제에서 생활하고 있다고 할 수 있지만, 앞으로는 지금보다 더 빠른 속도로 우리 생활의 모든 분야에서 더 빠른 변화가 일어날 것으로 예측되고 있다. 이렇게 급변하는 환경 하에서 개인과 기업이 리더십을 발휘하기 위해서는 변화에 적응할 수 있는 지식의 습득과 활용이 필요하다고 할 수 있으며 이전에 우리가 가지고 있었던 패러다임(paradigm)과 다른 많은 변화가 예상되고 있다.

02 디지털경제의 특성

정보통신기술의 급속한 발전은 디지털경제라는 새로운 패러다임의 경제 시스템을 활성화시켰다. 예전의 경제가 대량생산, 수확체감 등에 초점을 맞추었다면 디지털경제는 상품의 다양성과 규모의 경제에 초점을 맞추고 있다. 따라서 과거에 중요시되었던 물적 자본의 축적에서 인적자본과 지식기반 등이 중요하게 되었다. 특히 정보통신기술의 발달로 산업구조, 고용구조, 직무형태 등이 변화하고 있다. 전통적인 경제와 디지털경제를 비교해서 구조적인 변화를 들자면 경제활동의 중심이 물적 생산에서 지식, 정보 등 서비스의 생산으로 넘어감에 따라 서비스산업의 비중이 증대되었다. 또한 기업조직의 소규모화 및 유연화,

임금격차의 확대 등을 들 수 있다. 특히, 정보통신기술의 발달로 제조업 및 서비스산업의 지식기반화가 촉진되면서 산업구조 전반에 걸쳐서 큰 변화가 일어나고 있다. 정보통신기술의 발달은 특히 제조업의 지식기반화를 촉진하고 있다. 정보통신기술이 마케팅, 유통, 생산, 연구개발 등에 활용되는 것이 일반화되면서 생산비용을 줄이고 고비용구조를 개선함으로써 기업의 경쟁력 제고에 큰 영향을 미치고 있다. 이러한 경영환경의 변화로 인하여 기업의 인적자원관리에 대한 관점과, 특히 비중이 증가되고 있는 서비스산업 분야 중 가장 규모가 큰 산업 중 하나인 호텔관광산업의 인적자원관리에 관한 관점을 최근 변화하는 경영 패러다임과 연결시켜서 생각해 보는 부분이 필요하다고 할 수 있다. 최근 경제구조의 변화 중 인적자원관리와 관련된 요인들을 살펴보면 고용구조의 변화, 직종의 변화, 임금의 변화, 생산성의 변화 등을 들 수 있다.

1) 고용구조의 변화

정보통신기술의 발달은 고용을 창출하는 효과와 고용을 절감하는 효과 모두를 가지고 있다. 최근 일반화된 전자상거래 역시 고용을 창출하는 동시에 고용을 절감하는 효과를 가지고 있다. 전자상거래의 확산은 특히 산업의 가치사슬에 변화를 가져와서 그에 따른 고용구조의 변화를 촉진하고 있다. 전자상거래의 도입이 가져온 가장 큰 변화는 상품을 사고파는 방식이 변화한다는 점인데, 이 부분은 지금까지 전통적인 경제활동에 있어서 핵심적인 역할을 해온 중간매개체의 기능이 변화한다는 점이다. 전자상거래와 인터넷의 일반화는 기업 내에서 중간관리자를 담당하는 인원들의 기능을 자동화시킴으로써 이들의 전통적인 중게기능을 소멸시켰다. 그러나 전자상거래의 발전으로 생산자와 소비자 간에 직접적으로 거래할 수 있는 환경이 만들어지고 소비자가 생산자로부터 물품을 직접 구입할 수 있게 되면서 물리적인 시장에서 소매업자가 가지고 있던 기능은 유명무실하게 되었다. 미국을 비롯한 주요 선진국들의 고용구조의 변화 추이 중에서 가장 눈에 띄는 부분은 정보통신산업의 발전과 더불어 서비스부문의 성장을 들 수 있다. 이러한 현상은 제조업에 대한 비중이 줄어드는 데서 그 원인을 찾을 수 있다. 또한 지식과 정보와 같은 무형의 재화가 중요시되면서 무형재화의 고유한 특성, 즉 판매자가 소비자에게 무형의 재화를 판매하고 나서도 여전히 판매자에게는 이를 다른 사람에게 재판매할 수 있고 생산에 따른 추가비용이 발행하지 않는다는 특성 때문에 제조업을 대신하여 많은 인력을 수용하였고 이에 따른 새로운 서비스 직종들이 증가하고 있는 추세이다.

한편, 최근에는 기업이나 조직의 고용형태도 다양해지고 있다. 이것은 기업이나 조직들이 유연한 고용제도를 유지함으로써 급변하고 있는 외부환경에 대처하고 필요로 하는 인재확보를 용이하게 하는 효율적인 방안으로 인식되고 있다. 이러한 고용제도는 인터넷의 일반화와 지역 간 네트워크화, 정보통신기술의 발달로 다양한 근로형태를 출현시키고 있는 추세이다. 다양한 근로형태의 대표적인 사례로는 자율노동시간제, 집중근로제, 원격근로제 등이 있는데, 그중에서도 인터넷의 일반화와 정보통신기술의 발달로 효율적인 근무형태로 자리 잡아 가고 있는 것이 원격근로제이다. 1970년대에 등장하기 시작한 원격근로는 근로자가 회사가 아닌 다른 장소에서 인터넷과 같은 정보통신기술을 활용하여 업무를 수행하는 근로형태를 말한다. 여기서 중요한 것은 원격근로라는 개념 안에는 모든 근로자들이 한자리에 모여서 같은 시간대에 주어진 업무를 수행하는 것이 아니라 근로자 개개인의 업무의 특성에 맞추어 시간대나 장소를 달리하여 인터넷이나 정보통신기술을 활용하여 업무를 수행한다는 의미가 내포되어 있다.

원격근로가 가져다주는 효과는 개인과 기업의 측면으로 나누어서 분석할 수 있다. 원격근로가 개인에게 가져다주는 이점을 살펴보면 업무와 가정일이 같은 장소에서 이루어지는 재택근무의 경우 출퇴근이 자유롭기 때문에 근로자들이 보다 안정된 상태에서 업무를 수행할 수 있다는 점이다. 또한 작업시간을 융통성 있게 조절할 수 있다는 장점도 있다. 기업의 측면에서는, 근로자들의 근무장소가 특정한 장소에 한정되어 있지 않기 때문에 사무실 임대 및 관리비용이 절감된다는 데 있다. 한편, 기업의 입장에서는 책임감과 자기 통제력이 요구되는 근로형태에 적합한 근로자들의 선발이나 교육 등에 기업의 비용이 증가하며 동기부여와 보상프로그램에 대한 연구도 필요하다고 할 수 있다. 따라서 이러한 측면에서 고용구조의 변화는 인적자원관리에 대한 관점에서도 시사하는 바가 크다고 할 수 있다.

2) 직종의 변화

전 세계적으로 나타나는 고용구조 변화상의 특징이라 할 수 있는 현상은 직종에 상관없이 정보통신기기들을 이용하여 업무를 수행하는 근로환경이 조성되면서 모든 산업에 걸쳐 요구되는 근로자들의 업무에 대한 숙련도가 높아졌다는 것이다. 즉 디지털경제환경 하에서는 고숙련도 위주의 고용구조를 형성시키고 있다는 것인데, 여러 나라의 고용성장률을 살펴보면 공통적으로 지식과 정보, 전문적 기술 등을 업무에 활용하는 전문직이나 고위 기술직, 그리고 서비스직의 고용성장률이 높게 나타나고 있다. 따라서 이러한 시장환경 하에서 서비스업의 대표적인 업종 중 하나이면서 인적자원에 대한 의존도가 가장 높은 산업 중 하나인 호텔관광산업의 향후 전망을 살펴보면, 전체적인 산업구조에서 차지하는 비중이 계속 증가할 것으로 예상된다.

산업간 고용구조 변화 이외에도 산업 내 숙련도 향상도 디지털경제에서 나타나는 큰 변화 중 하나라고 할 수 있다. 디지털경제로 전환됨에 따라서 단순인력보다는 전문성을 겸비한 고급인력에 대한 수요가 크게 증가하였다.

디지털경제에서 가장 중요한 요소는 정보와 지식인데 정보와 지식은 창출속도가 빨라지면서 수명주기가 짧아지기 때문에 한 번 습득한 것으로 끝나는 것이 아니라 새로운 정보를 계속 창출하고 활용함으로써 부가가치를 창출할 수 있어야 한다. 또한 기술의 융합화, 조직의 네트워크화가 진점됨에 따라 작업의 범위가 넓어지고 다양한 업무들을 수행해야 한다.

3) 임금의 변화

인적자원관리 부분에서 다루어지는 가장 중요한 부분 중 하나가 종업원들의 임금관리에 관한 부분인데, 디지털경제의 가속화와 함께 나타나는 중요한 변화 중 하나가 임금의 변화라고 할 수 있다. 특히, 호텔관광산업은 인적자원에 대한 의존도가 큰 산업이기 때문에 기업의 입장에서는 임금의 변화가 상당히 중요한 부분이라고 할 수 있다.

정보통신기술의 발전과 디지털경제로의 전환은 노동시장에서 중요한 변화를 야기하였는데, 이들 근로자 간의 임금격차에 관한 부분으로 전문성을 겸비한 고급인력과 그렇지 못한 종업원들 사이에 임금격차가 점점 커진다는 점이다. 이렇게 같은 기업 내에서 종업원들끼리 임금의 격차가 일어나는 원인 중 하나는 디지털경제환경의 가속화와 더불어 기업 간의 경쟁이 심화되면서 기업에서는 내부인력에 대한 재교육이나 재배치를 통해 인재를 육성하기보다는 일단 모든 지식과 기술, 그리고 노하우를 갖춘 인재를 외부 노동시장에서 비싼 임금을 주고 채용하기 때문에 근로자들 간의 임금격차가 더욱 가속화되는 상황이다.

4) 생산성의 변화

디지털경제 하에서는 인터넷을 통해 정보의 흐름이 자유롭게 이루어지기 때문에 정보가 신속하고 효율적으로 사용된다. 전통적인 생산요소인 노동과 자본이 부가가치를 창출하는 것과 마찬가지로, 이제는 정보도 부가가치를 창출하는 중요한 요소로 작용하고 있다. 정보는 하나의 독립된 생산요소로서 기존의 노동과 자본을 보다 효율적으로 결합하는 역할을 함으로써 경제의 생산성을 향상시키고 있다.

디지털경제의 환경으로 전환되면서 호텔관광기업들도 정보통신기술 및 시설의 업그레이드를 통해 고객들에게 보다 좋은 품질의 서비스를 제공할 수 있게 된다.

03 글로벌체인호텔들의 기업가정신과 글로벌리더십

1) 기업가정신과 글로벌리더십

기업가정신(entrepreneurship)이란, 새로운 이윤을 창출할 기회를 포착해서 부를 창출하는 기업가의 행동을 의미한다.

위험을 감수하더라도 기업을 운영하려는 사람이 없다면 아마 새로운 기업이 만들어지는 것이 불가능할 것이다. 따라서 기업을 설립하고 더 많은 이익을 창출하겠다는 기업가정신(entrepreneurship)을 가진 경영자들이 기업의 다른 조직구성원들에게도 이러한 기업가정신을 심어주는 것이 필요하다고 할 수 있다.

2) 글로벌체인호텔기업들의 기업가정신

국내호텔 중에서 최근 해외로 진출한 호텔로는 중국 쑤저우에 진출한 신라호텔, 러시아 모스크바에 직접투자로 진출한 롯데호텔, 일본과 필리핀에 진출한 임패리얼팰리스호텔 등을 들 수 있다. 이러한 국내호텔들은 향후 가장 성장잠재력이 큰 산업 중 하나인 호텔산업에서 새로운 이윤을 창출할 기회를 포착해서 부를 창출하는 기업가의 행동을 의미하는 기업가정신이 비교적 높은 호텔기업들이라고 할 수 있다.

롯데호텔 러시아 진출 사례

CASE

"인사는 3단계가 있습니다. 고객의 눈을 보며 미소를 보냅니다. 허리를 45도로 숙입니다. 머리부터 허리가 일직선이 돼야 합니다. 3초 후 허리를 들며 다시 한 번 눈을 마주칩니다."

20일 오후 러시아 모스크바 시내 '롯데호텔 모스크바'의 직원 연수장. 러시아 현지 직원 10여 명이 김선희 매니저에게 서비스 교육을 받고 있다. 김 매니저는 나무자를 들고 직원들의 허리 굽히는 각도까지 일일이 점검했다. 4월에 경력직으로 입사한 예브게니아 자이체바 씨는 "유럽 고객들도 한국식 인사를 받으면 무척 좋아한다"며 "며칠 전 독일인 투숙객이 '서비스에 감동받았다'며 감사편지를 보내왔다"고 말했다.

이 호텔 현지 직원 300여 명은 10주에 걸쳐 총 400시간 동안 인사법, 표정, 용모, 자세, 전화예절 등 서비스 교육을 받고 있다. 허리 숙이는 인사가 낯선 러시아에 '한국식 서비스'를 심고 있는 과정이다.

✛국내 호텔 중 첫 해외 직접 진출

9월 13일 전관 개관을 앞두고 부분 개관한 롯데호텔 모스크바를 찾았다. 롯데호텔은 국내 브랜드 중 최초로 해외에 직접 진출해 호텔을 열었다. 국내 호텔이 동남아시아 현지 호텔을 인수합병(M&A)한 경우는 있었지만 용지 매입부터 설계 시공, 직원 교육 및 오픈까지 모든 과정을 직접 관장한 것은 롯데호텔이 처음이다. 아시아 호텔 가운데 최초로 모스크바에 진출하기도 했다.

롯데호텔은 모스크바 최고의 호텔, 6성급 초 럭셔리 호텔을 목표로 삼았다. 송용덕 롯데호텔 상무는 "서구 호텔을 압도하는 최고급 시설에 한국적인 '정(情)'이 담긴 서비스를 담았다"며 "롯데호텔이 글로벌 브랜드로 거듭나고 한국의 서비스산업이 세계에서도 통한다는 것을 증명하겠다"고 말했다.

호텔이 위치한 노브이 아르바트 거리는 붉은 광장, 크렘린 궁전, 볼쇼이 극장 등과 연결되며 러시아 외교부, 정부종합청사 및 80여 개국의 대사관과 다국적기업이 밀집한 모스크바의 심장부다.

✛한국적인 서비스 강조

총 7,117m²의 용지에 지상 10층, 지하 4층 규모의 호텔 현관에 들어서니 현지 직원이 45도로 허리를 숙이며 한국어로 "안녕하십니까"라고 인사했다. 웅장한 대리석 기둥이 호텔을 받치고 있는 로비 천장에는 태양을 형상화한 샹들리에가 반짝였다. 2층으로 연결된 중앙계단 샹들리에는 높이가 13m에 이른다. 1억 원 이상의 초고가품이다.

2층 대형 연회장은 700m²로 모스크바 호텔 중 최고 크기이며 자동차를 운반할 수 있는 5t 화물 엘리베이터를 러시아 최초로 설치했다. 럭셔리 자동차의 격전지가 된 모스크바의 신차 발표회를 겨냥한 것. 같은 층의 '레 므뉘 파르 피에르 가니에르'는 '요리계의 피카소'로 꼽히는 세계적 요리사 피에르 가니에르가 파리, 두바이, 홍콩, 서울 등에 이어 문을 연 레스토랑으로 최근 러시아 미식가들의 최대 화제로 떠오르고 있다.

CASE

모든 객실 입구에서는 4층 중앙에 설치된 200m² 규모의 수목원 '아트리움 가든'을 볼 수 있다. 투숙객들이 겨울이 긴 러시아에선 느끼기 어려운 푸른 자연을 사계절 즐길 수 있게 했다. 디럭스룸 객실은 면적이 약 60m²로 다른 호텔보다 20m² 정도 넓었다. 1,000만 원 상당의 삼중 방음도어와 욕실에는 러시아 최초로 한국형 온열바닥과 비데를 설치하는 등 세심한 부분에서 차별화하려는 노력이 느껴졌다.

조종식 부총지배인은 "버락 오바마 미국 대통령이나 빌 게이츠 같은 최정상 VIP가 모스크바를 방문하면 롯데호텔을 찾게 하는 게 목표"라고 말했다. 안전과 시설을 가장 까다롭게 따진다는 미국대사관이 최근 단체예약을 시작했다고 호텔 관계자는 귀띔했다.

【자료 : 동아일보, 2010년 7월 27일】

04 글로벌체인호텔기업들의 글로벌리더십과 자율성

다국적기업(multinational corporations)의 해외자회사에 대한 의사결정의 집권화와 분권화에 관한 연구는 1970년대부터 선진국의 다국적기업들을 대상으로 연구가 본격적으로 이루어지기 시작하였다. 하지만 많은 다국적기업의 연구에서 볼 수 있는 문제점이지만 자율성(autonomy)에 관한 개념도 연구자들에 따라 조작화에 불일치를 보이고 있다. 즉 자율성이란, 통제정도에 관한 연구이지만 통제(control), 권한(authority), 영향력(influence), 위임(delegation) 등 연구자들에 따라 서로 다른 용어를 사용하고 있다.

규모가 큰 다국적기업인 글로벌체인호텔기업들은 전 세계에 퍼져 있는 여러 체인들을 운영하는 데 있어서 의사결정권한인 자율성은 매우 중요한 문제라고 할 수 있으며, 특히 여러 개의 브랜드를 운영하는 글로벌호텔체인기업들에게는 해결해야 할 중요한 문제가 되고 있다.

이러한 문제를 해결하기 위해서 일반적으로 글로벌체인호텔기업들은 기업의 기본적인 핵심적 가치나 브랜드 포지셔닝 등은 일률적으로 운영하고 있지만 순간순간 발생하는 여러 가지 상황에 있어서 일률적인 매뉴얼을 적용시키는 것은 거의 불가능하기 때문에 체인별로 관리자들에게 많은 자율성을 부여하고 있는 편이라고 할 수 있다.

CASE

세계적인 호텔체인기업 스타우드

'더블유(W)', '쉐라톤(Sheraton)', '웨스틴(Westin)', '세인트 레지스(ST. Regis)' ….

Weekly BIZ 독자라면 한 번씩 들러봤거나 이름이 귀에 익숙한 호텔들이다. 그런데 이 호텔 브랜드들의 공통점은 무엇일까?

정답은 세계적 호텔 체인 기업인 스타우드(Starwood Hotel & Resorts Worldwide, Inc) 소속이라는 것이다. 스타우드는 위의 4개 브랜드를 비롯해 모두 9개의 브랜드의 호텔을 운영한다. 9개의 브랜드는 저마다 독특한 개성으로 소비자의 인식 속에 각인돼 있다.

미국에서 시작한 이 호텔 체인은 전 세계 약 100여 개국에 직영이나 위탁관리, 브랜드 임대 등 다양한 방식으로 모두 1,000여 개의 호텔을 운영하고 있다. 한국에는 웨스틴 조선, 쉐라톤 워커힐, W. 호텔이 있다.

스타우드의 프리츠 반 파센(Frits van Paasschen) 회장 겸 CEO는 뉴욕 스타우드 본사에서 가진 Weekly BIZ와의 인터뷰에서 "우리의 장점은 브랜드마다 색다른 개성과 차별화된 체험을 제공한다는 것"이라고 강조했다. 호텔사업에서 브랜드를 잘못 늘리면 상호 충돌이 일어나며 매출을 잠식할 수도 있지만, 스타우드는 차별화된 브랜드 전략으로 시장에 성공적으로 자리매김했다는 것이다.

"예를 들어 쉐라톤은 가족 단위로 찾아오는 손님들을 위해 출발한 브랜드입니다. 이런 손님들에게 맞게 서비스와 상품이 구성돼 있습니다. 반면 웨스틴은 비즈니스맨들을 위한 호텔이죠. 출장이 많은 비즈니스맨이 편하게 이용합니다. W는 어떤가요? 바로 젊은이들을 위한 브랜드입니다. 인테리어를 비롯해 모든 것이 뉴욕의 라이프스타일과 첨단 트렌드를 반영합니다. 이처럼 브랜드별로 어떻게 포지셔닝(Positioning)할지, 그리고 타깃 고객과 어떻게 커뮤니케이션 할지, 오랜 고민의 결과가 오늘의 스타우드입니다."

2007년 말 반 파센의 스타우드 회장 선임은 업계의 화제였다. 전(前) 회장이 갑자기 물러난 뒤 스타우드 이사회는 5개월 동안 60명의 후보자를 인터뷰했다. 그런데 숱한 호텔리어 출신들 대신 마케팅 전문가인 반 파센이 뽑혔다. 하버드비즈니스스쿨을 나온 그는 맥킨지와 보스턴 컨설팅그룹의 컨설턴트로 일했고, 이후 쿠어스(맥주회사), 나이키, 디즈니컨슈머프로덕츠 등 여러 소비재 회사에서 일했다. 스타우드는 그가 일했던 전 직장들과 여러 가지가 달랐다.

"나이키는 하나의 브랜드로 대부분의 매출을 올리죠. 이런 단일 브랜드는 마케팅과 프로모션에 집중투자할 수 있다는 게 장점입니다. 반면 다양한 시장을 커버하는 데는 약점이 있습니다. 저는 우리 호텔산업에 대해서는 이렇게 생각합니다. 한 지역에 쉐라톤 브랜드의 호텔 3개가 있으면 시장 확대에 별 효과가 없을 겁니다. 하지만 한 지역에 웨스틴, 쉐라톤, 르 메르디앙, 이렇게 다양한 브랜드가 있으면 다르다고 봅니다. 저마다의 브랜드가 가진 매력을 좋아하는 여러 고객을 받아들일 수 있으니까요. 다양한 소비자들에게 차별화된 경험을 제공할 수 있다는 게 저희의 가장 큰 경쟁력입니다."

여행·숙박업은 경기에 가장 민감한 업종 중 하나다. 글로벌 금융위기 여파로 스타우드의 지난해 매출은 47억 달러(약 5조 6,000억원)에 그쳐 전년보다 18% 줄어들었다. 이익은 7,300만 달러로 78% 급감했다.

반 파센 회장은 신흥시장 공략에서 돌파구를 찾으려 한다. 그는 "중국과 인도의 중산층 부상은 산업혁명에 비견할 만한 근본적인 변화"라고 말했다. 스타우드는 지난달 중국에 30번째 쉐라톤 호텔을

CASE

오픈했다. 스타우드 전체로는 60번째 중국 내 호텔이다. 쉐라톤은 올해 중국에 8개의 호텔을 오픈하고, 2015년까지 18개를 더 오픈할 예정이다.

반 파센 회장은 마라톤을 12차례 완주한 스포츠맨답게 다부진 체격에 밝은 인상을 갖고 있었다. 그는 매일 새벽 6시에 일어나 16km를 달린다. 네덜란드에서 태어나 미국 시애틀에서 자란 그는 이중 국적을 갖고 있고 5개 국어를 구사한다.

인터뷰는 뉴욕시 북서부에 위치한 스타우드 본사에서 진행됐다. '하얀 평원(White Plain)'이라는 별명을 갖고 있는 흰색 본사 건물은 허드슨 강변 메인도로에서 조금 벗어난 숲 속에 자리잡고 있었다.

【자료 : 조선일보, 2010년 9월 5일】

참고문헌

강신겸 외, 동북아관광지도와 한국의 선택, 삼성경제연구소, 2005.
고석면 외, 관광정책론, 대왕사, 2001.
김광근 외, 관광학원론, 백산출판사, 2004.
김광웅, 창조리더십, 생각의 나무, 2009.
김도희, 관광학개론, 백산출판사, 2003.
김성용, 관광마케팅, 기문사, 2006.
김성용, 여행사경영론, 기문사, 2006.
김성혁, 관광마케팅의 이해, 백산출판사, 2000.
김영규, 여행사경영과 실무, 대왕사, 2001.
김영규, 여행사실무론, 대왕사, 2003.
김재원, 항공사경영론, 기문사, 2004.
김종의 외, 마케팅, 형설출판사, 2003.
김종현, 콘디의 글로벌리더십, 일송북, 2007.
김진섭, 관광학원론, 대왕사, 1996.
문준연, 마케팅원론, 명경사, 2003.
박기홍 외, 디지털경제와 인터넷혁명, 을유문화사, 2000.
박상수, 국제관광원론, 형설출판사, 2004.
박호표, 신관광학의 이해, 학현사, 2004.
박홍수 · 하영원, 신제품마케팅, 학현사, 2004.
변우희 · 최학수 · 노정철, 실전관광사업론, 형설출판사, 2002.
사단법인 한국마케팅연구원, 마케팅 실천성공사례집II, 2002.

신강현 · 강인숙, 호텔경영학개론, 기문사, 2006.
신혜숙, 호텔 · 관광마케팅, 대왕사, 2004.
안광호 · 김동훈 · 김영찬, 시장지향적 마케팅전략, 학현사, 2005.
양영종 · 김상훈 · 정걸진, 디지털시대 광고론, 형설출판사, 2003.
원융희 · 박충희 · 이창욱, 최신관광인사관리, 백산출판사, 2004.
윤우근, 양날의 칼, 조직 다양성 다루기, 삼성경제연구소, 2011.
이명식, 서비스마케팅, 형설출판사, 2004.
이문규 · 안광호 · 김상용, 인터넷마케팅, 법문사, 2004.
이상오, 리더십 역사와 전망, 연세대학교출판부, 2009.
이원우 · 서도원 · 이덕로, 경영학원론, 박영사, 2000.
이우용 · 정구현 · 이문규, 마케팅원론, 형설출판사, 2003.
이유재, 서비스마케팅, 학현사, 2004.
이정실, 외식기업경영론, 기문사, 2002.
이정학, 관광마케팅, 기문사, 2003.
이철 · 장대련, 국제마케팅, 학현사, 1999.
임태조 옮김 · 밥 애덤즈 지음, 팀장리더십, 위즈덤하우스, 2005.
임창희, 조직행동, 학현사, 2001.
장대련 · 한민희, 광고론, 학현사, 2002.
장세진, 경영전략, 박영사, 2003.
장세진, 글로벌경영, 박영사, 2004.
전용욱 외, 국제경영, 문영사, 2003.
정규엽, 호텔 · 외식 · 관광마케팅, 연경문화사, 2004.
채서일, 마케팅, 학현사, 2004.
최병권, 미래기업의 인재코드, 새로운 제안, 2005.
최승이 · 이미혜, 국제관광론, 대왕사, 2001.
최태광, 관광마케팅, 백산출판사, 2002.
한상만 · 하영원 · 장대련, 마케팅전략, 박영사, 2004.
황현철 · 김규헌 · 윤정헌, 21세기 여행업경영론, 기문사, 2003.

Aaker, David A., Strategic Market Management, 6th ed., John Wiley, 2001.

American Marketing Association, "AMA Board Approves New Marketing Definition," Marketing News, March 1, 1985.

Barlett, C. and S. Ghoshal, Managing Across Borders, Harvard Business School Press, 1989.

Berry, Leonard L, A. Parasuraman, and Valarie A. Zeithmal, "Understanding Customer Expectations of Services", Sloan Management Review, 1991.

De la Sierra, M. Cauley, Managing Global Alliance : Key Steps for Successful Collaboration, Addison Wesley, 1995.

Garvin, David A, "Competing on the Eight Dimensions of Quality", Harvard Business Review, November / December, 1987.

Hofstede, Geert, "National Culture in Four Dimensions : A Research Theory of Cultural Differences Among Nations", International Studies of Management and Organization, 13, Spring-Summer, 1983.

Lovelock and Christopher H., "Classifying Services to Gain Strategic Marketing Insight", Journal of Marketing, 47(Summer), 1983.

Kotler, P. and G. Armstrong, Principle of Marketing, 9th ed., Prentice-Hall, Inc., 2001.

Kurtz, David L. and Kenneth E. Clow, Service Marketing, John Wiley and Sons, 1998.

Miles, R. E. and C. C. Snow, Organizational Strategy, Structure and Process, McGraw-Hill, 1978.

Parasuraman, A., Valarie A. Zeithmal, and Leonard L. Berry, "A Conceptual Mode of Service Quality and Its Implication the Future Research", Journal of Marketing, Fall, 1985.

Porter, Michael, "Competition in Global Industries, Harvard Business School Press, 1986.

Robertson, Thomas S., Innovative Behavior and Communication, Holt Rinehart and Winston, Inc., 1971.

Root, Franklin R., Entry Strategies for International Markets, Lexington Books, 1994.

Shostack, G. Lyun, "Breaking free from Product Marketing", The Journal of Marketing, April, 1977.

Terpstra, V., International Marketing, 3rd ed., Hinsdale, Dryden Press, 1988.

Zeithmal, Valarie A. and Mary Jo Bitner, Service Marketing, McGraw-Hill Co., 1996.

Bartlett, C. A., and Ghoshal, S., Managing Across Borders. The Transnational Solution, Boston, MA : Harvard Business School Press, 1989.

Birkinshaw, J. M. and Morrison, A. J., Configurations of strategy and structure in subsidiaries of multinational corporations. Journal of International Business Studies, vol.26, 1995, pp. 729-754.

Brooke, M. Z., Centralization and autonomy. A study in organization behavior, London and New York : Holt, Rinehart and Winston, 1984.

Child, J., Strategies of control and organization behavior, Administrative Science Quarterly, vol.18(March), 1973, pp. 1-17.

Garnier, G., Context and decision making autonomy in the foreign affiliates of U.S. multinational corporations, Academy of Management Journal(December), 1982, pp. 893-908.

Gates, S. R. and Egelhoff, W. G., Centralization in headquarters-subsidiary relationships, Journal of International Business Studies, vol.17(Summer), 1986, pp. 71-92.

Gong, Yaping, The impact of subsidiary top management team nationality diversity on subsidiary performance : Knowledge and legitimacy perspectives, Management International Review, vol.46, 2006, pp. 771-789.

Ghoshal, S. and Bartlett, C. A., Creation, adoption and diffusion of innovations by subsidiaries of multinational corporations, Journal of International Business Studies, vol.19, 1988, pp. 365-388.

Gupta, A. K., Govindrajan, V., Knowledge flows and the structure of control within multinational corporations, Academy of Management Review, 16(4), 1991, pp. 768-792.

Harzing, A. W. K., Managing the multinationals : an international study of control mechanism, Northampton, MA : Edward Elgar, 1999.

Holm, U. and Pedersen, T., The emergence and impact of MNC centers of excellence. Mcmillan : Basingstoke, Hampshire, 2000.

Jakobsen and Rusten, The autonomy of foreign subsidiaries. An Analysis of headquarter-subsidiary relations, Norwegian Journal of Geography, vol.57, 2003, pp. 20-30.

Jarillo, J. C. and Martinez, J. I., Different roles for subsidiaries : the case of multinational corporations in Spain, Strategic Management Journal, vol.11, 1990, pp. 501-512.

Kought, B. and Sing H., The effect of culture on the choice of entry mode, Journal of International Business Studies, vol.19, 1988, pp. 411-432.

Martinez, J. I. and Jarillo, J. C., The evolution of research on coordination mechanism in multinational corporation, Journal of International Business Studies, vol.20, No. 3, 1989, pp. 489-514.

O'Donnell, S. W., Managing foreign subsidiaries : agents of headquarters, or an inter-dependent network? Strategic Management Journal, 21, 2000, pp. 525-548.

Subramaniam and Watson, How interdependence affects subsidiary performance, Journal of Management, 2006.

Taggart, J., Autonomy and procedural justice : A framework for evaluating subsidiary strategy, Journal of International Business Studies, 28(1), 1997, pp. 51-76.

Taggart, J. and Hood, N., Determinants of autonomy in multinational corporation subsidiary, European Management Journal, 17, 1999, pp. 226-236.

Woodcock, C. P., Beamish, P. and Makino, S., Ownership-based mode strategies and international performance, Journal of International Business Studies, vol.25, No.2, 1994, pp. 253-273.

Young, S. and Tavares, A. T., Centralization and autonomy : back to the future, International Business Review, 13, 2004, pp. 215-237.

www.seoulsummit.kr

저자약력

김성용

George Washington University 테크노경영학(석사)
홍익대학교 대학원 경영학과 박사과정 수료(경영학 박사)
홍익대학교 경영학과 출강
현, 한국관광대학교 호텔경영과 교수

저서 및 논문 | 관광마케팅(2006), 국제호텔경영전략(2009)
다국적기업 해외자회사 자율성 결정요인에 관한 연구(2008) 외 다수

호텔관광산업과 글로벌리더십

2011년 6월 30일 초 판 1쇄 발행
2015년 1월 10일 수정판 1쇄 발행

지은이 김성용
펴낸이 진욱상 · 진성원
펴낸곳 백산출판사
교 정 편집부
본문디자인 조영숙
표지디자인 오정은

저자와의 합의하에 인지첩부 생략

등 록 1974년 1월 9일 제1-72호
주 소 서울시 성북구 정릉로 157(백산빌딩 4층)
전 화 02-914-1621/02-917-6240
팩 스 02-912-4438
이메일 editbsp@naver.com
홈페이지 www.ibaeksan.kr

ISBN 978-89-6183-480-3
값 17,000원